U0910949

该著作获得河北经贸大学学术著作出版基金和
河北经贸大学京津冀一体化发展协同创新中心项目资助

社会保障制度应对经济危机能力的比较研究

——基于2008年经济危机

冯海芳◎著

中国社会科学出版社

图书在版编目（CIP）数据

社会保障制度应对经济危机能力的比较研究：基于2008年经济危机/冯海芳著．—北京：中国社会科学出版社，2017.8

ISBN 978-7-5203-0832-8

Ⅰ.①社… Ⅱ.①冯… Ⅲ.①社会保障制度—研究—中国 Ⅳ.①D632.1

中国版本图书馆CIP数据核字(2017)第205549号

出 版 人	赵剑英
责任编辑	卢小生
责任校对	周晓东
责任印制	王 超
出 版	中国社会科学出版社
社 址	北京鼓楼西大街甲158号
邮 编	100720
网 址	http：//www.csspw.cn
发 行 部	010-84083685
门 市 部	010-84029450
经 销	新华书店及其他书店
印 刷	北京明恒达印务有限公司
装 订	廊坊市广阳区广增装订厂
版 次	2017年8月第1版
印 次	2017年8月第1次印刷
开 本	710×1000 1/16
印 张	13.5
插 页	2
字 数	217千字
定 价	58.00元

凡购买中国社会科学出版社图书，如有质量问题请与本社营销中心联系调换

电话：010-84083683

内容摘要

在经济全球化日益深入的当下，面对频发且影响日益广泛和深远的全球性经济危机，各国政府关于有效应对经济危机的讨论与探索日渐升温。有效应对经济危机需要国家发挥综合的宏观调控手段。但 2008 年的经济危机再一次证明社会保障在一个国家或社会进入危机和调整期后也发挥着重要的作用。社会保障制度不单是一种保障劳动者在经济困难时期基本生活需要的社会稳定器，也是一种具有生产性和投资性的经济要素，有利于社会化经济的长期发展。在《世界社会保障报告（2010—2011）——危机期间和后危机时代的社会保障覆盖》中，社会保障被认为是社会经济可持续发展的前提条件，并且本身就是发展的一个因素。但是，并非所有建立社会保障制度的国家都能有效应对经济危机，不同的社会保障水平和制度模式选择所具有的促进经济发展的功能差异很大。如果模式的选择和制度的设计不够合理，甚至会拖累一国经济的增长，加重经济危机。因此，如何才能更好地发挥社会保障制度自身应对经济危机的功能，是目前我国社会保障制度改革和长远发展必须面对的问题。

基于此，本书将重点探索社会保障制度应对经济危机的作用机理（包括作用路径和作用方式等），比较研究不同社会保障制度应对全球性经济危机的能力差异。同时，结合大量数据挖掘分析不同社会保障制度国家在全球经济危机中的不同表现和社会保障根源，检验其社会保障方面的过往改革成效，发现其仍然存在的问题，找寻可供借鉴的经验。在全球化背景下，中国也受到外部经济冲击的影响，其社会保障制度在全球金融风暴中的表现如何，采取了哪些对策，对经济增长和就业的实际影响如何，如何通过社会保障制度改革和制度优化增强制度的自适应性和对经济危机的熨平作用等？这些将成为本书的主要研究对象和研究内容。

全书共分为七个部分，各章主要研究内容和主要观点如下：

导论部分。主要介绍和分析了本书研究的背景和意义、国内外研究的现状及简要评价、研究的思路方法和内容、研究的重点与难点、研究的创新点与不足等。

第一章基于经济理论和历史视角的社会保障制度功能演变。本章试图为社会保障制度应对经济危机能力的比较研究和实证分析提供理论基础。

第二章社会保障制度应对经济危机的作用路径与作用方式分析。本章分析了社会保障制度应对经济危机的三条作用路径和社会保障政策作用于企业和居民的方式。

第三章社会保障制度应对经济危机能力的综合评价——以 2008 年经济危机为例。本章首先介绍分析了 2008 年国际经济危机对不同国家的影响，其次通过借鉴和综合分析，对社会保障制度应对经济危机的能力进行了界定，并在此基础之上，构建了社会保障制度应对经济危机能力的综合评价指标体系。最后利用 OECD 相关数据运用因子分析方法对 OECD 国家社会保障制度应对经济危机的能力进行了实证研究。

第四章典型国家社会保障制度应对经济危机能力差异的深层次分析。研究中选取了瑞典、德国、美国、希腊以及韩国，作为不同社会保障制度的典型国家，在对这五个国家在经济危机中的福利保障、经济发展、劳动力市场、社会公平、财政负担进行比较分析后从五个方面进行了深层次分析。

第五章中国社会保障制度应对经济危机能力研究。本章首先综合分析了中国在经济危机中的表现和因危机社会保障制度所做的政策调整；其次，运用中国 30 个省份的面板数据模型采用截面加权估计方法（EGLS）对社会保障支出的经济增长效应和就业效应进行了实证计量分析；最后，对中国社会保障制度应对经济危机的能力进行了全面综合评价。

第六章结论和政策建议。本章首先总结提炼了本书研究的重要结论；其次结合中国社会保障制度的现状及其在应对经济危机能力方面的不足，有针对性地提出了系列具体政策建议。

本书研究的主要特色及创新之处在于：

第一，从理论上较全面地探讨了社会保障制度应对经济危机的功能机理、作用路径与作用方式，并运用相关数据资料对不同社会保障制度模式应对经济危机能力的差异性进行了实证研究。在当前国内学界更多关注社会保障对企业发展和经济增长带来沉重负担与压力的背景下，本书强调社会保障功能的生产性和投资性研究，这在社会保障理论探索上具有一定的创新性。

第二，创新性地提出了社会保障制度应对经济危机能力的概念、建立了较全面的能力评价指标体系，赋予相应的权重对社会保障制度应对经济危机能力进行全面客观的综合评价。

第三，结合国际比较对中国社会保障制度对经济增长及就业的影响效应进行了实证考察，并从社会保障制度自身适应力、应对经济衰退能力、应对失业能力以及促进社会公平能力等方面，对中国现行社会保障制度应对经济危机能力进行了全面综合评价，相关研究结论及政策建议对我国社会保障体系的改革完善具有一定的指导意义和应用价值。

关键词：社会保障制度　经济危机　应对能力　经济增长

目 录

导 论

一 选题背景和意义

爆发于2007年的美国次贷危机在全球化的大背景下迅速席卷全球，给世界上绝大多数国家与地区造成极强的破坏力，使它们相继陷入了继1933年大萧条后最严重的经济萧条阶段。在以往历次的经济危机中，各国政府都恰当地实施了不同的社会保障政策，从而缓解了社会问题和矛盾，稳定了经济运行，刺激了经济增长。然而，不同的社会保障制度与经济危机的关系存在显著差异。完善合理的社会保障制度在危机爆发后从一定程度上促进了就业和经济增长，帮助社会大量低收入阶层摆脱了赤贫或无家可归的境地，缓解了急剧产生的社会矛盾。而社会保障制度不健全的国家，则经济增长缓慢，失业严重，贫困人口大量增加，社会矛盾激化。

比较不同社会保障制度应对全球性经济危机的能力差异，进一步通过文献检索和数据挖掘分析得出，不同社会保障制度在全球经济危机中的不同表现（主要包括福利保障、经济发展、失业就业、社会公平和财政负担等方面）和主要原因，检验其过往改革成效，发现其仍然存在的问题，找寻可供借鉴的经验，已成为迫切的政策需求。同样在全球化背景下，中国社会保障制度也受到外部经济冲击的影响，它在全球经济危机中的表现如何？采取了哪些对策？对经济增长和就业的实际影响如何？如何增强制度的自适应性和对经济危机的熨平作用？目前，针对这些问题还缺乏系统的研究。因此，在社会保障制度的运行更容易受到外部经济体冲击的背景下，在《中共中央关于全面深化改革若干重大问题的决定》提出建立更加公平可持续的社会保障制度的要求下，系统分析社会保障制度应对经济危机的理论与功能、作用路径、作用方式，探索不同社会保障制度应对全球经济危机的能力评价体系及其制度原因，构建抵抗风险能力强、独具一国文化特色的新型社会保障制度，既有强烈的现实性又有鲜明的时代性，同时还具有重要的理论价值和实践意义。

本书研究的主要理论价值体现在：（1）通过对社会保障制度应对全球经济危机的不同作用路径、作用方式的理论分析，丰富了经济危机与社会保障制度关系研究的理论体系。（2）通过对不同社会保障制度应对全球经济危机的能力及其原因的比较分析，为全面深化改革期中国社会保障制度的优化和发展提供理论依据。

本书研究的主要实践价值体现在：（1）通过对社会保障支出对全国及不同地区的经济增长和就业的影响进行面板数据的实证分析，为提高中国整体及东部、中部、西部各地区社会保障制度应对经济危机的能力提供更加具体的、有针对性的政策建议。（2）通过对社会保障制度应对经济危机能力的系统研究，既有助于多层次社会保障体系的构建，也有助于创造出一套植根于制度文化的能够强有力抵御经济危机的社会保障实践方案。

二　国内外研究现状

不同社会保障制度与经济危机的关系存在显著差异。在全球化的大背景下，不同社会保障制度应对经济危机冲击的作用路径和作用方式如何，是否存在能力和关键优势上的差异？原因何在？中国的社会保障制度应对能力如何？改革该走向何方？现有研究尚缺乏系统性和深入性，且研究观点大相径庭。经过收集、阅读和整理，现将国内外相关研究成果梳理如下：

（一）国外研究现状

现有的国外关于经济危机与社会保障制度的关系研究比较多，而对不同社会保障制度应对经济危机能力的研究很少，主要研究可以归纳为五个方面：

1. 改变社会保障支出应对经济危机影响的研究

这方面的研究存在两种不同的观点：一种观点认为，社会保障具有反经济周期性，经济危机会导致社会保障支出增加。Michael Lokshin 和 Martin Ravallion（2000）选择同一人群对他们在 1998 年前后的福利指标进行了对比，发现主客观指标均显示福利有大范围的恶化。安全网的回应不能保障人们的生活标准，但却能阻止陷入更大的贫困。即使没有更好的目标，社会安全网轻微的扩大也阻止了危机使收入贫困的增加。Soonman Kwon 和 Ian Holliday（2007）发现，为回应 20 世纪 90 年代末的亚洲金融危机，韩国实施了与全球化和经济危机要求相背离的扩张的福利政策。近年来，为提高企业竞争力和促进经济增长，韩国福利膨胀得到相对限制，劳动力市场的灵活性不断加强。但韩国仍保留生产型福利的特征，未来根本性的社会变化可能会使政策制定者对福利特征做出重大改变。金（Kim，2006）、加里·贝特里斯（2009）、欧盟委员会和理事会（2009）等研究结果表明，经济危机发生后政府加大了政府开支，提高了福利水平。Willem Adema、Pauline Fron 和 Maxime Ladaique（2014）考虑了社会支出的动态趋势，对 2000 年年末和 20 世纪 90 年代危机的社会支出情况进行了比较，图解了全球经济危机对 OECD 国家社会支出发展趋势的深刻影响，解释了社会支出规模因 GDP 的下降和社会福利受益人和需求的增加而扩大。

另一种观点认为，在经济危机下，压缩福利开支，刺激经济复苏。Tuire Sihvo 和 Hannu Uusitalo（1995）运用 1975—1993 年芬兰民众的调查数据，证明了经济危机会降低对福利国家的支持且一旦走出经济危机，福利就会恢复到危机前水平这两个假设，并进一步阐明，即使深陷危机之中，相对其他功能公众对国家的福利功能也更为偏好。Bermark 等（2003）、Lee 等（2008）、Dukelow（2011）、Yerkesetal（2011）等认为，经济危机会导致国家预算的削减和福利的紧缩；而 Sawada（2011）、Skoufias（2001）、Kang 等（2008）认为，经济危机会导致家庭削减福利开支，造成福利水平的降低。Fiona Dukelow（2011）对比了爱尔兰应对当下以及 20 世纪七八十年代经济危机的福利策略，分析集中在危机对社会保障项目的影响，影响以棘手的社会经济和预算压力为特征。和当下的危机相比，20 世纪 80 年代福利的收缩能够被观察到，但难以鼓动和维持。现在比 20 世纪 80 年代收缩得更为严重。但经济危机还未减弱，典型的福利制度变化相对较慢，结果还是不确定的。而爱尔兰将继续自由主义对福利的处理。Ijin Hong（2013）指出，2008 年的全球经济危机为意大利政策制定者提供了一个缩减福利的看似合理的理论，导致自由主义紧缩趋势被 2011—2012 年的蒙蒂政府所推动。

2. 社会保障制度应对经济危机的时效性影响研究

Mesa - Laoetal（2010）、加里·贝特里斯（2009）、张五常等（Chung et al.，2011）、霍尔兹曼等（Holzmann et al.，2005）认为，经济危机对福利制度的影响仅仅是短期的，而不会对其产生长期的影响。Yotam Margalit（2013）通过对大萧条的分析，得出结论：经济困难时期个人的经历尤其是失业经历会增加对福利开支的支持，且对共和党人比对民主党人影响更大。但这种影响是暂时的，一旦就业状况改善就会被驱散。经济动荡时期个人经历对社会政策的偏好影响是巨大的，但整体上是即时效应。但是，杜拉斯（Doulas et al.，2012）、阿部诚（2010）、Blomuist 等（2001）却持有不同的看法，他们认为，经济危机对福利制度改革的影响在长期内会产生，在短期内反而不会产生。

3. 改变社会保障制度程度应对经济危机影响的研究

Huck - ju Kwon（2002）尝试解释 1997 年经济危机过后韩国社会政策的政治，认为福利理想主义者通过抓住决策的战略点成功地引入了最低生活保障，解释了为什么韩国采用积极社会政策的积极性超过结构调整的功能性需求，同时使社会保护成为韩国社会政策的必要目标。Aurel Croissant（2004）检验了印度尼西亚、马来西亚、菲律宾、新加坡、韩国、中国台湾和泰国的福利体制，试图系统地回顾这个地区福利体制的发展、水平和模式，尝试回答了两个核心问题：家庭主义特征明显的福利制度减轻经济危机的社会影响还比较有限，地区国家通过学习西方经验改造本国的福利制度。伊安·霍利迪（Ian Holliday，2005）通过回顾证据，回复在亚洲金融危机浪潮下对东亚生产主义福利制度有效性的怀疑。他认为，东亚模式尤其是韩国和中国台湾的福利制度具有非生产主义的特征，但这不是本质和主要方面，还不是时候抛弃生产主义，在分析该地区的社会政策制度时，生产主义是合理和有用的。Mara Yerkes 和 Romke van der Veen（2011）集中在社会权利发展的视角研究了经济危机在多大程度上导致荷兰福利政策和体系发生改变，以期望对政策改变的内容和程度有更深刻的了解。他们首先分析了应对 20 世纪七八十年代经济危机的荷兰福利制度中的社会权利的发展，其次分析了对社会风险和社会权利的感知以及这些感知怎么被 2008—2009 年的经济危机所影响，最后，从制度分析的视角对经济危机给公民权利带来的后果以及福利对社会风险的补偿进行了检验。Manos Matsaganis（2011）在对希腊面临的严重经济危机与国家社会保护体系进行分析的基础上指出，经济危机及应对措施剥夺了福利国家的资源，也促使其发生彻底改变；社会保护有助于处理经济危机的后果，但是，需要社会保障的重新配置和恰当的资金。Sven Jochem（2011）基于比较视角对北欧的就业和劳动力市场政策进行了分析，认为它丧失了一些自己独有的特征。例如，积极的劳动力市场政策现在是欧洲许多国家优先政策中的核心。在其他方面，北欧国家朝着中欧国家的政治模式趋同，例如，工资协商的去集权化和社团主义协作的部分缺失。在 2008 年的经济危机中，特殊的危机管理模式被观察到，使斯堪的纳维亚国家与其他的欧洲国家有所不同。马克·哈勒伯格（Mark Hallerberg，2013）指出，德国在经济危机前后的一系列福利改革，给德国经济带来了更大的竞争力，但德国的福利制度因为国际竞争力和本国的人口统计情况需要继续演进。克里斯托佛·赫曼（Christoph Hermann，2014）通过回顾欧盟 11 个成员国在经济危机中的表现，发现成员国的福利制度进行了结构性调整，国家经济和社会模式朝着新自由主义方向收敛，同时欧洲一体化和欧元的引入加强了这一趋势。

4. 影响社会保障制度应对经济危机的因素研究

曼弗雷德·G. 施米特（Manfred G. Schmidt，1983）研究了经济、社会和政治方面的变量能在多大程度上解释国家间在经济表现、失业、政府债务、公共社会支出增长上的差异。他发现：通常危机时刻形成公共政策的决定因素被认为不同于繁荣时期，但分析不支持资本主义和社会主义有明显差异的政策观点，而且认为起决定作用的是议会之外的权利关系和国家经济水平，诸如政治文化中休戚与共的价值观认同的程度、上层建筑中政党制度和工业领域之间权利关系的一致性程度，而非危机。从理论上讲，扩张的资本主义秩序和低失业及发达的福利制度不协调，但是，政府的政策空间受到政治和技术发展的强烈限制，其中最主要的一个政治限制就是选举。Goran Therborn 和 Joop Roebroek（1984）描述了近代福利国家的经济危机遭遇，认为支持重新评估福利国家的与赞成它继续的政治力量的关系已经发生变化。但是抵制重要变革的力量是如此强大，以至于福利制度的根本性重构被拒绝。他们还认为，只要民主制度盛行，福利制度就是资本主义世界不可逆的主要制度，反对福利制度的联盟在可预见的将来是不可能的，但在一些政治和经济的前提条件下有可能某些国家会发生福利的削减。Guido Sandleris（2014）以阿根廷 2001 年的危机为例，使用危机期间生产率、政府支出、贸易、国家对外投资的变化来衡量国家福利的变化，结果发现，阿根廷福利的下降占该国当年 GDP 的 1/4。Dimitri A. Sotiropoulos（2014）以西方巴尔干地区为案例，分析了顽固守旧的碎片化和不均匀的福利体制在经济危机中的表现，发现巴尔干政府对危机的政策回应依旧很随意，致使从 2009 年到 2012 年，经济遭受了双重底部的衰退，加重了早期严重的社会状况，已经减缓的贫困又变得普遍，而过去五年内失业率一直上升。Kwok Kin Fung（2014）采用调解的时间强调经济全球化的真实影响怎么被包括福利体制在内的制度所调解。本书检验了中国香港特区怎么调解 2008 年全球经济危机，尤其是针对弱势群体的调解。研究发现，尽管存在社会危机事件，中国香港特区的福利体制对非生产性群体提供的保障依旧不充足。这主要由于政府的福利回应长期以提高经济竞争力、短期以加强政府公共开支能力为特征，而针对弱势群体的福利是碎片化和最低程度的。此外，2008 年后政府的危机管理方法和 1997 年或 1998 年后的是相似的。帕特里克·戴蒙德和盖伊·洛奇（Patrick Diamond and Guy Lodge，2014）把民众对传统社会保障项目和应对社会新风险的保障项目的支持率进行对比发现，前者被 2008 年的经济危机强化，后者相对较弱。如果变革意味着保障人群的减少，则民众会反对社会保障变革。可见，福利国家的结构变革仅仅靠政党的勇气是不够的，还需要有劝说公众改变的短期和长期目标。彼得·亚历山德拉和弗朗卡（Peter，Alexandra and Franca，2014）对澳大利亚、比利时、荷兰和瑞典四国应对四次经济危机的政策进行了比较研究，实证结果显示，各国在应对全球性经济危机时存在显著差异，并指出在这些差异性中政党和政府的政党构成扮演了关键角色。另外，他们也分析了传统的福利制度在如今的经济环境中如何发展，会不会发生根本的福利改革。也有学者认为，福利制度的不同财务安排会对危机的应对能力产生影响。爱德华等（Edward et al.，2009）、OECD（2009）、霍尔兹曼（2012）认为，经济危机使私人养老基金制度面临更大的投资风险和回报的不确定性。于是，爱德华等

(2009)、詹斯（H. J. Jens，2011）等提出，对私人养老金制度进行修复；爱德华等（2009）则对 DB 型公共养老金制度的重要性加以强调。

5. 不同社会保障模式应对全球经济危机冲击的研究

Jose Gutierrez Muniz、Jose Camaros Fablan 和 Cobas Manriquez（1984）描述了古巴被世界性的大衰退所影响，但是，古巴分配更多的资源给教育和健康，增加人口的参与率，恪守保护穷人和孩子的承诺，改善了大多数人的营养、教育和健康。洛（Low，2001）通过比较认为，发展型福利制度更适合知识经济与全球化的时代要求。他对 1997 年亚洲金融危机的研究表明，国家采取发展型福利模式对福利体制进行改革的压力相对较小。克罗伊桑特（Croissant，2004）指出，新加坡、马来西亚、印度尼西亚、菲律宾等家庭主义福利模式的国家通过强化传统的福利制度来应对金融危机并促进社会发展。至于泰国、韩国等福利国家型模式依旧通过立法手段来加强社会保障体系。Kwon（2005）认为，1997 年的东亚福利模式还未定型，因此，亚洲金融危机中受到严重挑战，而非东亚福利模式如新加坡和中国香港等国家与地区的社会福利政策受到的挑战相对较小。Yong Soo Park（2008）再访韩国的福利制度，发现受 1997 年金融危机的影响，自 20 世纪 90 年代以来，韩国的社会保障制度经历了激进性的制度扩张。然而，公共社会支出依然较低，尤其是和其他 OECD 国家相比，整体的社会保险制度和社会福利服务仍是欠发达的。这样的社会保障制度被认为是补残型，因为在社会保护安全网的提供中家庭和私有市场经济发挥核心作用，而政府对福利的供给高度受限。加里·贝特里斯（2009）从美国当前的财政危机出发，探析了在经济危机期美国政府社会保障政策的变化和反应。他认为，不论是常规社会保障系统还是国会授权的特别措施，都在不同程度上保证了公民在当前经济衰退的状况下依然享有社会保障的权益。巴巴拉·维斯、基斯·范·凯斯伯根和汤姆·海兰兹（Barbara Vis、Kees van Kersbergen and Tom Hylands，2011）对英国、美国、德国、荷兰、丹麦和瑞典的研究表明，面对经济危机，根本性的福利改革并没有发生，各国初始反应是类似的，并未因福利体制的不同而有差异性的应对策略。贾森·海伊斯（Jason Heyes，2011）指出，2008 年经济危机的测试证明，拥有相对强的就业保护的国家经历了更少的劳动力市场破坏。文章也表明，欧洲在就业和社会保护上出现了一些趋同，朝着更少的保护发展。Stefano

Sacchi、Federico Pancaldi 和 Claudia Arisi（2011）采用系统方法，集中研究了收入维持制度中各种计划在处理失业的部分或者全部风险中的互补、替代、等价关系，并认为，采用短时工作的反危机措施没有带来意大利、德国和奥地利社会保险的趋同。彼得·斯塔克（Peter Starke，2013）发现，2008 年经济危机过后，澳大利亚在社会政策中使用大量的财政刺激构建危机管理策略，而新西兰却相反，当政府制定财政刺激政策时，社会政策部分很小，而且政府很快回到福利收缩和工作福利政策上来。随后通过对近期和先前（1970 年、1990 年、1997 年亚洲金融危机）危机回应政策的分析，他探讨了导致澳大利亚和新西兰应对差异的影响因素，包括澳大利亚矿业的繁荣、基督教的地震、党派政治、利益集团的结构、政党制度和政策遗产等异质性因素。但是，进一步分析表明，近年来的差异不能完全通过异质性因素得到解释，而危机前几个月内政党的意识形态对于战略政策的制定至关重要，历史模式进一步支撑这个结论。戴蒙德和洛奇（2013）利用法国、丹麦、英国的民意测验数据，对危机之后福利国家未来的发展模式进行了讨论，提出对欧洲正义最大的威胁不是根本性制度变迁，而是冻结的福利制度以及主要利益集团对福利制度运作的掌控。Vlad Dumitrache 和 Ileana Tache（2013）使用主成分分析法对欧洲传统福利模式的有效性进行了分析，认为大陆合作模式最适合目前的欧洲国家。

（二）国内研究现状

国内学者对于社会保障制度和经济危机的关系研究，主要可归纳为四个方面：

1. 社会保障制度是应对经济危机还是导致经济危机发生

认为其是应对经济危机的重要政策工具的研究有：金淑彬（2009）指出，受世界金融和经济危机的影响，中国出口形势不利，拉动内需成为推动我国经济增长的关键性因素。而促进内需要进一步完善社会保障体系。刘翠霄（2010）认为，在面对危机之时，我国的社会保障制度的逐步完善将会更好地保障我国人民的福祉和权利。这充分说明社会保障制度绝非欧洲债务危机的致因。王延中、龙玉其（2010）指出，以加强社会保障体系建设为重点的民生建设成为有效应对金融危机、推动经济社会健康持续发展的重要举措。鲁全（2012）基于纵向历史的考察与横向制度的比较得出，欧洲债务危机并非由福利制度造成。刘军强

(2012) 在承认福利开支会造成税收损失和激励扭曲的同时，更强调社会保障降低了总体交易成本，认为它是对抗经济危机的政策工具。

认为其是引发经济危机的重要原因的研究有：施爱国等（2010）认为，欧洲福利资本主义同欧洲货币一体化之间存在的矛盾是引发此次欧债危机的原因。张士斌等（2011）以养老金替代率为研究出发点，认为刚性的欧洲国家养老金替代率导致养老金财政赤字不断扩大，国家财政债务危机不断升级。李宪堂和陈宇学（2010）对马克思劳动价值概念进行了修正，提出了三种商品分类法和三种消费类型，力求对正在发生的全球经济危机做出尽可能合理的解释。研究发现，在国际贸易中，发达国家由于用相对价值商品交换绝对价值商品，成为生活福利的绝对入超国；发展中国家由于输出绝对价值商品，成为生活福利的严重流失国，可见，他们通过让渡福利获取经济发展的流动性；外贸依赖过度会造成国民福利的严重流失。陈志昂等（2011）认为，希腊较高的福利开支使其在欧洲的低成本优势丧失，经济竞争力削弱，并最终引发危机。张婷（2014）选择希腊、爱尔兰、葡萄牙作为研究对象，探讨了影响经济增长的因素以及经济增长与福利制度间的关系，认为由政府主导的连续性经济增长丧失使得高福利水平难以支撑是造成债务危机的根本原因。

2. 社会保障制度在应对全球经济危机中发挥的作用研究

潘屹（2009）的研究发现，不同于近 30 年来历次经济危机出现后，国际社会对社会政策的问责和福利国家的削弱，2008 年金融危机爆发后，全球开始检讨和反思社会政策，对社会政策的作用更加重视，并认为社会福利不单是一个再分配机制，也是经济发展的一部分，着手对社会福利体系进行加强和完善，发挥它们在国民经济中的重要作用。郑秉文（2009）强调，在后金融危机时代“社保制度作为一个生产要素”在撬动内需市场和促进增长中的经济作用，强调金融危机对促进社保制度完善的催化作用。韩克庆（2011）认为，金融危机成为检讨福利制度是否有效以及在哪些方面存在漏洞的“推进剂”。同时，他提出中国社会福利体系应由选择性制度向全民性制度过渡，从物质福利向精神福利过渡，且要遵循弹性原则。贾玉娇（2012）从社会保障学科角度，揭示了美国两次经济危机发生的社会与制度根源，并认为社会保障在经济复苏中发挥着重要作用。郝宇彪（2013）认为，社会政策在摆脱经济危机中的作用主要是保证社会经济顺利运行、保证居民消费信心和企业家生产信心、促进经济发展的生产力。栗燕杰（2013）认为，经济危机对社会保障制度一直有消极和积极两种复杂而深刻的影响，消极影响主要体现在短期内约束了其扩张的经济基础，积极影响则更为重要，它为完善社保制度提供了重要契机。

3. 社会保障制度如何改革能更好地抵御全球经济危机冲击

杨亚哲（2009）认为，伴随着全球经济一体化进程的发展，社会保障以“税”的方式进行筹资，可以缩小我国经济波动，发挥金融风暴中的社会稳定器功能。卞俗粲（2009）聚焦于韩国经济危机后的现状和受到经济危机直接冲击的弱势阶层，考察了社会融合的概念及国际动向，提出为应对最近的经济危机，韩国应该努力持续推进综合性的有利于团结国民的社会融合政策，有必要学习发达国家的优秀经验，像欧盟那样推进社会融合的国家实践计划。胡苏云和杨洋（2009）认为，金融危机威胁到了社会保障制度的维系，社会保障制度应该从模式、功能和资金功效三个方面进行反思，有效地发挥基本的安全网和经济导向功能。崔晓东（2010）研究了经济危机对现代社会保障制度的推动作用，认为是经济危机催生、加速和调整社保制度的发展，进而得到启示：应对经济危机要合理确定社保政策取向、要抓住促进就业这个根本之道、要充分发挥社会救济政策更大更直接更有效的作用、要与社会保障制度的长期可持续建设相结合。曾煜（2010）强调，金融危机下国家应强化政府民生责任、企业社会责任、工会维护劳动者社会保障权益的责任，应加强社会保障制度建设以促进经济增长缓解就业压力。景天魁（2010）强调，不能只限于消极地设法减轻危机对经济和社会的冲击，还要主动地探索能够抵御和防范经济危机的福利制度和模式。张建伟（2010）在借鉴国际经验和中国历史经验的基础上指出，后金融危机时代我国应着眼于完善覆盖城乡、符合国情的发展型社会保障制度，并着重在养老、医疗、失业和住房等核心领域进行制度创新。李玉保和刘斌（2010）认为，经济危机使我们认识到现行社会保障体系建设落后于我国经济和社会发展。因此，后危机时代社会保障制度的改革和创新势在必行。莫家豪（2011）基于中国香港和澳门特区的个案研究发现，为应对亚洲金融危机，中国香港和澳门特区政府实施了温和的社会保障措施，在历经亚洲和全球两次金融危机所带来的明显的社会和经济变化后，两地居民期盼政府提供更多社会保障。然而，大部分亚洲政府在社会保障议题上并没有改变福利供给策略，也因此没有改变多数人的经济困境。鉴于此，中国香港和澳门特区政府在过去几年都推出了多项措施以解决在职与跨代贫穷问题，但生产主义福利体制已不能满足全球化进程中公民的福利期望，特区政府需要重新反思旧有的政策和策略，需要通过社会发展政策和调整福利策略维护政权体制。孙涛、臧秀玲（2012）认为，要重新平衡经济复苏与公民安全感的关系，需要一国制定福利制度改革的长期规划。刘琼莲（2012）指出，公共组织、企业与社会组织都应该成为社会福利的责任主体，建立政府、市场与社会合作共担社会福利责任的机制。美国学者申策（2013）认为，国家应在养老保险制度的结构、资源的分配、公平性、公正性和透明度等方面做出进一步的改革，使其不易受到经济波动的冲击。郑春荣（2014）对全球金融危机爆发后的北欧国家和南欧国家进行了比较，结果显示，北欧国家经济增长率较高、失业率较低、财政状况相对健康，而葡萄牙、希腊、意大利和西班牙等南欧国家却陷入了空前的社会和经济危机之中。究其原因，有差异很大的社会信任感、结构失调的社会保障支出、超越财政负担能力的社保支出规模、偏差性的教育与就业政策、规模庞大的地下经济以及盛行的家庭养老模式。这些教训能帮助我国社保制度更好地加以完善。王秀兰和张士辉（2015）使用 VAR 模型对 1978—2010 年我国 GDP、居民消费支出、边际消费倾向和平均消费倾向的数据进行了实证研究，研究发现，增加社会保障支出对 GDP 和居民消费具有明显的正向拉动作用，在经济危机中发挥了自动稳定器作用。但社会保障支出也有刚性作用和棘轮效应。因此，GDP、居民消费、社会保障支出之间需要按比例保持协调发展。赵一阳和寇业富（2015）运用灰色关联模型对国民经济增长与社会保障水平之间的关系进行分析，认为社保体系还不够健全，社保支出在数量和结构上不够合理，削弱了经济危机背景下社会保障水平应有的积极作用，所以要在增加其数量的同时更加注重其质量的提高。高迪（2015）分析了瑞典应对经济危机的社会福利政策，并得到启示：科学、合理、有序的社会经济结构是发展社会福利政策和扩大社会服务功能的保证；构建一套适宜国情的社会福利思想是当务之急；重视社会福利政策的社会稳定器作用。

4. 不同社会保障模式抵御全球经济危机冲击的研究

侯铁建（2010）研究了经济危机发生之后，俄罗斯的反危机政策，指出俄罗斯社会政策通过解决国家长期发展需要面临的人力资本积累问题和可持续的社会扩大再生产问题，不但缓解了危机的烈度，而且发挥了社会稳定器的作用。阿部诚和李莲花（2010）发现，2008 年经济危机冲击了日本的劳动和社会保障，但它对不同社会集团的影响具有差异性，影响最大的是非正规劳动者等弱势群体。因此，日本需要建立起完整的保障就业和保障生活的安全网，才能解决危机带来的就业、生活困难以及贫困问题。胥丽（2012）认为，世界上并没有一个完美的具有普适性的社保体系与模式，发展中国家尤其如此。杨立雄（2012）从社会性支出的角度出发，认为具有选择性、社会性、不情愿特征的美国的福利制度，有足够的灵活性应对金融危机。丁建定、杨斌（2012）通过考察发现，瑞典良好地应对欧债危机之道在于瑞典和谐的思想、经济、政治和社会的建立和发展。丁纯、陈飞（2012）研究了危机期间经济增长的波动与复苏情况并得出，北欧模式与莱茵模式总体好于盎格鲁—撒克逊和地中海两种子模式。鲁全等（2012）基于福利生产模型的三个视角（输入、输出、调节工具）对福利制度与欧债危机的关系进行了研究，认为从选择福利体制的视角看，社会保险体制比福利国家体制更具合理性与适应性。鲁全和钟华（2012）从经济波动对不同福利体制的影响看，认为发展型福利体制是典型的积极性福利体制，能够兼顾福利保障与就业促进；而以社会保险为主的社会保障制度以自我平衡为理念，不易受经济波动的影响。林义、陈家旭（2013）认为，福利模式之间的差异影响了欧盟国家在应对经济危机时的表现，斯堪的纳维亚国家、大陆模式国家和盎格鲁—撒克逊国家的福利政策，既保护了劳动者又促进了本国企业的发展。而部分南欧国家扭曲的福利制度没能在经济波动中发挥社会保障制度经济稳定器的功能，反而进一步恶化了政府债务和宏观经济情况。

此外，也有学者强调通过社会保险的运行机制，分析社会保险危机的深刻的制度文化根源，为提高全球经济危机的抵御能力提供制度文化与价值观念的支撑。如林义（2001）认为，社会保险的深层次危机根植于西方特有的社会结构条件，根植于西方文化与价值观念的内在矛盾与冲突中。

（三）简要评价

综观现有研究成果可以发现，国内外学者从不同角度对社会保障制度和经济危机的关系进行了分析，为本书进一步深入研究提供了良好的基础和重要帮助。但社会保障制度应对经济危机冲击的作用路径和作用方式如何？抵抗风险能力如何？是否存在差异？原因何在？中国的社会保障制度应对危机的能力如何？改革该走向何方？目前尚缺乏系统深入研究，尚待进一步认识，且现有的研究还有一些不足之处，这也说明本书的选题具有重要的理论意义和现实意义。现有研究的主要不足是：(1) 多强调经济危机对社会保障的冲击和社会保障的被动调整，而忽视了对社会保障制度应对经济危机的功能机理的研究。而实际上不同历史阶段社会保障应对经济危机的主要功能在变化，在如今的社会保障制度改革后期，其主要功能是作为生产要素促进经济增长。只有认识并重视现阶段社会保障应对经济危机的主要功能，才能更好地发挥社会保障主动应对经济危机的作用。(2) 多强调经济危机过后社会保障制度的调整和改革，而忽视了社会保障制度应对经济危机的作用路径和作用方式的研究。实际上，社会保障制度作用路径和作用方式会影响抵御经济危机冲击的能力。(3) 对各国社会保障制度应对危机能力的概念未给予科学界定，难以对众多福利国家应对经济危机的能力进行全面的探讨且评价带有主观性；而忽视了建立全面的指标体系，赋予相应的权重进行研究。事实上，全面客观的综合评价社会保障制度应对经济危机能力的优劣和有效性，有助于明确社会保障制度改革的方向与程度。(4) 多强调不同社会保障模式在应对危机中的表现以及发展趋势，而忽视了对表现差异的深层次原因的挖掘和比较分析。实际上，关于差异的原因分析和比较研究，能够更好地说明国际经验对于中国社会保障制度是否可行和适用。(5) 中国社会保障制度应对经济危机的研究多集中于理论与政策上的分析，而忽视了实证方面的研究。事实上，在全球经济波动情况下，社会保障作为国家宏观调控的重要工具，对促进经济增长和拉动就业的实际作用如何？都需要实证度量，才能提供具有针对性和可行性的政策建议。

三　研究思路、方法与内容

（一）研究思路

本书从对国内外社会保障制度和经济危机的关系的文献研究和比较

研究出发，比较系统地分析了社会保障制度应对经济危机的功能演变、作用路径、政策着力点与作用方式（包括恢复经济发展的作用路径、促进社会成员就业的作用路径、缓和社会矛盾的作用路径、社会保障政策作用于企业和居民的政策着力点和政策作用方式）。另外，基于构建的社会保障制度应对经济危机能力的综合评价指标体系，利用 OECD 相关数据对 OECD 国家社会保障制度应对经济危机的能力进行了实证研究。为了探索不同类别国家的社会保障制度应对经济危机能力出现差异的原因，选取瑞典、德国、美国、希腊和韩国作为代表国家，基于福利保障情况、劳动力市场的失业和就业情况、经济发展情况、社会公平状况和财政负担状况五个方面对应对经济危机的情况及原因进行了深层次的比较研究和原因分析，得出了一些有意义的经验启示。然后在介绍中国在经济危机中的表现和社会保障制度应对经济危机的政策调整之后，对中国社会保障制度应对经济危机的能力进行了实证分析，检讨了制度的有效性以及存在的漏洞，并对中国社会保障制度的完善和发展提出政策建议。

本书研究的技术路线逻辑框架如第 15 页图所示。

（二）研究方法

本书采用的研究方法主要有：

（1）文献分析方法。在写作过程中收集、参阅、梳理和总结了国内外相关文献资料，充分学习和借鉴了前人的研究方法与研究成果，为本书开展研究提供了研究基础和理论源泉。本书所收集的文献资料包括公开出版的学术专著、期刊论文、国内外报纸、国内外相关统计数据库和互联网资料等。

（2）规范分析方法。本书对不同经济发展阶段社会保障制度应对经济危机的理论基础、不同历史阶段社会保障制度应对经济危机的主要功能以及社会保障制度应对经济危机的作用路径和微观政策着力点与作用方式进行了规范分析，为社会保障制度应对经济危机的能力分析打下理论基础。

（3）实证分析方法。本书构建了应对经济危机能力的综合评价指标体系，基于因子分析和聚类分析方法对 OECD 国家社会保障制度应对经济危机的能力进行了实证研究。此外，运用中国 30 个省、自治区、直辖市的面板数据模型采用截面加权估计方法（EGLS）对中国社会保

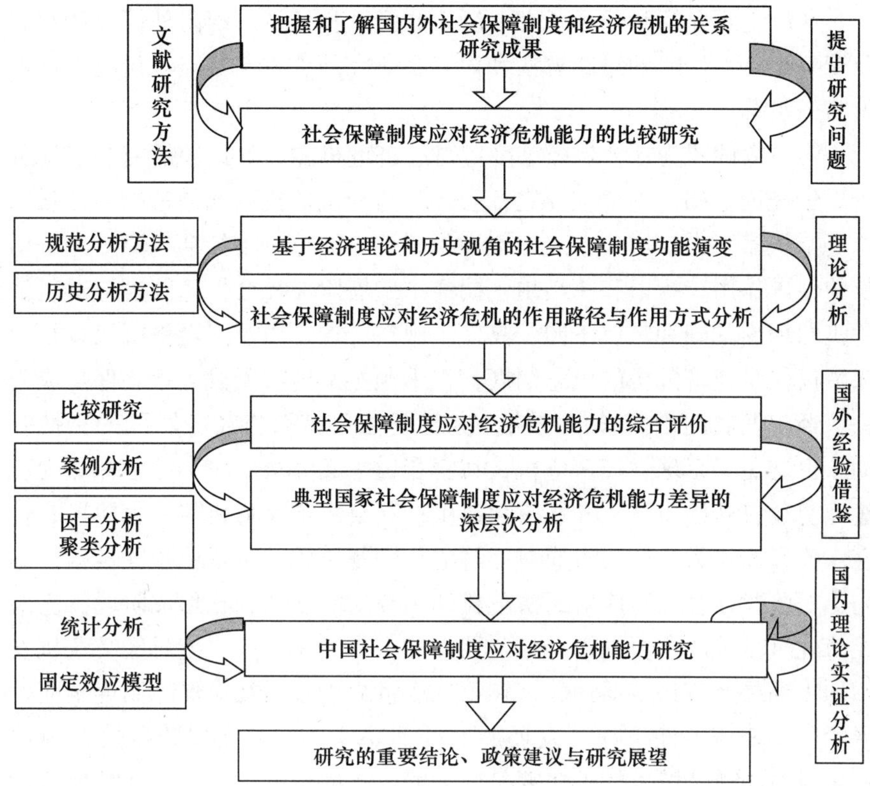

本书研究的技术路线逻辑框架

障支出的经济增长效应和就业效应进行了实证计量分析。

（4）比较分析方法。本书采用横向比较分析方法对不同社会保障制度在经济危机中的表现、应对经济危机的能力以及影响应对能力的原因进行了比较研究。

（5）跨学科分析方法。社会保障制度应对经济危机的研究覆盖的范围广、内容多，需要多学科的知识，因此，需要进行跨学科的交叉分析和研究。本书综合运用社会保障学、保险学、统计学、计量经济学、社会学、管理学等多学科的知识与方法，对社会保障制度应对经济危机的作用路径和方式、应对能力及政策优化进行了比较系统和深入的研究。

（三）研究内容

全书共分为七个部分，各章主要研究内容和主要观点如下：

导论主要介绍和分析了本书研究的背景和意义、国内外研究的现状及简要评价、研究的思路方法和内容、研究的重点与难点、研究的创新点与不足等。

第一章试图为社会保障制度应对经济危机能力的比较研究和实证分析提供理论基础。本章在界定社会保障与经济危机内涵的基础上，从物质资本积累、人口增长、人力资本积累等方面分析了社会保障对经济增长的促进作用；探索和总结出不同经济发展阶段社会保障制度应对经济危机的理论基础和定位不同。具体表现在：在自由主义经济阶段，社会保障仅仅是经济危机的应急制度；在干预主义经济阶段，社会保障成为社会经济发展的国家长期战略，实现了社会保障与经济发展的良性互动，也避免了全球性经济危机；在新自由主义经济阶段，社会保障为应对经济危机开始市场化和私有化改革；新自由主义危机与反思阶段，社会保障开始作为生产要素应对经济危机。基于此，本章梳理并概括了不同历史阶段社会保障应对经济危机的主要功能演变：在形成阶段，应对经济危机发挥的主要是社会稳定器功能；在发展阶段，应对经济危机发挥的主要是经济调节器功能；在第二次世界大战后社会保障制度全面发展阶段，发挥了经济社会发展的助推器功能；在社会保障制度改革前期，应对经济危机发挥的主要是国家财政的减负器功能；在社会保障制度改革后期，应对经济危机发挥的是促进经济增长的生产要素功能。

第二章先分析社会保障制度应对经济危机的三条作用路径：第一，恢复经济增长的作用路径。社会保障通过刺激社会有效需求和促进产业结构调整，增加经济发展能力，发挥恢复经济增长的作用。借助社会保障制度对社会成员的收入维持，对边际需求的提高，对政府需求的扩大，对人们预期心理的稳定，刺激消费需求，增加投资需求，扩大社会总需求。借助社会保障制度降低由于技术进步与产业升级带来的不安全感，顺畅劳动力的更新过程，引导和鼓励企业创新，助推产业结构的调整和经济增长模式的转变，增加经济发展能力。此外，社会保障投资人力资本对于促进经济增长的作用非常显著。第二，促进社会成员就业的作用路径。社会保障通过和企业共渡难关的措施以及增加人力资本投入的措施，发挥促进社会成员就业的作用。通过加强与企业的对话与协商，实施更加积极的就业政策，提供就业服务，促进就业。通过增加社会保障支出中的人力资本投入，分担再就业的技能培训成本，增强低收入群体抵抗失业风险的能力，提升就业能力。而且，企业愿意花费部分利润支持社会保险发展。因为企业认为这可以弥补劳动力技能培养的市场失灵，可以帮助企业更好地应对经济危机。第三，增强弱势群体应对风险能力的作用路径。社会保障通过调节收入分配，弥补收入不足，降低犯罪率，增强自我发展能力，发挥增强弱势群体应对风险能力的作用。通过筹资机制影响和改变初次分配格局，提高劳动者报酬；通过筹资机制、待遇给付机制和财政转移支付机制，调节社会各阶层间的收入分配差距，实现收入分配合理化和均等化。通过增加社会保障支出，提高从事犯罪的隐性成本，有效地控制犯罪率，加大对弱势群体的医疗和教育支出，帮助他们学习新技能，提高就业创业的能力，实现弱者自强和自我的发展。找准社会保障政策作用的着力点能更好地应对经济危机，本章研究发现，增加企业的现金流动，增强企业的创新能力，是社会保障政策作用于企业的政策着力点；增强居民的有效支付能力，提高居民素质和就业技能，是社会保障政策作用于居民的政策着力点。在此基础上，分析了社会保障政策作用于企业和居民的方式。作用于企业的方式：实施了非常规的刺激性财政政策来缓解企业现金流动性不足问题；通过对企业的社会保障缴费提供支持来减轻经济衰退中企业的重压以扩大企业的财政空间；缓和劳资矛盾，实施积极的劳动力市场政策，使企业专注于生产与创新，提高企业竞争力。作用于居民的方式：实施了非常规的刺激性财政政策来缓解居民支付能力不足问题；为了提高居民收入和缩小贫富差距，政府对常规的社会保障政策进行了调整；社会保障通过劳动力市场政策工具为危机中的穷人和失业者提供“生存求助”和“能力求助”。

第三章首先介绍分析 2008 年国际经济危机对不同国家的影响，其次通过借鉴和综合分析，对社会保障制度应对经济危机的能力进行了界定。社会保障制度应对经济危机的能力指在发生经济危机的状况下，社会保障制度本身所具有的应对经济变动带来的不利影响的内在功能，包括经济危机状况下社会福利制度自身的适应能力、促进经济恢复的能力和经济危机状况下的财政负担能力。并在此基础之上，构建了社会保障制度应对经济危机能力的综合评价指标体系。接着利用 OECD 相关数据运用因子分析方法对 OECD 国家社会保障制度应对经济危机的能力进行了实证研究。根据传统的社保模式划分，计算了各类模式的因子得分和排名，得出结论，斯堪的纳维亚模式和欧洲大陆模式应对经济危机的能力最好。盎格鲁—撒克逊模式应对经济危机的能力一般，略高于平均水平。东亚模式和中东欧模式整体上应对经济危机的能力较差，低于平均水平，东亚模式略高于中东欧模式。地中海模式应对经济危机的能力最差。值得注意的是，各种模式内部应对经济危机的能力差异巨大。于是本书根据应对经济危机能力的强弱，运用聚类分析方法将社会保障制度分为权力下放的社会服务型、与经济充分配合的社会保险型、市场驱动型、政府主导—市场调节型、市场主导—政府调节型和扭曲型，并总结了每类模式的特征：权力下放的社会服务型将地方政府作为社会福利的主要提供者，引入了竞争机制，改革了社会服务和就业，具有高水平的社会保障；与经济充分配合的社会保险型将国家角色由直接干预者转变为管理者和服务者，实现了国家、社会与市场相互有机整合，实施了积极的劳动力市场政策，具有较高水平的社会保障；市场驱动型社会保障水平一般，危机前有一定的改革，危机后没有实施激进的社会保障改革，经济发展和财政负担较轻；政府主导—市场调节型重视国家在福利的提供与管理中的作用，经济发展和福利保障的关系很不协调，社会保障水平高低不齐；市场主导—政府调节型社会保障制度调节收入再分配的功能较差，危机时刻开始大幅度调整社会保障制度；扭曲型社会保障被民主绑架，水平较高，过分重视福利的救济作用，忽视对经济发展的促进作用，社会保障公平性差，具有明显的社会排斥。

第四章选取瑞典、德国、美国、希腊和韩国作为不同社会保障制度的典型国家，在对这五个国家在经济危机中的福利保障、经济发展、劳动力市场、社会公平、财政负担进行了深层次分析后，发现：其一，不同的社会保障改革带来差异化的应对经济危机的自适应能力。改革越及时、彻底、全面的制度应对经济危机的自适应能力越强。其二，社会保障支出水平、支出结构、筹资模式的差异带来不同的刺激经济增长的效应。社保水平越高，社会保障实物支出占 GDP 的比重越高，社保实物支出大体平衡于或超过现金支出，社会保障筹资在国家和企业以及个人之间分配越合理的国家，促进经济恢复与增长的能力越强。其三，劳动力市场政策积极转型的时间和深度以及平衡家庭与工作关系的家庭政策的差异带来不同的劳动力市场状况。劳动力市场政策发生积极化转型的时间越早，改革的程度越深入，失业率越低；儿童照料服务体系和生育保障制度越健全，就业率越高。其四，社会保障制度调节分配能力的差异带来促进社会公平能力的高低。较强的社会保障调节分配能力，有利于国家促进社会公平。其五，公私社会保障的不同组合和国家对社会保障水平与经济发展水平相互关系的不同处理造成不同的财政影响。社会保障体系越科学合理，社会保障水平与经济发展水平协调得越好的国家，财政负担能力越好。其六，总结了典型国家社保制度应对经济危机能力的启示：及时系统地改革社会保障制度，增强制度的自适应能力；完善社会保障支出和筹资政策，促进经济恢复与增长；建立“友好”特征的新型社会保障制度，更好地促进就业；加大社会保障的分配力度，增强社会公平及弱势群体的风险应对能力；健全多层次的社会保障体系，减轻政府的财政压力。

第五章首先综合分析了中国在经济危机中的表现和因危机社会保障制度所做的政策调整；其次，运用中国30个省、自治区、直辖市的面板数据模型采用截面加权估计方法（EGLS）对社会保障支出的经济增长效应和就业效应进行了实证计量分析，研究发现：社会保障支出规模对经济增长的影响存在滞后效应，对就业增长的影响不存在积极性；不同类型社会保障支出对经济和就业增长的影响不同，财政医疗卫生支出表现为积极影响，社会保险支出表现为消极影响，财政社会保障与就业支出和财政教育支出则表现为无显著影响。最后，在此基础上，从社会保障制度自身适应能力、应对经济衰退能力、应对失业能力以及促进社会公平能力等方面，对中国社会保障制度应对经济危机的能力进行了全面综合评价。研究认为，中国现行社会保障制度应对经济危机的能力总体上还比较脆弱，亟须优化和健全我国社会保障体系的建设。

第六章首先总结提炼了本书研究的重要结论，认为应对经济危机能力较强的社会保障制度具有的特征是：公私合作的多层次社会保障体系、较高的社会保障水平且与经济发展水平相适应、合理的费用筹资水平和筹资责任分担机制、优化的倾向于积极福利的社会保障结构。同时，本书认为，典型国家的经验启示中国：应及时系统地改革社会保障制度，增强制度的自适应能力；完善社会保障支出和筹资政策，促进经济恢复与增长；建立“职业友好”和“家庭友好”特征的新型社会保障制度，更好地促进就业；加大社会保障的分配力度，增强社会公平及弱势群体的风险应对能力；健全多层次的社会保障体系，减轻政府的财政压力。其次，结合中国社会保障制度的现状及其在应对经济危机能力方面的不足，有针对性地提出了系列具体政策建议。

四　研究的重点与难点

（一）研究重点

社会保障制度应对经济危机的功能演变、作用路径、作用方式、社会保障制度应对经济危机能力差异的原因分析及启示和中国社会保障制度对国际经济危机的应对能力及实证计量分析，以及在此基础上提出的更有针对性的完善和发展的政策建议。

（二）研究难点

研究难点在于社会保障制度应对经济危机能力的综合评价。只有系统梳理研究资料和建立全面的指标体系，并赋予指标相应的权重进行研究，才能全面客观地综合评价不同社会保障制度应对经济危机的能力，比较制度的优劣和有效性以及产生差异的原因，得出有助于明确中国社会保障制度改革的方向。但是，对这些问题的分析，没有现成的资料和分析方法可利用，必须通过文献资料的研究和借鉴其他学科的研究方法才能克服。

五　创新点与不足

（一）主要创新点

第一，从理论上探讨了社会保障制度应对经济危机的功能机理、作用路径与作用方式，并运用相关数据资料对不同社会保障制度模式应对经济危机能力的差异性进行了实证研究。在当前国内学界更多关注社会保障对企业发展和经济增长带来沉重负担与压力的背景下，本书强调社会保障功能的生产性和投资性研究，这在社会保障理论探索上具有一定的创新性。

第二，提出了社会保障制度应对经济危机能力的概念、建立了较全面的能力评价指标体系，赋予相应的权重对社会保障制度应对经济危机能力进行全面客观的综合评价。

第三，结合国际比较对中国社会保障制度对经济增长及就业的影响效应进行了实证考察，并从社会保障制度自身适应力、应对经济衰退能力、应对失业能力以及促进社会公平能力等方面，对中国现行社会保障制度应对经济危机能力进行了全面综合评价，相关研究结论及政策建议对我国社会保障体系的改革完善具有一定的指导意义和应用价值。

（二）不足之处

基于前人的研究成果，本书虽尽力希望在理论分析和实证研究上能够实现突破和有所创新，但因笔者自身的研究水平和研究能力还十分有限，书稿在诸多地方还存在问题，需要在未来进一步的研究中加以解决。在研究对象的选择上，由于发展中国家社会保障制度的统计数据无法获得，故本书研究对象中没有包含发展中国家。考虑到 OECD 国家中社会保障制度的差异性较大，具有很好的代表性，因此，以 OECD 国家为代表进行研究。在实证研究方面，由于指标数据的可获得性问题，本书在研究 OECD 福利国家应对经济危机的能力时，有些国家的基尼系数数据和财政债务数据无法获得，故使用了相近年份的数据或者其他数据库的数据。这些使研究的准确性打了折扣。

第一章　基于经济理论和历史视角的社会保障制度功能演变

全球经济正在经历自大萧条以来持续时间最长、最严重的经济危机。2008 年以来，金融危机迅速从发源地美国蔓延到全球各国，导致社会总需求的紧缩、信贷渠道的阻塞、贸易和投资的下降。由此，全球数以千百万计的劳动者失业，许多继续就业者也经历着工作时间减少、工资和福利下降的痛苦。政府在防止工人及其家庭遭受经济不景气的负面影响和稳定经济方面面临巨大的压力。虽然发达国家和发展中国家的经济社会发展程度存在巨大差异，但是，他们都在运用社会保障机制回应着危机，试图保护危机中本国的工人、家庭和社会，减少危机所带来的消极影响。社会保障具有多方面的功能和作用，从满足基本生活需要到实现经济增长、社会公平、国家稳定，再到在全面经济危机阶段保护每一个国民与家庭的常规作用（Townsend，2009），俨然已成为现代市场经济国家不可或缺的政策工具。

社会保障为什么能够发挥如此重要的作用呢？探寻它的功能演变及发挥作用的理论依据，以更好地指导我国运用社会保障机制保障民生和治理经济危机显得日益重要。本章将基于社会保障与经济危机的内涵界定，探索和总结不同经济发展阶段社会保障应对经济危机的理论基础、不同历史阶段社会保障应对经济危机的主要功能演变，以及社会保障对经济发展的促进作用等，为后续不同社会保障制度应对经济危机能力的比较研究和实证分析提供理论基础。

第一节　社会保障制度与经济危机的一般性关系界定

一　社会保障制度的性质界定：既是一项基本社会制度，也是一项基本经济制度

（一）社会保障制度是一项基本的社会制度

自古以来，人们就身处许多自然风险和社会风险之中。有些风险单独依靠个人的力量无法转移和抗御。因此，应对风险的他人、社会或国家机制产生，帮助个人规避风险、降低侵害和安全渡过生存危机。所以说，社会保障是个历史悠久的问题。但古老的社会保障制度往往以济贫制度的形式呈现。伴随风险性质的变化，市场失灵的出现和人民权利意识的增强，这些客观条件要求国家担负起调节经济、抵御社会风险和照顾人民生存的社会职能。于是，19 世纪末，德国率先建立了现代意义上的社会保障制度。它既是资本主义社会工业化发展的产物，也是资本主义社会阶级斗争发展到需要社会政策以避免社会对抗爆发的结果。政府福利政策能有效降低市场波动对个人及其家庭生活水平的影响，其“非商品性”是区别于私人保险的本质特征。然而，制度产生以后，“社会保障”一词却未产生，直到 1935 年，美国《社会保障法》里最早公开使用该词汇，随后在世界各国得到认同。截至 1997 年年底，已有 172 个国家建立了社会保障制度。尽管名称上有社会保障、社会保护、社会福利、社会保险、中央公积金等，但社会保障制度无疑已经成为一项基本的社会制度。

从最初在大多数国家和地区被当作收入补贴，到后来《新大不列颠百科全书》（1984）中，社会保障被定义为维持收入或提供收入的制度。这种制度依法建立，为受到收入损害或需要大笔开支的个人或家庭，提供或维持收入。国际劳工局在第二次世界大战以后将社会保险、社会救助及其他项目看成整体的社会保障体系，通过这个体系对其成员提供保护，以防止收入中断或大大降低而带来的生存困窘。1989 年国际劳工组织对社会保障做出进一步分析，认为社会保障在于防止贫困，

保障家庭和个人的基本生活水平。[①] 到目前为止，国际社会政策研究认为，社会保障制度主要是为了转移收入风险、保障收入安全。主要福利国家对社会保障的界定也体现了社会保障是一项基本的社会制度。日本学者对社会保障的界定是“以保险等形式对疾病等原因的贫困，给予最低生活保障，提高社会福利”。[②] 美国学者认为，“社会福利是一个组织体系，该体系为个人以及集团成员提供各项社会服务和相关制度以保证他们有平均的生活水准和健康状况”。[③] 在英国，社会保障被理解为，国家经济保障制度下的公共福利计划，借助公益服务及家庭生活补助，弥补收入损失并提高其福利。一些加拿大学者将社会保障认为类似于广泛的福利国家概念，认为其是“确保贫困群体取得相关的收入及服务”。[④]

20 世纪 50—80 年代，中国使用“社会保障”来代替西方的“社会福利”。同时，国内一些学者也对社会保障制度的概念进行了相关理论研究，其研究成果也多体现了社会保障制度既是一项社会制度又是一项经济制度。具有代表性的是：（1）从收入分配的视角，陈良瑾（1990）、葛寿昌[⑤]（1990）、孙光德和董克用[⑥]（2000）、吴奕明[⑦]（2002）等认为，社会保障是指国家和社会通过立法对国民收入进行社会经济分配的形式，用来帮助生活困难的人群。（2）从处理社会风险的视角，孙光德等[⑧]（2008）把社会保障看作国家采取立法手段和有关政策规定，为公民提供保护的处置社会风险、弥补市场失灵的公共措施。（3）从保障生活的视角，郑功成[⑨]等（2000）认为，社会保障具有经济福利性质；郑秉文等[⑩]（2001）认为，社会保障是一种保障基本生

---

① 国际劳工组织编：《社会保障基础》，吉林大学出版社 1989 年版，第 43—44 页。

② 隋东、朱棱：《社会保障纲要》，改革出版社 1995 年版，第 46—48 页。

③ 郑功成：《社会保障学——理念、制度、实践与思辨》，商务印书馆 2000 年版，第 21 页。

④ 仇雨临：《加拿大社会保障制度的选择及其对中国的启示》，经济管理出版社 2003 年版，第 52—54 页。

⑤ 葛寿昌：《社会保障经济学》，复旦大学出版社 1990 年版，第 2 页。

⑥ 孙光德、董克用：《社会保障概论》，中国人民大学出版社 2000 年版，第 4 页。

⑦ 吴亦明：《中国社会保障制度》，南京师范大学出版社 2002 年版，第 4 页。

⑧ 孙光德等：《社会保障概论》，中国人民大学出版社 2008 年版，第 4 页。

⑨ 郑功成：《社会保障学》，商务印书馆 2000 年版，第 11 页。

⑩ 郑秉文、和春雷：《社会保障分析导论》，法律出版社 2001 年版，第 3 页。

活安全制度；穆怀中[①]（2002）认为，社会保障是根据保护与激励原则保证社会成员基本生活。（4）从保障范畴的视角，无论是将社会保障看作是与一些国家或地区的社会福利概念范围更加接近，还是将社会保障看作社会福利的一个较小范畴，都包含经济福利上的保障。比如，郑功成站在更广义的视角来看待社会保障，认为它是具有各种经济福利性的国民生活保障系统的统称，应包括最低层次的社会救济，基本部分的社会保险，最高层次的社会福利，特殊纲领的社会优抚以及医疗保健服务。[②] 在实践中，"社会保障"一词在六届全国人大四次会议上被第一次使用，被认为是通过强制手段调节国民收入，形成消费基金，对社会困难成员给予物质上帮助的制度安排。不论是在西方发达国家，还是在中国，现代社会保障制度，通过国家干预和社会共济对社会弱势群体给予保护，维持他们生存的基本需求，弥补市场经济的缺陷和传统保障的不足，进而维护社会稳定，是一项基本的社会制度。

（二）社会保障制度也是一项基本的经济制度

实际上，不仅在社会保障制度的名称上不同国家和地区有所差异，在关于社会保障制度概念的界定上中西方也存在很大不同。但是，几乎在所有国家，社会保障制度不仅仅是一项基本的社会制度，同时也是一项基本的经济制度。作为经济调节制度，社会保障制度主要通过以下几个途径来调节一国经济发展。

其一，通过平衡社会供需关系调节经济发展。当经济发展处于衰退阶段，失业率上升时，社会保障缴费相应减少，失业人员和贫困人群骤增。社会保障制度积极增加公共支出，可以提高这些人员的购买力，从而增加了消费需求，有助于经济的复苏和发展；当经济发展过热之时，社会保障缴费相应增加，失业人员和贫困人群减少。社会保障制度减少支出，可以相对削弱民众的购买能力，有效抑制过度膨胀的需求，减少社会总需求，有助于经济的平稳增长。

其二，通过参与投融资活动调节经济发展。一方面，社会保障基金具有积累性、投资性、增值性的特点，尤其是完全或部分积累制筹集的

① 穆怀中：《社会保障国际比较》，中国劳动社会保障出版社 2002 年版，第 110 页。

② 《世界各国的社会保障制度》，馨芳、国太、劲民编译，中国物资出版社 1994 年版，第 2 页。

养老保险基金。因此，基金可以被用以投资国家重点项目和各项社会基础设施。这样既为经济发展和国家建设成功融资，又使社会保障基金得以保值增值。另一方面，社会保障基金管理模式向私营化方向转变。各国私营化的投资模式，有利于社会保障基金转化为资本，从而促进了资本形成、资本市场发展和经济增长。

其三，通过调节收入分配格局拉动经济增长。社会保障制度在初次分配领域可以通过筹资机制改变政府、企业与个人三者之间的收入份额，增加劳动报酬所占的比重；在再分配领域可以通过资金筹集机制、待遇给付机制和财政转移支付机制，调节社会各阶层间的收入分配差距。调节收入分配并使之实现合理化，可以提高社会消费能力和消费倾向，扩大消费需求，加快消费对经济增长的拉动效应。

其四，通过调节劳动力市场影响经济发展。从劳动力供给视角来看，社会保障制度为劳动者解除了养老、医疗、失业等后顾之忧，有利于提高劳动者的身体素质和生产积极性，增加劳动的数量，促进生产发展。从劳动力需求视角来看，社会保障制度需要企业向社会保障机构缴纳一定数额的社会保险费，增加了劳动力成本，影响了劳动力需求。从劳动力流动视角来看，较高的社会保障水平有助于提升劳动力的素质，促进劳动力合理流动，推动经济社会的发展。此外，社会保障制度不单单是一项消费性支出，也是一种对人力资本进行投资的生产性投资。制度通过职业培训措施，提升劳动者工作能力和效率，使之适应并促进经济社会发展。

其五，通过调整消费与储蓄行为影响一国经济发展。无论是现收现付制还是基金积累制，社会保障制度都可能挤出个人储蓄，减少经济发展需要的资金积累；也可能挤进个人储蓄，增加经济发展需要的资金积累。一般社会保障制度趋于成熟时，对储蓄不会有显著的影响；而制度的保障水平发生变化时，对储蓄的影响则较为显著；保障水平提高时，人们对未来会有比较乐观的预期，会增加消费，减少储蓄，产生对储蓄的挤出效应；保障水平降低时，人们对未来会有比较悲观的预期，会减少消费，增加储蓄，产生对储蓄的挤进效应。

综合上文分析，社会保障制度通过消除市场竞争、自然灾害等不安定因素引起的影响和破坏，以社会化方式来保障社会成员的基本生存和生活，从而保证社会稳定运行，是现代市场经济条件下必不可少的一项基本社会制度。同时，社会保障制度通过调节社会供需关系、参与投融资活动、调节收入分配、影响劳动力市场、调整消费与储蓄行为，调节一国宏观经济运行，是保障经济发展不可或缺的一项基本经济制度。本书的研究侧重于把社会保障看作是一项基本的经济制度，分析其对经济发展的影响和对经济危机的应对。还需说明的是，目前国际学术界对大社会保障概念是认同的，本书研究的社会保障制度也是这种大概念的。从内容上看，和西方的社会福利制度概念很接近。因此，本书中如无特别说明，所涉及的社会福利制度、社会福利都是和社会保障制度及社会保障一致的概念。

二　经济危机及其破坏性

（一）经济危机的成因与概念

如彼得·古勒维奇所言，全球经济总量在过去的两百多年里迅速增长，只不过增长的同时也始终存在间歇性的急剧的经济衰退。[①] 那么，这种周期性的经济急剧动荡是经济危机吗？关于它的科学界定是怎样的呢？不同的经济学流派和学者给出了各自的解释。马克思主义经济学认为，经济危机爆发于经济停滞、复苏、高涨和危机四个阶段循环过程中，是周期爆发但不规律的生产相对过剩的危机。恩格斯曾在《共产主义原理》一书中这样解释经济危机："大工业创造了象蒸气机和其他机器那样的工具，这些工具使工业生产在短时间内用不多的费用便能无限制地增加起来。……大批资本家都投身于工业，生产很快就超过了消费。结果，生产出来的商品卖不出去，所谓商业危机就来到了。"[②] 在《共产党宣言》中，马克思、恩格斯把经济危机看成是一场生产过剩的瘟疫。[③] 持此观点的，还有列宁。[④] 可见，马克思主义经济学认为，经济危机根源于生产资料私人占有和生产社会化之间的矛盾；而引发的动因、社会前提、推力和物质基础分别是生产超过了消费、宏观发展和微观运行的矛盾、信用制度的发展、固定资本的更新。[⑤]

---

① ［美］彼得·古勒维奇：《艰难时世下的政治——五国应对世界经济危机的政策比较》，袁明旭、朱天飚译，吉林出版集团有限责任公司2009年版，第1页。

② 《马克思恩格斯选集》第1卷，人民出版社1972年版，第216页。

③ 同上书，第275页。

④ 《列宁全集》第2卷，人民出版社1984年版，第139页。

⑤ 李霞：《经济危机变异与政治嬗变研究》，博士学位论文，中共中央党校，2010年，第45—50页。

此外，西方一些学者提出了不同于马克思主义经济学看法的引发经济危机的理论，概括起来主要是内生因素理论和外生因素理论。内生因素理论包括：（1）消费不足论，代表人物有西斯蒙第、福斯特、霍布森、马尔萨斯，他们把消费需求不足当作经济危机根源；（2）纯货币理论，代表人物有弗里德曼、霍特里，他们认为，货币信用过度扩张是周期性经济危机的主要成因；（3）投资过度理论，代表人物有哈耶克、米塞斯、克拉克、西蒙·库兹涅茨，他们认为，过多的货币投资和非货币投资引起资本品生产过剩是导致生产过剩的经济危机的原因；（4）心理预期理论，代表人物有凯恩斯、拉文顿、庇古、巴奇霍特，他们认为，经济周期性波动的原因是人们心理上的周期变化；（5）经济创新理论，代表人物有熊彼特，把“创新”看作经济周期的根本原因，缺乏新的创新，就会出现经济萧条。而外生因素理论包括：（1）太阳黑子理论，代表人物有穆尔和杰文斯，把太阳黑子的周期性运动看作经济周期波动的原因；（2）政治性政治经济周期理论，代表人物有卡莱茨基、阿克曼、诺德豪斯；他们认为，经济周期波动产生于政党竞争和政府行为。

随着市场经济和经济全球化的迅速发展，经济危机不再是资本主义制度的特有产物，社会主义制度也存在经济危机。我们需要更新和更深刻地认识经济危机。在权威性辞典《辞海》中，我们看到了这种认识。《辞海》中将经济危机看作是经济恐慌，并对经济危机进行了两种界定：一是传统观点，认为其是存在于资本主义生产过程中的周期性爆发的生产过剩危机；二是在国民经济发展过程中因猛烈的生产下降而造成的剧烈混乱和动荡。[①] 这说明经济危机的主体也可能包括社会主义国家。在2005年出版的《现代经济辞典》中，经济危机的界定有了进一步发展，更为科学：（1）在传统的也即古典的经济周期分析中，指在生产过剩的阶段后，给整个社会经济生活造成严重破坏和影响的国民经济产出总量（或绝对量）的下降，称此阶段为危机或崩溃阶段。（2）泛指一国经济受到重大冲击或遭受严重破坏后所陷入的严重混乱状况，如货币、金融、财政等引起的危机，或国际债务、国际收支、国际石油引起的危机，也可以是战争或重大自然灾害等引发的全面经济危机。[②] 在

① 《列宁全集》第2卷，人民出版社1984年版，第139页。

② 刘树成：《现代经济辞典》，凤凰出版社、江苏人民出版社2005年版，第562页。

此基础上，李霞[①]（2010）将经济危机在广义上定义为：一国经济处于无法运行的混乱、衰退甚至萧条状态。此时，由于内在因素或外在因素供给大于需求，生产超过消费，生产和再生产难以继续维系。

回顾近期的经济危机史，我们可以发现，经济危机已经跨越政治制度与意识形态的藩篱，在全球经济联系日益紧密的背景下，成为一种普遍现象。并且，一国的经济危机会更加迅速地蔓延和传导到其他国家和地区，从而爆发区域性或全球性经济危机。比如，2007 年美国的次贷危机通过一系列的连锁反应席卷全球。因此，本书将经济危机界定为：任何社会经济形态下国民经济运行由于经济增长速度持续下滑而带来的经济衰退乃至萧条现象。

（二）经济危机的破坏性

观察历史上主要的经济危机，每一次都会对经济社会造成巨大的破坏力。具体来说：

第一，经济萧条，生产下滑。如美国在 1857 年的经济危机中，出口额和采煤量倒退两年，生铁产量更是倒退四年；整个资本主义世界在 1929—1933 年的世界经济危机中，工业生产倒退到 1908—1909 年的水平，几乎下降了 44%；而各国在 1929—1933 年经济危机中，工业生产同样有较大幅度的下降，德国、法国、英国分别下降了 40.6%、32% 和 23.8%，大约倒退到各自 1896 年、1911 年和 1897 年的水平；在 1979—1982 年的经济危机和 1990 年的经济危机中，美国、英国、加拿大的工业生产也分别降低了 11.9%、7.4% 和 7.3%。[②] 在 2008 年的经济危机中，发达国家的 GDP 增长为负值，世界进口和出口贸易大幅萎缩。

第二，企业大量破产，工人失业率急剧上升。经济危机造成商品大量过剩，销售几乎停滞，从而大大降低了企业的利润空间和生产动力，生产剧烈下降，企业面临破产倒闭危机。资本家为转嫁危机，大幅裁员并降低工人工资，失业工人数剧增。例如，32 个资本主义国家在 1929—1933 年的经济危机中，失业人数从 590 万增加到 2640 万，各国失业率都达到 15%—20%，德国、美国有些年份的失业率甚至达到

---

① 李霞：《经济危机变异与政治嬗变研究》，博士学位论文，中共中央党校，2010 年，第 45—50 页。

② 黄茂兴、叶琪：《近代以来世界性经济危机爆发的主要特点及成因分析》，《当代经济研究》2010 年第 3 期。

20%—30%；美国在1973—1975年的经济危机期间，创造了8.9%的失业纪录，1975年联邦德国、法国、意大利和英国的失业率分别是4.1%、4.0%、5.6%和3.9%；资本主义国家在1979—1982年经济危机期间，失业率在10%以上，在1981年，美国和法国的失业率是7.6%和7.8%，接近8%，意大利突破8%，是8.9%，英国则高达10.5%；日本在1997年亚洲金融危机期间，失业率从危机前的2.1%上升到危机后的4.3%；2008年的经济危机也使各国失业率迅速攀升，2008年第四季度俄罗斯的失业率和2009年2—4月英国的失业率都在7%以上，2008年第四季度法国的失业率和2009年6月德国的失业率更是达到8%以上。①

第三，困难群体增加，容易引发社会动荡。经济危机使总的经济绩效急剧恶化。这种恶化波及各个社会阶层，并影响他们的收入水平。但是，失业工人和城乡低收入群体等弱势群体，在危机中首当其冲，受到的冲击也最为致命，使他们成为社会最不稳定的因素。为了使个人和家庭继续生存下去，这些社会弱势成员可能铤而走险，实施抢劫、诈骗、盗窃等行为，造成刑事案件以及经济案件数量的增加，威胁到社会治安和稳定。根据英国犯罪调查数据，2008年的经济危机使信用卡诈骗、小偷小摸、商店盗窃分别上升了4%、25%和10%。② 此外，由于经济危机造成的全局性经济困难，社会问题增多，广大社会成员对政府的不满情绪也随之增多，罢工运动蓬勃发展。在美国，罢工人数由1929年的90万人增加到1933年的156万人；在日本，从1929年到1931年，总罢工次数从1408次上升到2284次，后继续攀升到2415次。在德国，从1930年到1932年，每一年都有几百次罢工，罢工运动重新高涨。农业工人为抗议削减他们的工资，也纷纷举行罢工。在英国，每年都有超过40万的工人参加罢工。

可见，经济危机造成了一系列的严重的负面影响，主要包括经济萧条、生产下跌、工厂大批破产、工人大量失业、社会动荡不安。为降低危机对工业经济社会的颠覆性破坏，历经几百年的探索，西方社会建立

① 罗阳：《经济危机、社会动员与政治稳定》，博士学位论文，中共中央党校，2011年，第24页。

② 黄茂兴、叶琪：《近代以来世界性经济危机爆发的主要特点及成因分析》，《当代经济研究》2010年第3期。

起现代意义上的社会保障制度，有效减轻了经济危机的冲击。不然，经济危机对于国家经济和社会的破坏作用可能更为致命。

三　社会保障对经济增长的促进作用

既然是一项基本的经济制度，那么社会保障制度的建立与发展，是否促进经济增长是对其进行评价的一个重要标准。从理论上探讨社会保障对经济增长的影响，成为社会保障问题研究的一个重要组成部分。目前的研究成果认为，社会保障主要通过影响经济运行中物质资本的形成、人口增长、人力资本积累来影响经济增长。对物质资本形成的影响途径是：改变消费者的预算约束→影响消费者的储蓄行为和生育行为→促进物质资本形成；对人口增长和人力资本积累的影响途径是：影响父母和子女（不同代际）在当期和未来的福利水平→改变消费者的生育行为及人力资本投资决策→实现人口增长和人力资本积累。

（一）社会保障制度影响经济发展中的物质资本积累

较早研究社会保障对经济增长影响的学者认为，社会保障通过影响物质资本积累来影响经济增长。弗里德曼（Friedman，1957）较早关注到社会保障制度缓解了人们的后顾之忧，进而使人们减少了在就业阶段的储蓄，不利于经济增长。费尔德斯坦（Feldstein，1974）一方面赞同弗里德曼的观点，把这种影响称为资产替代效应；另一方面开创性地运用生命周期理论分析社会保障与经济增长关系，认为社会保障还存在引致退休效应，这种效应会增加人们就业期间的储蓄，推动经济增长。总体上说，这两种效应的大小决定了社会保障对人们储蓄进而对经济增长的影响。如果引致退休效应小于资产替代效应，那么社会保障对人们储蓄有抑制作用，将不利于经济增长；反之，社会保障对人们储蓄有促进作用，将有利于经济增长。莱特纳（Laitner，1998）、萨姆威克（Samwick，2000）的经验研究结论支持社会保障对经济增长的阻碍作用。但巴罗（1974）和莱默等（Leimer et al.，1982）的研究却发现，社会保障和居民储蓄之间没有显著相关性。可见，实证研究对此还未有定论。

（二）社会保障制度影响经济发展中的人口增长

人口问题内生化的研究产生以后，人口因素作为一个重要因素引起学者们的关注，社会保障对经济增长的影响研究也发生了相应的变化。贝克尔（Becker，1988）建立了包含各代父母动态效用的函数，从而将劳动力内生化。他认为，社会保障制度会使子女承担更多的赋税，拥有更少的可支配收入，随之父母抚养子女将付出更多的成本，因此造成生育率下降，这时维持或提高物质资本，均会带来人均物质资本的提高，这对提高社会总产出很有帮助。张杰（Zhang Jie，1996）等[①]研究了基金积累制社会保障制度的效应，结果表明，如果社会保障收益和个人自身收入密切相关，那么社会保障制度可以通过降低生育率、加大对人力资本的投资来促进经济增长。鲍克凯恩（Boucekkine）等[②]基于不确定性和有限生命的视角构建了世代交叠模型，把出生率和死亡率视为外生变量，个人通过自由选择最优的教育年限和退休年龄以古典的方式影响平均的人力资本和经济的增长速度。克鲁兹（Cruz，2006）等[③]在其基础上运用古典增长世代交叠模型进一步研究了基金积累制社会保障，研究发现，社会保障在对教育有积极作用的同时也导致退休年龄的下降。净效应是更长的人口寿命预期带来工资劳动者的分担减少，进而使每单位资本的 GDP 增速下降。此外，每单位资本 GDP 的增长率也因更高的社会保障缴费率下降了。

（三）社会保障制度影响经济发展中的人力资本积累

根据内生性经济增长理论，社会保障通过人力资本积累机制影响经济长期增长。马丁（Martin，1995）基于人力资本外部性的假设，研究认为，老年人的人力资本水平低于社会平均的人力资本水平，老年人继续工作有负外部性，会削弱社会的生产能力从而影响经济增长。而社会保障制度有利于老年人退出劳动力市场，进而减少这种负外部性。Zhang（1995）认为，父母对孩子的质量是有要求的，现收现付制社会保障会使父母选择减少生育来提升人均人力资本，有利于经济发展。Sinn（1998）指出，现收现付的社会保障制度通过政府对子女的强制性征税，保证了父母投资子女人力资本可以得到回报，使得这种投资行为得到强化和鼓励。凯姆尼茨等（Kemnitz et al.，2000）从人力资本积累外部性的角度进行研究，研究发现，现收现付制社会保障刺激了人们提

① Zhang, Jie, "Social security and endogenous growth", *Journal of Public Economics*, Vol. 58, No. 2, 1996, pp. 185 – 213.

② Boucekkine, Raouf D. , D. L. Croix and O. Licandro, "Vintage Human Capital, Demographic Trends, and Endogenous Growth", *Journal of Economic Theory*, Vol. 104, No. 2, 2000, pp. 340 – 375.

③ Echevarría, Cruz A. and A. Iza, "Life expectancy, human capital, social security and growth", *Journal of Public Economics*, Vol. 90, No. 12, 2006, pp. 2323 – 2349.

高人力资本投资，因为学习时间的延长有助于人们在年老时获取更多的福利。格洛姆等（Glomm et al.，2003）从代际关系为利他主义的角度认为社会保障可以促进经济增长；埃利希等（Ehrlich et al.，1998）基于代际关系是利己主义的假设，认为人力资本投资和经济增长都会受到社会保障的消极影响；Kaganovich 等（1999）对利他主义和利己主义的动机进行整合，却得到了相反的结论。Bellettini 和 Ceron（1999）认为，缴费型的现收现付制社会保障制度节省了税收资源，有利于公共教育投资，进而对经济增长起到推动作用。这在 Zhang 等 2004 年的研究中得到证明。

此外，社会保障影响经济增长还受其他很多因素限制，如拜尔勒蒂尼（Bellettini，1999）等[①]认为，社会保障收益由于和未来工资相联系，会使纳税人支持基础设施方面的公共投资，从而可能促进经济增长。格哈德·格洛姆（Gerhard Glomm，2008）等[②]则通过研究发现，社会保障支出增加会增加收入公平，但对经济增长的影响却是非单调的。在经济最落后的国家中，政府增加社会保障支出将促进经济增长，而在经济发达国家，增加社会保障支出则会降低经济增长速度。

显然，社会保障制度对经济增长的影响机理是十分复杂的，影响方向是不确定的，在不同的国家也是存在差异的。因此，各国需要根据各自的经济发展水平及体制、政治制度、文化传统、价值观念、社会习惯等主客观因素，完善社会保障制度，选择和建设合适的社会保障项目和水平，有针对性地影响经济增长中的中间变量，发挥其对经济的良好调节作用，避免其对市场经济的负面作用，促进经济发展。

第二节　不同经济发展阶段：经济危机、经济理论与社会保障理论的演变

一　自由主义经济阶段：社会保障是经济危机的应急制度

现代社会保障制度在自由主义经济阶段得以建立，但这一时期社会

---

① Bellettini, Giorgio, and C. B. Ceroni, "Is Social Security Really Bad for Growth?" *Review of Economic Dynamics*, Vol. 2, No. 4, 1999, pp. 796 – 819.

② Glomm, Gerhard and M. Kaganovich, "Social security, public education and the growth – inequality relationship", *European Economic Review*, Vol. 52, No. 6, 2008, pp. 1009 – 1034.

保障制度是作为经济危机的应急制度而建立的。下面我们从这一经济发展阶段的两次重大经济危机着手对这一看法进行分析。

(一) 1873 年经济危机和新历史学派的社会保障理论

为了推动资本主义发展，在早期资本主义经济的发展阶段，西方国家盛行重农学派的观点。该学派反对国家干预社会经济生活，并提倡自由竞争和自由贸易。直到 1776 年，古典经济学家亚当·斯密出版了《国民财富的性质及其原因的研究》，提出“看不见的手”学说，即市场机制学说。该理论强调市场可以自发调节国民经济，并且实现资源的最优化配置，而认为政府的角色只是“守夜人”。在该书中，他还论述了社会整体福利水平提高的愿望和实现途径，认为“看不见的手”可以帮助个体利益和社会福利共同增长，主张通过最低工资率和以国民财富增加为基础增高劳动工资，来改善下层劳动者的生活状况，保证劳动者的持续供应，协调社会利益。[①] 但是，市场经济制度本身也存在缺陷，会导致市场失灵，需要政府通过微观补偿机制实现缓和阶级矛盾的目的。英国另一个著名的自由主义的代表人物约翰·斯图尔特·穆勒就提出，在有限自由和有限政府干预的基础上进行有限救济，但强调救济对个人的自助精神和自立意识不能有所损害。

19 世纪 20—40 年代，德国历史学派的先驱弗里德里克·李斯特对亚当·斯密的自由放任经济学说进行了批评，认为追逐个人利益不一定能提升整个社会的利益，主张“国家主义”社会政策，通过国家干预来保障德国的发展。到了 19 世纪 70 年代以后，以古斯塔夫·施穆勒和阿道夫·瓦格纳为主要代表人物的新历史学派成为主导德国政治经济学的主要学派。新历史学派不赞成斯密的经济自由主义，同时也反对马克思的社会主义，它从资本主义改良思想出发，最先系统地阐述社会保障经济思想，是德国最早实施社会保险的理论依据。针对当时德国所面临的社会矛盾和劳资问题，他主张：国家发挥经济管理的职能，直接干预和控制国家经济生活；通过工会组织来缓和调整劳资矛盾；国家应通过立法实施包括社会保险、劳资合作、孤寡救济等社会措施，来增进社会福利和调和阶级矛盾，进而来改善国内的社会环境。

---

① ［英］亚当·斯密：《国民财富的性质和原因的研究》下卷，商务印书馆 1994 年版，第 27 页。

1873 年爆发了资本主义由自由竞争阶段向垄断阶段过渡中最严重的经济危机。在德国，一方面，不断积累的社会矛盾、工人运动和各种政治斗争在经济危机中被激化，严重威胁着德意志帝国的前途和命运；另一方面，经济危机壮大了容克资产阶级，而这个垄断集团发现社会稳定对自身利润的追逐越来越重要。同时，德国素有国家干预经济与社会生活的传统。在 1881 年，俾斯麦都表明，他不认为自由放任主义、纯曼彻斯特政策能在君主制的、家长统治的国家实行。从而新历史学派和其社会政策协会的改良社会主义观点，得以在德国实行。可见，现代社会保险制度产生于德国绝不是历史的偶然。它在德国和欧洲的建立帮助资本主义世界渡过了 1873 年的经济危机。

（二）1929—1933 年经济危机和凯恩斯主义的社会保障理论

1929—1933 年资本主义世界经历了“大萧条”，这次经济危机是资本主义发展史上延续时间最长、影响范围最广、损失最为惨重的一次经济危机，是在工业革命完成之后，西方发达国家生产与消费严重分离而致使社会供需严重失衡的结果。这一危机打破了市场机制万能的学说，证明“看不见的手”存在市场失灵，并不能消除反而激化了资本主义的基本矛盾，导致了垄断和收入分配的不公平。生产扩张的无限性和劳动人民支付能力的有限性矛盾随着经济的发展越来越严重，最终酿成了 1929 年的经济危机。危机爆发之初，人们还幻想着很快就会出现复苏的迹象。但面对愈演愈烈的经济危机，人们发现：传统的经济理论对此根本束手无策。要维护资本主义制度不变，迫切需要资产阶级创新经济理论，探寻经济危机的病因，找到治疗经济危机的良方。政府全面干预经济的凯恩斯主义理论在此背景下应运而生。1936 年，凯恩斯发表了《就业、利息和货币通论》，开始向自由主义经济学理论进行猛烈的挑战。他认为，为了完成高速消费倾向和投资诱惑力，同时使它们相互适应这一任务，政府机能必须扩大。只有扩大政府机能，才能避免现存经济形态的毁灭，才能使私人首创性成功地发挥作用。[①] 这样，危机开始使垄断资本与国家政权相结合，政府在经济生活中的角色在应对经济危机中也开始变迁，从“守夜人”角色转变到“干预者”角色。政府开始通过积极的财政政策、宽松的货币政策承担起走出危机、加快经济复

① ［英］凯恩斯：《就业、利息和货币通论》，商务印书馆 1983 年版，第 328 页。

苏，维护社会稳定，实现国内国际经济平衡，维护资本主义世界永久长存的重任。政府实施的社会保险也由建立之初通过微观补偿机制实现缓和阶级矛盾的目的，转变成政府实施宏观调控的重要内容和手段。①

凯恩斯主义经济学建立了社会保障经济理论，强调对需求的管理。凯恩斯认为，国家经济状况取决于有效需求。因此，政府可以通过收入再分配政策提高消费倾向，促进资本生长；通过改变租税体系，限定利率和其他办法来干预和指导消费倾向②；通过社会总揽资本量，以消费促投资，降低资本的边际效率。在此基础上，他主张实施累进税和社会福利对国民收入进行调节，增加社会福利的受益群体，实现国民收入的再分配，增加社会总需求；主张建立最低工资法等，进一步提高低收入者收入，增强社会购买力。这虽不是直接提出的社会保障思想，但其理论体系和分析方法被其追随者所采用。首先，他们通过有效需求不足理论和边际消费倾向递减理论论证了社会保障通过转移支付手段对宏观经济的短期均衡效应。其次，他们进一步论证了社会保障在经济繁荣期通过缴费的增加和支出的减少，抑制消费需求和投资需求的作用；在经济衰退期通过收入减少和支出增加，刺激消费需求和投资需求的作用，从而证明了社会保障对宏观经济的长期均衡效应。

二　干预主义经济阶段：社会保障成为一国社会经济发展长期战略

西欧是第二次世界大战的主战场，战争使这些国家的经济遭到了严重的破坏。第二次世界大战结束后，西欧各国都迫切希望恢复国家的经济建设，政府在经济生活中的角色也从市场经济的“守夜人”，发展为经济发展的“干预者”，纷纷学习罗斯福新政并运用凯恩斯主义对国家经济进行干预。在国家全面干预经济阶段，社会保障不仅医治了战争创伤，安置了伤残人员，恢复了经济，更成为促进经济发展、维护社会稳定的一种国家长期战略。这时的社会保障制度具有了国家性和普遍性的特点，进入繁荣发展期。在这一阶段，世界上有更多的国家建立起社会保障制度。东欧、亚洲社会主义国家效仿苏联建立起国家主导的社会保障体系，其他发展中国家也建立起各自的社会保障制度；社会保障的受

① 邓大松：《社会保险》，中国劳动社会保障出版社 2002 年版，第 39 页。

② 任保平：《当代西方社会保障经济理论的演变及其评析》，《陕西师范大学学报》（哲学社会科学版）2001 年第 6 期。

益范围和覆盖面不断扩大；社会保障项目日益增加；社会保障水平得到提高，社会保障开支占国内生产总值的比重急剧增长，并出现了英国、瑞典、挪威等福利国家。社会保障的全民化以及对社会成员从摇篮到坟墓和从精神到物质的全面保障，很大程度上缓和了西方社会的矛盾，助推了西方工业国家战后经济的发展与腾飞。另外，战后生产力水平的大幅度提高，为社会保障的发展提供了雄厚的经济基础。可见，社会保障与经济发展在此阶段实现了良性互动。

三 新自由主义经济阶段：社会保障的市场化和私有化改革

长期推行凯恩斯主义的过度的财政政策，不但增加了社会的税收负担，而且挤压了社会的投资力，造成对私人资本的“挤出效应”和社会生产成本的提高，从而抑制了社会的供给。再加上货币投放过多，使得物价上涨，通货膨胀压力巨大。从20世纪60年代末开始，资本主义陷入高失业与高通胀并存的“滞胀”泥潭。到1980年，美国高达7.2%的失业率和13.5%的通胀率，证实了货币学派关于过度扩张性政策后果的预测。[①] 从20世纪60年代末到70年代的时间里，主流经济学没有成功帮助联邦储备系统走出困境。凯恩斯经济学既不能就70年代的物价飞涨和失业率上升做出解释，又不能带领经济走出“滞胀”的困局，陷入了空前的危机中。这与琼·罗宾逊早在1971年的看法不谋而合。她提出，因为经济理论不能对就业水平理论的破产和就业内容的理论进行解释产生第一次危机和第二次危机。[②] 在这样的背景下，包含奥地利学派、货币学派、公共选择理论、新古典宏观经济学、理性预期学派、供给学派等在内的自由主义经济理论，又称新自由主义经济学，成为经济学的新时髦，并迅速取代了凯恩斯主义，成为主流经济学。

新自由主义认为，市场经济是有效和稳定的，市场会不断自行调整，将暂时、偶尔地偏离重新拉回稳定和均衡状态。弗雷德里希·奥古斯特·冯·哈耶克和米尔顿·弗里德曼是新自由主义的代表人物。哈耶克关注福利国家给市场经济造成的负面影响，给公民自由带来的限制。

---

① 乔纳森·休斯：《美国经济史》，王珏等译，上海人民出版社2013年版，第698、710页。

② 琼·罗宾逊：《经济理论的第二次危机》，《国外社会科学》1971年第5期。

他反对福利国家，反对将一切福利和服务的提供责任都纳入政府范畴。[①] 同哈耶克一样，弗里德曼也主张个人主义，认为福利国家应采取非再分配形式，以现金方式提供公共利益。其中，负所得税制度是最直接有效的方式。因为它直接针对贫穷问题，采用现金的有用形式，具有良好的替代性，清晰地表明社会的费用负担，发生作用的范围在市场以外，保留了受助者的自助动机。[②] 所以，新自由主义反对政府通过财政和货币政策干预经济，主张政府全面退出经济活动，放松市场管制，将经济生活的调节权交回给市场。而且，新自由主义经济学家所持有的根深蒂固的信念是：国家的任何干预都不利于市场经济创新力量的发展，经济危机不是市场失灵而是政策的失误造成的。[③]

由于凯恩斯主义的影响逐渐变弱，发达资本主义国家自20世纪70年代末开始，借经济全球化之机在国际范围内推行私有化、市场化的新自由主义福利改革来应对新的经济危机。新自由主义福利思想主张：取消或减弱政府和工会对工人实施的保护，降低工人在福利和工资方面的议价能力；支持政府放弃维持充分就业的承诺，让市场机制决定自然的就业水平；缩减社会福利开支，削减社会福利项目，降低福利项目的待遇水平，提高福利项目享受的资格门槛，以减少政府的财政开支；推进社会福利私有化和市场化改革，强调个人的责任和义务，减轻政府的负担。

四　新自由主义危机与反思阶段：社会保障逐渐作为生产要素以应对经济危机

1997年爆发的亚洲金融危机和2007—2009年美国爆发的是在大萧条以后最严重的经济危机，给新自由主义带来沉重的打击，特别是后者。直到今日，后者带来的经济衰退仍在困扰着全球。全球经济仍然充满着不确定性，且复苏的速度非常缓慢。表面看来，此次危机源于美国，源于金融产品创新过度，但实质上源于新自由主义政策，源于错误地估算了市场机制纠正失衡的能力。美国著名经济学家大卫·科茨明确

---

① 弗雷德里希·奥古斯特·冯·哈耶克等：《自由秩序原理》（下），生活·读书·新知三联书店1997年版，第12—13页。

② 米尔顿·弗里德曼：《资本主义》，商务印书馆2004年版，第208页。

③ 霍兵：《经济危机与经济学的危机》，《东岳论丛》2015年第6期。

认为，当前的危机是新自由主义的资本主义危机。[①] 这种看法把新自由主义经济学推到了风口浪尖。2008 年经济危机以来，许多著名经济学家开始认为国家干预是必要的。如 2001 年诺贝尔奖得主斯蒂格利茨认为，近来的危机证实，一国需要国家干预来避免经济危机。2008 年诺贝尔经济学奖获得者克鲁格曼也曾表示，我们理解经济衰退和萧条的最好框架仍然是凯恩斯主义经济学。克鲁格曼认为，萧条经济学已经再一次回到历史舞台了。大多数国家也使用凯恩斯主义的赤字财政政策和宽松的货币政策，来减轻经济危机带来的危害，缩短经济危机时间。不尽如人意的是：新自由主义经济学和凯恩斯主义经济学在这场危机中均遭遇挫折，未能有效地帮助经济复苏。[②] 所以，凯恩斯经济学的复归迹象，只是短期应对经济危机的经济政策选择，完全复归国家干预并没有达成共识；新自由主义虽已式微，但未完全终结；后金融危机时代的经济学走向尚待进一步分析和研究。可以肯定的是，完全否定政府和市场的经济学理论已经丧失吸引力。现代市场经济实践告诉我们：现代经济运行要求市场和政府都同时存在。

在经济全球化背景之下，面对频发的影响日益广泛和深远的经济危机，各国政府关于社会保障制度应对经济危机的讨论与探索众说纷纭、日渐升温。越来越多的研究认为，积极的社会保障政策有利于更好地应对经济危机。自 20 世纪 80 年代以来，社会保障改革得到经济学界的热烈讨论。罗默（Romer）、卢卡斯（Lucas）和格罗斯曼（Grossman）等经济学家提出的内生增长理论认为，在经济增长中，人力资本发挥着至关重要的内生作用，而政府支出则有利于人力资本的开发和技术进步，从而促进了私人部门生产率的提高。[③] 以安东尼·吉登斯（Anthony Giddens）为代表的一些学者提出“第三条道路”理论。该理论主张建设社会投资型国家，优化社会福利政策的投资结构，使之向人力资本和教育投资方面倾斜，从而提高劳动者的素质，增加社会发展的潜力，推动

---

① 大卫·科茨：《目前金融和经济危机：新自由主义的资本主义的体制危机》，《河北经贸大学学报》2010 年第 1 期。

② 刘儒、孟书敏、杜娟汀：《国际金融危机背景下经济理论的第三次危机》，《西安交通大学学报》（社会科学版）2014 年第 7 期。

③ Romer, Paul M.,“Increasing Returns and Long - Run Growth”, *Journal of Political Economy*, Vol. 94, No. 5, 1986, pp. 1002 - 1037.

社会的进步。20 世纪 90 年代，加州大学伯克利分校的梅志里（Midgley）等学者提出有利于经济发展的发展型社会政策。[①] 该社会政策偏爱有利于经济增长的社会项目，提倡通过社会福利的投资和人们的参与，实现经济和社会协调发展以及社会凝聚力增强的目的。利维塔斯（R. Levitas，1998）认为，实现社会整合是社会福利的目标，主张通过促进参与特别是就业参与来达成社会包容。格兰纳斯特（H. Glennerster，1999）认为，新型福利国家的特点是密切福利与工作之间的联系，工作是获得报酬和各种福利服务的前提。于是，福利服务的提供就具备了社会投资的意义，特别是教育和卫生等方面的服务。阿马蒂亚·森（Amartya Sen，1999）提出，以"能力"中心观取代"幸福"的效用观来作为社会保障的建设理念。他主张给穷人提供发展机会和发展能力而非简单的生存救助，主张通过个人能力的培养和提高来提升社会福利水平。哈伯和史蒂芬森（Huber and Stephens，2001）[②] 则强调通过扩大照顾项目和社会保护项目，增强中小型企业在用工与解雇方面的灵活性等积极的劳动力市场政策，提高福利国家的适应能力。2003 年，皮尔森（Pierson）和埃利森（Allison）[③] 在他们的国家竞争力学说中同样强调了社会福利的投资作用。

在此次危机中，在危机之前把社会保障制度看作是生产要素，进行了深化的、积极的、大规模的福利制度改革的国家，受到的负面影响较小。比如，北欧国家危机之前进行了增加个人责任，实施积极的就业政策的社会福利制度改革，公共支出负担减轻，受到的冲击较小。相比之下，没有进行深入系统改革的南欧国家在危机中受到的负面影响较大。社会保障制度该怎样改革来解决此难题，更好地发挥促进经济复苏良方的作用呢？各国在后金融危机的背景下开始了新的改革尝试。例如，欧盟各国开始反思欧元区长期存在的不统一的财政政策与货币政策问题。于是，除英国和捷克外的 25 个成员国签署了《财政契约》，并就统一

---

① 邓广良、颜文雄：《中国社会保障改革评估：发展型社会福利理论的视角》，载张秀兰、徐月宾、梅志里《中国发展型社会政策论纲》，中国劳动社会保障出版社 2007 年版，第 236 页。

② Stryker, Robin, E. Huber and J. D. Stephens, "Development and Crisis of the Welfare State: Parties and Policies in Global Markets", *Contemporary Sociology*, Vol. 31, No. 3, 2001, p. 335.

③ Ellison, Nick and C. Pierson, "Developments in British Social Policy", 1998.

财政政策达成共识。欧盟利用竞争合作机制、开放性协作机制和“扬名与丢脸”机制，不断促进各成员国的社会保障政策趋同。地中海模式的国家，受主权债务危机所迫向国际货币基金组织求援。国际货币基金组织提出紧缩财政和削减社会保障费用的施救条件。因此，地中海模式国家最近在劳动力市场和养老金保障方面实施了有力度的改革，推出的改革措施和做法都同北欧模式与欧洲大陆模式趋近。但是，危机中国家社会保障制度的改革方式，最终还是由民众的共同意愿和自主选择来决定。社会保障模式是趋同还是差异化发展，现在看仍不明朗，需要我们继续关注。

第三节　不同历史阶段社会保障制度应对经济危机的功能分析

社会政策的功能包括满足社会需要和解决发生在特定社会经济背景下的社会问题，具有鲜明的历史和文化内涵。① 社会保障政策的功能也不例外，会根据民生改变的普遍需求与宏观经济社会发展的基本要求而重新定位。体现在应对经济危机方面也是如此。不同发展阶段的社会保障制度应对经济危机的功能也呈现明显差异。

一　社会保障制度形成初期应对经济危机的功能：社会稳定器

社会保障制度形成初期（1883—1934 年）应对经济危机的功能主要体现在“社会稳定器”方面：强调调和社会矛盾，稳定社会秩序。1873 年资本主义世界爆发了由自由竞争向垄断过渡阶段最严重的一次经济危机。由美国的经济萎缩开始，先席卷了维也纳，后波及法国和德国，最后英国也全面爆发危机。危机给资本主义国家带来严峻考验：物价暴跌，工资下降，大批企业破产，失业人数剧增，人民贫苦，阶级矛盾激化，保障诉求日益强烈。为应对此危机，调和劳资关系以解决面临的最大社会问题，资本主义后起之秀德国于 1883 年通过了《疾病社会保险法》，最早建立了社会保险制度，即现代意义上的社会保障形式。

随后资本主义世界又先后爆发了 1882 年、1890 年、1900 年、1907

① 杨团：《社会政策的理论与思索》，《社会学研究》2000 年第 4 期。

年经济危机。[①] 这一阶段，也是疾病、工伤、养老、失业等社会保险计划相继在欧洲主要资本主义国家建立的阶段。如继德国之后，法国于1898 年、1905 年和1910 年先后实施了工伤保险、失业保险和养老保险；英国于1908 年和1911 年先后通过《养老金法》《国民健康保险法》和《失业保险法》，将养老保险、健康保险和失业保险以法律的形式确定下来；瑞典于1891 年、1901 年、1913 年分别开始实行疾病保险、工伤保险、养老与残疾保险。可见，社会保障制度在这一阶段因服务于经济危机过后的社会稳定需求而产生。

二 社会保障制度发展阶段应对经济危机的功能：经济调节器

其发展阶段（1935—1947 年）应对经济危机的功能主要体现在"经济调节器"方面：作为反经济危机和需求管理的工具更加被强调。始于美国后几乎席卷整个资本主义世界的1929—1933 年的经济危机，给美国带来了巨大灾难。全国范围内，工厂大批倒闭，工人大量失业，到1933 年有1/3 的工人失业，1/6 的家庭领取救济金。社会保障的缺失造成空前尖锐的社会阶级矛盾，不断上涨的罢工人数，接连不断的全国反饥饿大游行。[②] 为了缓解社会矛盾，重振美国经济，美国人改变思维定式，转变社会观念，认为政府应该干预经济，提高居民个人消费能力，刺激社会有效需求。于是，美国的社会保障制度作为"罗斯福新政"的重要组成部分通过法律形式固定下来。1935 年，世界上第一部完整的《社会保障法》由罗斯福政府颁布，标志着美国现代社会保障制度被催生。在美国之后，社会保障制度开始全球化，阿根廷、墨西哥等国家也相继建立了社会保障制度。可见，社会保障制度在这一阶段因服务于经济危机过后的经济管理需求而扩张。

三 第二次世界大战后社会保障制度全面发展阶段：经济社会发展的助推器

第二次世界大战后到20 世纪70 年代，社会保障制度得到全面发展。1948 年英国由工党政府首相艾德礼宣布，建成福利国家。此后，许多发达国家纷纷实施"普遍福利"政策。北欧的瑞典成为福利制度最完善的代表国家。挪威、荷兰、法国等国也纷纷宣布建立了福利国

---

① 宋则行、樊亢：《世界经济史》（上卷），高等教育出版社1994 年版，第455 页。

② 宋则行、樊亢：《世界经济史》（上卷），高等教育出版社1994 年版，第152 页。

家。福利国家大力提高了战后西欧人民的生活水平，缩小了西欧社会的贫富差距，缓解了劳动人民的贫困现象，促进了阶级合作和社会稳定，给西欧经济发展创造了“和谐气氛”。同时，工作和生活条件的改善刺激了工人的劳动积极性，使工人的劳动生产率空前提高。工人创造的社会财富空前扩大，带来了战后资本主义世界的“经济奇迹”。

四　福利国家制度改革的前期应对经济危机的功能：国家财政的减负器

其改革前期（20 世纪 70 年代末至 80 年代初）应对经济危机的功能依然重在经济功能方面，只不过应对经济危机的机理发生了变化，由制度发展阶段的侧重通过凯恩斯“需求管理”主义（提倡规范社会保障形式，利用转移支付方式和更多的社会保险项目，给社会公众良好的未来预期，促使社会大众大胆消费，创造新的社会有效需求，进而刺激就业和经济增长）转变为主张对社会保障制度实行开源节流的新自由主义改革（实施增加缴费率，降低给付水平的参数式改革的同时，探索治本的社会保障改革办法）。以“高通胀”和“高失业”并存为最大特点的石油危机，引发了 1973—1975 年的经济危机。之后，西方各国纷纷开始主张由政府、市场、家庭、个人和社会一起分担社会保障责任，坚持个人权利与义务相对等的原则，提倡多元化的社会保障提供主体，尝试社会保障私有化、市场化、家庭化的改革。[①] 他们试图通过大幅度地削减社会保障项目、放松劳动力市场的管制、减少劳动力成本和税收成本，缓解失业和通货膨胀的危机情况。显然，社会保障制度在这一阶段因服务于经济危机过后的新自由主义改革而改革。

五　福利国家制度改革的后期应对经济危机的功能：促进经济增长的生产要素

其改革后期（20 世纪 80 年代末至今）应对经济危机的功能在经济方面重新回归到能够提升经济效率，其作为生产要素的功能更是越来越被认可，并在反经济危机中得到普遍的应用。尼古拉斯·巴尔（Nicholas Barr）曾在 1987 年出版的著作《福利国家经济学》这本书中详细论证福利国家“具有重要的效率功能”；1994 年世界银行将“保护老年人

---

① 张奇林、陈卫民：《经济危机与社会保障的变奏及其启示》，《武汉大学学报》（哲学社会科学版）2010 年第 5 期。

并促进经济增长"作为社会保障的定位。显然，对提升经济效率和促进经济发展，社会保障具有重要作用。在2003年国际劳工组织（ILO）发布的《全球就业日程》中，社会保障作为一个生产要素在十个核心要素居第八位。ILO认为，社保制度在通过减贫实现社会公平的同时，也作为一个生产要素促进经济增长。欧盟也明确提出，"社保制度本身就是一个生产要素"。① 在就业情况与经济状况关系日益密切的背景下，为缓解欧洲久居不下的失业率，欧盟更是实施就业友好型的积极劳动力政策，将促进就业作为社保改革的方向。显然，社会保障制度在这一阶段实现了由被动应对经济危机到主动应对经济危机的变革。

发展至今，社会保障制度的目标是指一个国家实施社会保障制度所要达到的目的，主要包括实现社会基本稳定的政治目标、实现社会基本公平的社会目标；实现社会保障与社会经济协调发展的经济目标；实现社会道德水平提高的道德目标。② 为了实现多重的社会目标，社会保障政策兼具多重功能。申曙光和谢林（2005）③ 将社会保障的功能提炼为六个方面：保障公民的基本生活；控制和分散社会风险；社会财富再分配；稳定和促进经济发展；提供社会服务和稳定社会发展。刘玮(2009)④ 认为，现代意义上的社会保障是保障剩余产品的供给模式。它通过政府干预机制、市场机制和非营利资源机制得以运行，在发挥保障生活需求功能的同时，也发挥着经济、政治、社会等多重功能。郑秉文（2009）认为，在2008年经济危机中，社保撬动内需和促进增长的作用得到空前提高，首次与促进增长相联系，甚至被作为一个经济政策组合的要素来对待。在低成本、高质量、高收益的经济增长阶段，景天魁（2008）主张通过投资社会福利、社会建设、社会安全以满足社会群众的需求，增强全社会的消费能力，反过来促进就业或者产业发

---

① 郑秉文：《后金融危机时代：社保制度也是生产要素》，《中国劳动保障报》2009年11月10日第3版。

② 丁建定：《西方国家社会保障制度史》，高等教育出版社2010年版，第49页。

③ 申曙光、谢林：《构建和谐社会与发展社会保障事业》，《社会保障研究》2005年第1期。

④ 刘玮：《社会保障的存在逻辑》，《天府新论》2010年第2期。

展。[①] 他（2009）[②] 还认为，合理地分配财富，让人类真正朝普遍福利时代迈进，是摆脱经济危机的根本途径。因此，社会保障制度在应对经济危机的过程中发挥着越来越全面和突出的作用。

① 景天魁：《向社会建设投资会影响经济发展吗?》，《北京日报》2008 年 3 月 6 日第 18 版。

② 景天魁：《反思金融危机迈向普遍福利》，《中国劳动保障报》2009 年 7 月 10 日第 3 版。

第二章　社会保障制度应对经济危机的作用路径与作用方式分析

社会保障制度从诞生起就一直扮演着缓解社会矛盾、促进社会公平、维护社会和谐、化解经济危机的重要角色。20世纪以来，经济危机频繁爆发。经济危机并未演化为社会危机，社会保障制度发挥了重要作用。这促使全球开始逐渐深化对社会保障制度的认知，将其从社会政策的范畴拓展到经济政策的范畴。“社保制度作为一个生产要素”不断得到国际劳工组织和欧盟的认可，对经济增长所起的作用日益被重视。社保作用在2008年经济危机中也被提到一个新的历史高度。它不仅可以消极地应对以减缓和抵消经济危机对社会经济生活的冲击，而且可以通过探索和创新积极的社会保障制度来防范、抵御和减少经济危机的发生，增加主动应对危机的能力。那么，社会保障制度通过哪些路径应对经济危机呢？政策的着力点和作用方式又是怎样呢？本章将对这些问题进行深入的分析和研究。

第一节　社会保障制度应对经济危机的作用路径

一　社会保障制度恢复经济增长的作用路径

（一）刺激社会有效需求

经济危机发生后，社会保障可以刺激社会有效需求，帮助经济恢复发展。

首先，社会保障通过对社会成员的收入维持，形成直接有效的社会需求。经济危机带来经济的衰退、失业率的上升、贫困人口的增加。社会保障制度许诺的津贴、救济、保险金等支出兑现并相应增加，有助于维持和提高人们现实的社会购买力，在一定程度上补充社会需求的不足，化解商品的供需矛盾，抑制和缓解经济衰退。这是社会保障制度自动稳定器功能的重要内容。

其次，社会保障通过提高边际需求，增加直接有效的社会需求。经济学的代表人物凯恩斯认为，边际消费倾向是递减的，穷人的边际消费倾向是明显高于富人的。社会保障通过转移性支付、累进所得税等手段，缩小社会各集团和各阶层之间的收入差距，有利于提高社会有效的消费需求。

最后，非常规的社会保障措施通过扩大政府需求，增加直接有效的社会需求。根据凯恩斯有效需求理论，在经济危机期间国家加强对经济的干预，增加政府财政支出，加大对公共事业的投资，通过政府需求的扩大对私人有效需求的不足进行弥补。

此外，社会保障通过刺激消费需求，增加投资需求，扩大社会总需求。社会保障制度能够安抚经济形势突变给人们带来的恐惧心理（Rodrik，2007），重新树立居民的消费信心和企业家的生产信心，增加社会的生产投资，在日益开放的国际市场中尤其如此。经济危机发生后，人们面临的市场风险骤然增加，而社会保障政策天然地起到分散风险的作用。危机期间，它在很大程度上缓解了社会成员由于经济形势突变的恐惧心理，进而帮助其对未来的生活形成一个相对稳定和良好的预期。这有助于居民适当地减少个人储蓄，增加个人消费，保持消费信心。居民消费信心的重树才能使企业的产品销售有所保障。随着市场的扩大，民间投资也得到鼓励，才能鼓舞企业的生产和投资信心，增加投资拉动经济增长。

（二）促进产业结构调整，增强经济发展能力

经济危机发生后，社会保障制度可以调控国家宏观经济，调整供求与生产消费的结构，促进经济恢复与发展。

其一，社会保障制度将大大降低由于技术进步与产业升级带来的不安全感，顺畅劳动力的更新过程。虽然 2008 年经济危机的实质依然是生产过剩，根源仍然是资本主义私有制和社会化大生产的基本矛盾，但这次危机出现了新情况，具备了新特点。传统的经济危机主要表现是物质产品的生产过剩；而这次危机表现为虚拟经济、服务行业尤其是包含金融业在内的现代服务业的生产过剩。其实质是一种产业结构的不合

理。要应对这种新型的经济危机，需要对产业结构进行调整和升级。而产业调整与升级也意味着淘汰，意味着有人将失去工作。人们往往对新生事物充满恐惧，在没有安全保障的情况下，会抵制各类变革，使产业调整受阻，同时会延缓社会经济的进步。社会保障制度会减少这种恐惧和抵触，顺畅产业升级过程。

其二，社会保障制度通过鼓励创新有助于产业结构的调整和经济增长模式的转变。随着经济全球化的不断发展，资本主义基本矛盾也随之扩展到全世界，呈现出全球化的新特点。与此同时，伴随着欧洲一体化与经济全球化，许多国家的经济增长模式经历了从生产性到非生产的转变。这样就出现一些国家本身的经济缺乏生产性，对外部环境有明显的依赖性，如希腊。希腊的经济增长依靠“高消费＋贸易逆差”模式，依靠欧盟和欧盟其他成员国的贷款。严重失衡的产业结构加重了这种依赖。当全球经济危机发生后，希腊畸形的产业结构更进一步地放大了衰退效应，使其经济发展遭遇重击。形成鲜明对比的是，北欧模式的瑞典，其在一定程度上借助高福利制度培育创新氛围，调整了产业结构，更是在由日内瓦发布的“全球竞争力指数”中取得第二位的好成绩，在经济危机中受到的冲击也较小。因此，不论从财政承受能力考虑还是从国家长远发展考虑，社会保障的临时刺激政策不能什么企业都救，只能救那些经营状况较好、开发新技术、有望扭亏为盈、有助于国家产业调整的企业，这样才能抓住时机淘汰产能水平低的落后企业，培育社会创新氛围，发挥良好的导向作用，促进产业结构调整，实现产业的优化升级，同时防范未来经济危机的发生。

此外，社会保障投资人力资本对于促进经济增长的作用非常显著。它可以提高劳动者素质，加快技术进步，减少能耗和成本。教育（人力资本）已成为经济增长模型中最为重要和稳健的变量之一。这在计量经济的研究中被发现和证实。林德特（Lindert，2004）也指出，劳动者受教育年限的增加（尤其是中小学教育年限）能使经济增长极为显著地提升。

二　社会保障制度促进社会成员就业的作用路径

（一）和企业共渡难关，稳定并促进就业

经济危机发生后，社会保障制度可以帮助企业应对困境，促进社会就业。

其一，社会保障通过加强与企业的对话与协商，达成合作，共渡危机，努力稳定原有就业岗位。危机中，政府及工会加强与企业进行对话，引导其开展集体协商。企业把集体协商当作职工与企业凝聚合力、共渡难关、共担风险、共谋发展的可靠的制度保障，既可以进一步激发员工的主人翁精神和企业活力，也可以推动企业竞争能力和抗风险能力的提高。

其二，社会保障制度通过实施更加积极性的就业政策，稳定就业岗位。社保帮扶企业克服经济困难，对于在生产经营中暂时陷入困境的企业，鼓励其采取弹性工时、灵活用工、轮班工作、协商薪酬、组织培训等办法稳定员工队伍，使企业争取做到减薪不裁员。在这个过程中，社会保险补贴以及岗位补贴都由失业保险基金来支付，以减轻企业的经济负担。

其三，社会保障制度通过提供就业服务，促进就业。社会保障部门通过掌握全国劳动力市场的供需情况，向用人单位介绍求职者的个人情况，向求职者提供招聘信息，可以迅速调和平衡劳动力市场的供求关系，可以帮助求职者找到与其能力相匹配的工作，促进其尽快就业。

（二）增加人力资本，提升就业能力

由于受危机影响而失去工作的劳动者要提高就业的可能性、要重新进入行业、从事新的职业，就有必要进行技能培训。

其一，其原有的工作技能已经不能再适应新工作的要求，所以，必须学习新的技能。但技能培训是需要成本的。这部分花费对于失业者来讲，负担过于沉重，因而需要企业和政府提供支持，让失业者能够尽快得到培训，从而顺利实现再就业。最近几年，学者克鲁泽尔和史密斯（Krusell and Smith，2002）、Toyama 和 Sahin（2006）、Schulhofer – Wohl（2008）等先后从不同视角对美国经济波动福利成本的群体异质性进行了考察。克鲁泽尔和史密斯（2002）认为，低收入群体在经济波动中承受了更多的不确定性，因为他们本身的人力资本和物质资本缺乏，从而降低了自身抵御失业风险的能力。而社会保障制度不仅仅是化解社会风险，国家通过增加社会保障制度中的人力资本投入，还可以增强低收入群体抵抗失业风险的能力，促进就业和推动经济增长。刘军强（2012）认为，系统化的社会保护体制建设，把社会保障看作一种投资而非纯粹的耗费。[①] 笔者赞同这样的观点并认为，社会保障制度通过投资软性的社会基础设施——教育，尤其是免费义务教育和职业技术教育，有利于提高劳动者的劳动技能和文化素质，有助于提升员工个人的人力资本存量，增强其就业能力，增加其就业机会。

其二，经济危机使雇主和雇员认识到社会保障制度在投资人力资本方面具有正面的外部性。雇主发现花费部分利润支持社会保险发展，有助于弥补劳动力技能培养的市场失灵，可以帮助企业更好地应对经济危机。Estévez - Abe 等（2001）的研究证实，社会保险（尤其是失业保险）可以消除工人投资于技能培训的顾虑。因为不投资培训的工人损失更大。这样一来，社会保险就激励工人们提升技能水平，客观上提升了他们应对失业风险的能力。马克思主义社会保障理论早就论证过，实施社会保障政策可以积累社会再生产所需要的劳动者能力。2008 年爆发的全球经济危机使雇主和雇员再次认识到投资社会保障的重要性。他们增加了这种社会保障制度的软性投资和有条件现金转移等项目，帮助储蓄人力资本，从而提高人们的就业竞争力和经济长期增长的潜力。

三 社会保障制度增强弱势群体应对风险能力的作用路径

（一）调节收入分配，弥补收入不足

经济危机发生后，社会弱势群体所受冲击最大，收入难以维持基本的生存，社会矛盾激化。作为一种财政工具，社会保障可以调节收入分配，增加劳动者尤其是底层劳动者的收入。这在理论上得到众多支持。马克思主义认为，社会保障制度具有调节分配的重要功能，通过满足部分特定社会成员的基本物质生活需求，实现缓解社会分配不公的目的。福利经济学通过对社会福利与收入分配关系的系统阐述，主张在政府全面干预下实施社会保障制度，进而实现收入均等化和社会福利最大化。与福利经济学相似，瑞典学派也主张实行社会保障福利制度，实现分配上的收入均等化。凯恩斯主义认为，在“相机抉择”财政政策原理之上建立的社会保障制度能优化居民收入分配。在现实中，社会保障对调节收入分配，提高弱势群体收入的贡献也很突出。表 2 - 1 显示，1980—2000 年社会保障对调节基尼系数的贡献度在美国和瑞典都超过

---

① 刘军强：《增长、就业与社会支出——关于社会政策的“常识”与“反常识”》，《社会学研究》2012 年第 2 期。

了50%，分别为55.3%和82.5%。养老金津贴在减少老龄居民贫困现象中贡献最大；失业转移支付在再分配的贡献上达到7%左右；社会救助和疾病津贴等其他津贴，其贡献大约为再分配的1/3。①

具体来说，在初次分配领域，社会保障通过筹资机制可以影响和改变初次分配格局，平抑畸高的资本收益，提高劳动者报酬。在再分配领域，社会保障制度可以通过资金筹集机制、待遇给付机制和财政转移支付机制，调节社会各阶层间的收入分配差距，实现收入分配合理化和均等化。

表2-1　1980—2000年美国、瑞典社会保障收入分配调节状况

国家	市场收入基尼系数	可支配收入基尼系数	社会保障对基尼系数的减少	社会保障对基尼系数调节的贡献（%）
美国	0.447	0.345	0.056	55.3
瑞典	0.441	0.223	0.180	82.5

资料来源：David Jesuit，Vincent Mahler，State Redistribution in Comparative Perspective：A Cross - National Analysis of the Developed Countries［R］. Luxembourg Income Study Working Paper，2004，p. 392。

（二）降低犯罪率，增强自我发展能力

经济危机中，社会犯罪率增加。社会保障支出可以通过增加低收入人员的福利，提高从事犯罪的隐性成本。而个人实施犯罪行为是在对成本和收益进行比较的基础上做出的理性选择（Becker，1968；1974；1993）。因此，增加社会保障支出，可以有效控制犯罪率，增强社会的稳定性。这也被国内外学者的研究所证实。如Becsi（1999）认为，越高水平的政府社会福利支出越有利于刑事犯罪率的降低。卡伦（Cullen，1999）等的研究也发现，提高社会救助水平有助于降低犯罪率水平。陈刚（2010）等认为，增加社会福利支出有助于犯罪现象的治理。戴欢欢等（2010）指出，为降低农民工的犯罪率，应提高他们的社会保障水平。

① 纳伦·普拉萨德、梅甘·格雷克：《危机时刻的社会保障支出》，《经济社会体制比较》2012年第1期。

在保障弱势群体基本生存权利的基础上，社会保障支出中加大对这部分群体的医疗和教育支出，既可以保障他们拥有良好的身体和基本的教育及培训，又可以帮助他们学习新技能，提高就业创业的能力，实现弱者自强和自我的发展。从长远来看，这部分支出也为经济的发展培育了持续不断的和优秀的劳动力供给。

综合上文分析，我们认为，社会保障制度应对经济危机主要有三条作用路径，且三条作用路径之间相互影响、相互促进，具体如图2－1所示。

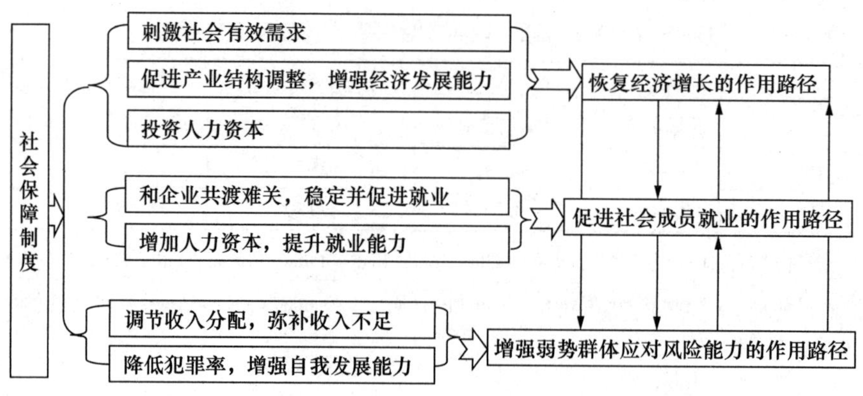

图2－1　社会保障制度应对经济危机的作用路径

第二节　社会保障制度应对经济危机的政策着力点分析

随着2008年经济危机程度的不断加深以及波及范围的持续扩大，西方国家或国际组织出台的社保政策力度也在不断加大，手段也不断创新。同时，经济危机在不同阶段表现出不同的特征，要求国家或国际组织的应对措施相应地发生一些变化。由于企业和居民是宏观经济政策的最终落脚点，所以，政策作用于企业和居民才能发挥作用。本部分以2008年这次经济危机为例，根据企业和居民这两个政策作用的对象，对社会保障政策应对经济危机的政策着力点进行分析。

一 基于企业：社会保障制度应对经济危机的政策着力点分析

经济危机对企业的首要影响表现为，危机导致大量公司破产、倒闭、被收购。据美国俄克拉荷马州 Jupitere Sources LLC 公司的破产数据库 AACER 的资料，仅 2009 年 4 月全部破产申请增至 93096 宗，较上年同期增长 31%。据日本东京商工调查所公布的统计资料，2008 财年日本负债额超过 1000 万日元的破产企业达到 16146 家，比上年上升了 12.3%。其他尚存在的企业也陷入困境，主要表现为：（1）银行“惜贷”行为严重，加之股票市场低迷，造成企业融资渠道受限，资金的筹集变得异常困难；（2）因居民消费意愿和消费能力下降，社会需求严重不足，产品销售困难；（3）生产价格低迷，利润空间受到挤压，投资需求意愿下降；（4）为缓解企业资金压力，企业采取的裁员、降薪、减少福利等措施使劳资矛盾加剧；（5）企业创新能力不足，缺乏走出危机的能力。

因此，社会保障政策作用于企业的政策着力点：先是要增加企业的现金流，打破企业生产和销售两大渠道皆受阻的难题，而后是要增加企业的人力资本积累，增强企业的创新能力，帮助企业走出危机。为此，各国都实施了非常规的社会保障政策——相机决策的刺激性财政政策和自动的社会保障稳定政策。

首先，空前的经济危机使政府采取了刺激性的财政政策。根据国际劳工组织（ILO）的估计（ILO，2009c），2009 年这样的财政刺激政策的规模占全球 GDP 的 1.7%，或者说，平均水平是每个国家 GDP 的 1.4%。其中，发展中国家和新兴经济体国家远高于发达国家，占 GDP 比重最高的三个国家分别是中国为 13%、沙特阿拉伯为 11.3% 和马来西亚为 7.9%，均是发展中国家和新兴经济体国家。发达国家中排名前三位的是美国为 5.6%、新西兰为 3.8% 和德国为 2.8%。根据 2010 年 ILO 的报告（ILO，2010h），社会保障支出只占整个刺激性财政支出的 19%，加上积极劳动力市场部分也只有 21.5%。但是，在危机期间这部分支出却有巨大的乘数效应。

其次，许多政府降低企业社会保障缴费，减轻经济衰退中企业的重压，扩大企业的财政空间，鼓励企业对员工的社会保障制度继续参保和缴费。希腊政府打算在四年内花费 3.9 亿美元，依靠国家就业行动计划，资助雇用青年雇员的企业的社保缴费，为不满 25 岁青年及妇女提供特殊培训，（ISSA，2010）。阿根廷准许雇主减少新雇员或以前未申报社保的雇员的社保供款（第一年为75%，第二年为50%），预计有80万雇员受益。自2009年9月，阿根廷已有16.9万缴款人和33.05万雇员注册（ILO，2010b）。日本降低了低收入公民的老年健康保险的费率（ILO，2010b）。中国为减少企业负担，实行了弹性缴费政策。人力资源和社会保障部、财政部、国家税务总局在2008年12月20日颁发了《关于采取积极措施减轻企业负担稳定就业局势有关问题的通知》（人社部发〔2008〕117号），允许困难企业在得到省级人民政府批准后，在2009年之内可以缓缴社会保险费，但缓缴期限最长不能超过6个月；允许困难企业阶段性降低城镇职工基本医疗保险、工伤保险、失业保险和生育保险4项社会保险的费率，但期限最长不能超过12个月。人力资源和社会保障部、财政部、国家税务总局在2009年12月16日又颁发了《关于进一步做好减轻企业负担稳定就业局势有关工作的通知》（人社部发〔2009〕175号），明确要求各地将"缓缴社会保险费""阶段性降低社会保险费率"等政策执行期限延长到2010年年底。2009年仅失业保险的缴费、缴费补贴、岗位补贴就有约30亿美元被推迟或减少，25000个企业和740万工人从中受益（ISSA，20101）。加拿大将就业保险费率冻结在自1982年以来的最低水平1.73%（ISSA，2010c）。从2009年6月1日到2010年12月31日，爱沙尼亚所有基金型第二支柱计划的强制性缴款都被取消；但从2010年起，成员可自愿性恢复缴款；从2011年起，国家2%，个人1%或者通常费率一半水平的强制缴款将被恢复；从2012年缴款将回到正常的缴费水平（Council of the European Union，2009）。

最后，各国工会都主张缓和劳资矛盾以应对经济危机。德国工会要求企业，通过提高产品质量和创新能力来降低生产成本，减少裁员；通过三方协议控制企业大面积裁员，避免员工大规模失业；通过短时工作计划并给工人提供培训来保留工作。缩短工作时间并对员工进行培训的措施，不但在为员工保留工作方面很有效果，而且有助于为雇主保留熟练工人，在经济复苏之后这样的工人大有用处。① 巴西政府、工会和雇

① 李磊：《世界主要国家工会应对经济危机的政策主张及启示》，《中国劳动关系学院学报》2014年第6期。

主组织经过多轮谈判签订了关于不解雇工人、缩短工作时间和减少工资的三方协议。在韩国在劳动部与公民社会组织的支持下，韩国工会联合会和雇主团体总会倡导“大社会共识”，签署了四方协议，宣布共同对抗经济危机的决心。新加坡劳资政三方签订了四项承诺，把新加坡努力打造成为全球最亲劳工的国家、最有爱心的劳工运动、最团结的三方关系和最有利贸易的经济。

此外，各国政府均致力于实施积极的劳动力市场政策。世界各国经济发展历程中，产业发展和结构调整受到重大经济危机的影响显著。无法满足市场需求的陈旧产业会遭到削弱和淘汰；进行了调整和创新的一些产业会得到发展与升级；一些新兴产业借助经济危机的机遇产生和发展。企业要想在经济危机中不被吞噬，根本之路是坚持熊彼特开创性地提出的“创新思想”。因为创新是经济发展的根本原因。而创新的关键在于人才。企业要依靠积极的劳动力市场政策加大对员工的培训力度。

二　基于居民：社会保障制度应对经济危机的政策着力点分析

经济危机给居民带来深重的灾难：（1）给各国就业带来巨大冲击，失业率上升。2009 年 3 月，美国以 8.5% 的数值创下 25 年来失业率的新高。法国、德国、加拿大、日本、英国等发达国家的失业率也均为 21 世纪以来的最高水平。发展中国家如印度、墨西哥、巴西、南非、埃及等国家的就业同样普遍受到冲击。青年人的失业率更是显著上升。2009 年，欧盟 27 国的青年平均失业率已经达到 20%，比 2008 年增加近 5%。除丹麦、荷兰、挪威、日本以及德国的青年失业率还能维持在 10% 左右以外，其他欧洲国家青年失业率大都在 20% 以上，美国的青年失业率也达到了 17.6%，西班牙甚至已经上升到了 37.8%。[①]（2）使个人信贷规模严重萎缩，居民能够用于消费的资金减少，靠银行信贷支撑消费的人已经“无钱可花”。（3）经济恐慌加剧了人们对未来不确定的担忧，使消费者消费信心不足，消费意愿降低。（4）股票等金融资产的价值大为下跌，居民持有的家庭资产跟着大为缩水。可见，经济危机使居民个人及家庭陷入现金能力不足之中，造成其可支配收入、消费能力和消费意愿下降。对于社会弱势群体，经济危机可能会影响其家庭

① 参见 Eurostat。

的基本生存。一旦这些家庭衣食不保、生活堪忧，其家庭成员可能会铤而走险。因此，偷盗、抢劫等违法现象将明显增加，社会也极易陷入无序状态。

因此，社会保障政策作用于居民的政策着力点为：提高居民个人和家庭的收入，增强家庭的有效支付能力。

首先，各国都实施了非常规的社会保障政策——相机决策的刺激性财政政策，即补充社会保障政策。南非依靠“扩张公共工作”项目，通过公共和社区服务形式，给 200 万个贫穷和失业者创造了全职工作（ISSA，2010），并将孩子救助延期到 18 岁。在未来三年，另外的 200 万个孩子也将从这项公共基金支持的无条件的现金转移支付项目中受益。结果，项目的受益人数额外增加了 180 万个家庭。截至目前，1280 万个家庭已被覆盖（Secretaria Nacionalde Renda de Cidadania，2010）。2008 年，韩国 15—29 岁青年人的失业率超过整体失业率的 2 倍，达到 7.2%。政府针对青年人就业实施了就业创造、产学合作和海外就业的综合性短长期的措施（ISSA，2010）。巴西通过有条件转移支付下的 Bolsa Família 项目增加了 4400 万美元低收入人群的现金收益。此外，项目的进入门槛下降。同时，每月的收益从 71 美元增加到 82 美元（ILO，2010）。约旦对最弱势的群体提供帮助，将每个月的最低工资从 155 美元增加到 211 美元，将国家救助资金的融资增加了 2800 万美元，该资金将使 1.2335 万个新家庭得到现金援助（ISSA，2010）。

其次，尽管经济危机高度暴露了社会保障存在的问题，但重要的是，它也为扩大社会保障范围和提高社会保障水平提供了动机和发挥作用的“舞台”。例如，南非扩大了儿童支持援助的覆盖面（ISSA，2009）。日本放松了失业保险的进入资格，更多的临时工被覆盖。2009 年 4 月，超过 100 万临时工进入，2010 年 4 月，又有 250 万被涵盖（ISSA，2010g）。瑞典也暂时性放宽了失业保险的资格条件（ISSA，2010v）。中国于 2008 年 10 月颁布了《中华人民共和国社会保险法》，明确逐步扩大制度的覆盖面，将劳动者和公民纳入受益对象。表 2－2 表明了 2008—2010 年我国城乡社会保险的覆盖人数及其增加情况。

表 2－2　2008—2010 年我国城乡社会保险的覆盖人数及其增加情况

单位：亿元

	2008 年	2010 年	增加量
城镇基本养老保险	2.19	2.57	0.38
城镇基本医疗保险	3.18	4.33	1.15
失业保险	1.24	1.34	0.1
工伤保险	1.38	1.62	0.24
生育保险	0.93	1.23	0.3
农村养老保险	0.56	1.03	0.47
农村医疗保险	8.15	8.36	0.21

资料来源：ISSA（2010a）；ISSA（2010l）。

再次，各国都调整了待遇领取机制。这里以养老保险和失业保险为例。欧洲多国提高了养老金标准，如从 2009 年 1 月起西班牙养老金水平平均提高了 6%。失业保险对经济危机的回应通过降低缴费率、延长领取期、提高待遇水平和部分失业项目来完成。使用降低缴费率政策的代表国家有加拿大、德国、日本；使用延长领取期政策的代表国家有巴西、加拿大、法国、德国、印度、意大利、日本、韩国、美国；使用提高待遇水平政策的代表国家有法国、俄罗斯、土耳其、美国；使用部分失业项目的代表国家有加拿大、法国、日本、韩国、荷兰、南非、土耳其（ILO，2010a）。此外，比利时加强了对部分失业计划的应用。该国利用这种灵活的失业保险阻止工人失业，维持其收入。如对那些处于困境中的企业（生产下降了至少 15%），政府准许企业延缓就业协议或引入兼职工作，同时雇员被鼓励接受培训。这项计划产生良好的结果，约 4 万份工作被保留，失业率较其他 OECD 国家也增加得较为缓慢（ISSA，2010）。德国也将短时间工作的安排从 6 个月延长到 24 个月，直到 2012 年 3 月。企业依靠这项安排的国家援助，补充员工工作小时减少的工资损失。德国更是凭借比其他国家更能迅速动员大量可用的有技能的短期工作者，在世界经济复苏之时，被全球经济出口选中。重要的是，这种方法还设法避免了工人陷入长期性失业的可能性（ISSA，2010）。

最后，虽然经济衰退造成就业极其困难，但同时也为提高人员素质和就业技能赢得了时机。许多国家都制订了专门应对经济衰退特殊形势的培训和再培训投资计划。这些计划为失业的人提供咨询和帮助，提高他们的技能，帮助他们重新就业，增加劳动收入，同时为未来的经济恢复储备力量。新西兰在2009年8月宣布花费1.07万美元对16—24岁的年轻人提供就业和培训机会，到2011年年末结束。其中有名的是Job Ops and Community Max方案，它对在商业和社区项目中就业的低技能年轻人进行补贴。这样做的目的是加强年轻人的自信和约束，促进他们融入社区，发展工作技能和避免长期依靠（ISSA，2010j）。

需要说明的一点是，尽管社会保障政策作用于企业和居民的着力点有所不同，但内在策略是连贯的。只是针对不同对象，应对政策有所侧重。而且不管是作用于企业的社会保障政策，还是作用于居民的社会保障政策，既包含了常规的劳动力市场政策，也包含了非常规的刺激性财政政策。因为在经济危机期间，已有的常规保障项目自动地发挥国内需求的财政稳定器作用（Darby and Melitz，2008）。而常规化的社会保障项目如失业保险计划越少、福利越不发达的国家，社会保障制度缺陷在经济危机的压力下越容易显现，就越需要暂时性的积极的财政刺激计划。同时，正如勒斯蒂格（Lustig，2008）所言，发展中国家中有40%—50%的国家没有任何社会安全网项目，正好可以利用危机加以改善和扩张。相较而言，福利发达国家更多地依靠常规的社会保障项目和财政机制。

第三节　社会保障制度应对经济危机的作用方式分析

一　企业层面：社会保障应对政策的作用方式

危机对于企业的影响表现为，市场内流动性不足而引发的企业现金流动性困难和企业信心缺乏。在需求下滑和制度约束下，自动调整方式是最优的。但这是对于企业而言，对于宏观经济而言却有不利影响。因此，各个国家都采取紧急措施，增加企业资金的流动性，重树企业信心。

首先，各国都实施了非常规的刺激性财政政策，以缓解企业现金流动性不足问题。此次经济危机中，企业的流动性不足可以理解为，一方面商业银行信贷减少而带来的融资困难和投资不足；另一方面消费需求下降带来的企业经营性现金流入不足。针对上述问题，各国政府都采取了两种主要措施：一是直接大规模增加政府支出，补充流动性；二是间接减负，调整流动性。直接补充流动性政策指国家通过行使干预市场的职能直接向企业注入资金，可以利用的工具有政府支出中的经济性支出。政府经济性支出也即政府投资支出，通过投资基础设施建设，增加社会投资，直接刺激企业投资需求。间接减负调整流动性政策通过财政补贴和减税手段引导企业生产决策行为，提高生产者投资的积极性，可以运用现金补贴、降低利率、降低税率和基准等政策工具。现金补贴可以增加企业的现金流入，直接缓和融资难题。降低利率能够减轻企业的还款成本，提高其利润空间，增加其向金融机构融资的动力。降低税率和基准，可以保证企业营运资金的充足和投资活动所需的现金，便于企业扩大再生产，引起更多经营性现金的流入。

其次，各国都实施了降低社会保障缴费的政策。企业在经济危机中经营困难，利润减少。社会保障缴费加重了危机中企业的负担。企业为逃避社会保障的缴费重负，会减少雇用甚至会解雇工人。既为了保障企业有意愿和能力继续维持员工福利，为了遏制消费和需求关系的不断恶化，也为了保证企业销售渠道的畅通，许多政府降低企业的社会保障缴费，减轻经济衰退中企业的重压，扩大企业的财政空间。政府通过资助企业的社保缴费、降低社会保险费率、缓缴社会保险费等手段改善企业的生产经营，帮助企业有能力雇用员工。而社会保障福利的维持，使社会消费能力增强，从而促进了私人消费，最终产生企业经营性现金流的增加效应。

最后，各国都实施了积极的劳动力市场政策。在危机的初始阶段，为了缓和危机，已有制度项目被扩张；随着金融危机的发展，在危机的中间阶段，危机管理方法经常被减缩方法所替代。压缩财政拨款、削减福利、增加税收等紧缩政策，恶化了劳动者的生活状况，激化了劳动者、企业、政府间的矛盾。国际金融风暴发生后，欧美地区的罢工运动接连不断，达到了一个新高潮。从微观视角看，重塑劳动者和企业等市场经济主体的和谐关系，才能有效地扩大就业。① 各国政府都积极加强

① 宁光杰：《经济危机背景下的失业与就业》，《社会科学辑刊》2010 年第 4 期。

与工会、雇主组织协商与谈判，都实施了积极的劳动力市场政策。这些措施不仅控制了企业大面积裁员，缓解了社会矛盾，减少了企业处理矛盾的努力和时间，创造了企业更加专注和致力于生产的有利条件，而且预先培训了企业进行科技创新所需要的员工、提升了企业在市场竞争中的核心竞争力。

二 居民层面：社会保障应对政策的作用方式

危机对于居民的影响表现为，收入减少、资产缩水、信贷受阻而引发的家庭预算约束收紧，对未来信心不足导致的消费需求严重不足。于是，各个国家都采取紧急措施增加居民个人和家庭的收入，提振居民消费信心。

首先，各国都实施了非常规的刺激性财政政策来解决居民支付能力不足问题。这场经济危机中居民支付能力不足表现为收入下降、分配缺乏正义、贫困者的自由能力不足。针对上述问题，各国政府都采取了两种主要措施：一是直接大规模增加政府支出，补充收入；二是间接提供工作机会，增加收入。直接增加政府支出政策，是指国家行使其特殊的控制社会风险的公共使命，直接向居民发放现金及食物等，可以利用的工具是政府支出中的转移性支出。政府转移性支出通过转移性支付项目、财政补贴、社会救助提高居民收入，保障及促进其生存资料的消费。间接提供工作机会政策是政府经济性支出通过公共和社区服务，创造就业机会，扩张公共工作，帮助失业者重新就业以获得收入。

其次，为了提高居民收入和缩小贫富差距，各国政府都对常规的社会保障政策进行了调整。探究此次经济危机发生的原因，收入分配缺乏正义是一个重要因素。正如高兆明（2010）[①] 所指出的，由“次贷危机”所引起的全球金融危机的核心问题是社会财富分配正义问题，是贫困者有效支付能力不足问题。这些问题导致了社会有效支付能力不足。因此，政府应主动承担更多的社会保障责任，降低制度的门槛、扩大制度的覆盖面、调整待遇的享受机制、提高待遇的享受水平和延长领取期限以更好地应对这场经济危机。社会保障制度天然具有追求公平的本质属性。在政府的主导和调节下，社会保障通过参保机制、待遇给付

① 高兆明：《金融危机：“支付能力”的正义之维》，《马克思主义与现实》2010 年第 4 期。

机制与财政转移支付机制，在初次分配领域和再分配领域，调节社会各阶层之间的收入分配差距，实现收入分配正义，增加居民有效支付能力。这也是应对经济危机的最重要的制度安排和长效机制。但是，在大多数发展中国家和拉丁美洲国家，由于大多数穷人不能享受到社会保护制度，实际上，大部分社会转移支付被比较富裕的居民所占有（Lindert et al.，2006；United Nations，2006）。

再次，危机中的穷人和失业者比其他人更需要“救助”，但这种“救助”应不仅停留在暂时性改善人们收入状况的“生存求助”，还应该为提高人们的生存能力而提供“能力救助”。社会保障通过劳动力市场政策工具，提供基于就业导向的职业教育，提供劳动技能的培训及再培训，努力对穷人和失业者进行人力资本投资。这样，既为他们以后再就业、更好地就业储备了企业和社会所需的人力资本，也为获得更多的工作收入打下了基础，又为他们继续融入社会提供了可行的渠道，从而避免了社会秩序的混乱。

最后，这场经济危机打击了企业和居民的信心。长此以往，市场会发生信心危机，而信心危机不利于我们走出经济危机。于是，为更快走出危机和避免发生更深的危机，政府出台大量应对政策，希望可以恢复市场信心。政府采取的非常规社会保障政策和常规社会保障政策还具有信号传递作用。政府的应对行为是在向市场传递利好消息：政府作为“有形的手”拥有改变政策的权利，也有能力稳定市场形势。这十分有助于稳定市场信心，有助于引导企业、居民等经济参与者主体的行为。事实上，稳定信心还有助于缓解企业的现金流动性危机。Warsh（2007）甚至将流动性高度凝练为“信心”。当企业认为未来的风险可以量化、收益可以预期、交易可以进行之时，企业的生产和投资积极性才会被激发，才可以走出流动性危机。当居民对市场的形势不再恐慌、对自己的基本生存不再担忧、对未来的现金收入有着最低的预期之时，才会形成社会需求的消费能力和消费动机。

美中不足的是，政府的应对行为会加重财政负担。西方学者关于财政赤字对经济的影响存在三种争论：凯恩斯主义的财政赤字有益论、新古典主义的财政赤字有害论和李嘉图—巴罗等价定理所揭示的财政赤字对经济无影响论。[①] 争论犹在，危机未消，还有可能产生其他问题。首先，各国开始担忧财政赤字和财政政策的空间，赤字融资的可获得性受到限制。其次，很多国家可能害怕扩张性的社会保障对社会保障基金的可持续性造成长期影响。

综合本章的分析，我们可以发现：社会保障制度可以通过三条作用路径发挥减缓、防范、抵御和减少经济危机冲击的作用；可以通过找准社会保障政策作用于企业和居民的着力点和方式，帮助企业和居民更加有效地应对危机。当然，从一定程度上讲，扩张性的社会保障会增加政府财政压力，但并无证据表明，此举一定会造成融资困难和基金的不可持续性。实际上，因国家实施的社会保障制度不同，会有明显的差异。因为不同社会保障制度应对经济危机的综合能力有所不同。具体情况我们将在第三章进行探讨。

---

① 孙文基：《大危机后西方学者关于财政赤字对经济影响的理论》，《国外社会科学》2009 年第 4 期。

第三章　社会保障制度应对经济危机能力的综合评价

——以 2008 年经济危机为例

从历史的视角来看①，社会保障制度往往是经济复苏的良方。面对 1929—1933 年的世界经济危机，美国实施了“罗斯福新政”，开创了美国现代社会保障制度的新阶段，增强了社会福利，缩小了收入差距，帮助了 2000 多万失业工人，为经济的复苏和长期发展打下了坚实的基础。同阶段，德国纳粹政府进行社会改良运动，重建社会保障制度，提高国民社会福利，改善工人的劳动条件和作业环境，减缓收入差距，为德国民众信心的恢复和经济的重振提供了重要的支持。其重要性在 1997 年亚洲金融危机中同样得到了验证。1997 年的经济危机促成了韩国社会政策发展思路从消极取向向积极取向转变，而且促成了危机过后韩国政府用 10 年左右的时间建立和完善社会保护体系。其作用在拉美应对金融危机的过程中也得到证明。阿根廷正义党政府面对 2001—2002 年爆发的以债务为核心的经济危机，通过短期的应急性措施和中期调整收入再分配机制，稳定了社会形势，改善了收入分配状况，发挥了社会保障政策的应对作用，促进了阿根廷经济的恢复与增长。

在经济全球化的当下，面对频发的影响日益广泛和深远的经济危机，各国政府关于社会保障制度应对经济危机的讨论与探索更是众说纷纭、日渐升温。那各国社会保障制度应对经济危机的能力到底如何呢？本章试图构建社会保障制度应对经济危机能力的综合评价体系，在此基础上对 OECD 国家应对经济危机能力做出实证分析，进而比较不同国家、不同模式的社会保障制度应对危机能力的强弱。

① 郝宇彪：《社会政策是摆脱经济危机的良策——国际金融危机再反思》，《经济学家》2013 年第 3 期。

第一节 2008 年经济危机对不同国家的影响

2007 年爆发的次贷危机引发了这场经济危机。2007 年年初，美国政府没有重视次级房贷市场上金融企业中有些出现大量坏账，有些甚至濒临破产的问题，致使次贷市场的问题进一步恶化。到 2007 年夏季，次级抵押贷款债券的信用等级被不断下调，次贷损失被不断披露。各国的中央银行都采取积极的货币政策加以应对，但次贷危机已经无法控制住。到 2008 年年初，由于次级贷款一些大的金融机构接连宣布出现巨额亏损，因此投资者的信心也遭受重创。到 2008 年 9 月中旬，以雷曼兄弟宣布破产为标志，危机已然升级为全球性的系统性的金融危机，投资者的信心彻底被摧毁。

一 经济下滑，生产过剩

2008 年的金融体系动荡造成了全球性的经济下滑，其严重性和破坏性大大超过了两次石油危机、拉美债务危机、亚洲金融危机和互联网泡沫破裂所造成的经济衰退。由于危机的规模巨大，因此全球需求大幅降低，各国消费、生产和投资都急剧下滑。我们从表 3－1、图 3－1、图 3－2 和图 3－3 可以看到，美国、欧元区、OECD 国家的国内消费总支出的增长率从危机前夕的 2007 年就有所下降；到 2008 年危机爆发之后美国和 OECD 开始呈现负增长，只有欧元区有 0.2% 的正增长；到 2009 年，形势更为严峻，都以超过 3 个百分点的速度发生缩减。还可以看到，除新兴经济体和发展中国家外，世界整体和其他经济体的投资和资本形成率也在下降。

除生产相对过剩之外，现代经济危机的另外一种重要表现是信心危机。世界各经济体在 2009 年时并未如世界银行、国际货币基金组织等机构预测和希望的那样复苏。① 此次金融危机的危害远比原本的预期大。从表 3－2、图 3－4 和图 3－5 我们可以看出，经济危机发生后，美国、欧盟国家的 GDP 增长率在 2008 年和 2009 年下降都超过两个百分点，2010 年实现经济复苏，但还没有达到 2000—2007 年的平均增长

---

① 国际货币基金组织：《世界经济展望》2014 年第 1 期。

率水平；而美国的贸易增长率在 2007 年呈现负增长，2008 年有所反弹，但在 2009 年又出现了大幅度下降；欧盟国家的贸易增长率在 2008 年下滑幅度较小，但在 2009 年同样大幅度下降，随后开始下调预测值。全球金融机构、市场的主要参与者企业和居民的信心均遭受到重大打击。发达经济体的商业和消费继续减少，各行业产量持续下滑，经济颓势逐渐向发展中经济体蔓延。另外，从图 3－6 中可看出，2009 年通货紧缩开始代替通货膨胀。由于人们预期未来会有更低的价格，负债者预料到未来会有更重的债务负担，所以，当下的消费者和投资活动更会下降。

表 3－1　　美国、欧元区、OECD 国家 2006—2009 年国内消费总支出、国内资本形成的增长率　　单位:%

	2006—2009 年国内消费总支出增长率				2006—2009 年国内资本形成增长率			
年份	2006	2007	2008	2009	2006	2007	2008	2009
美国	2.584	1.141	－1.338	－3.78	2.178	－1.24	－4.84	－13.1
欧元区	3.21	2.776	0.201	－3.68	5.919	5.116	－1.63	－12.7
OECD	3.061	2.473	－0.216	－3.96	4.277	2.657	－2.4	－11.7

资料来源：经济合作与发展组织数据库，www.oecd.org。

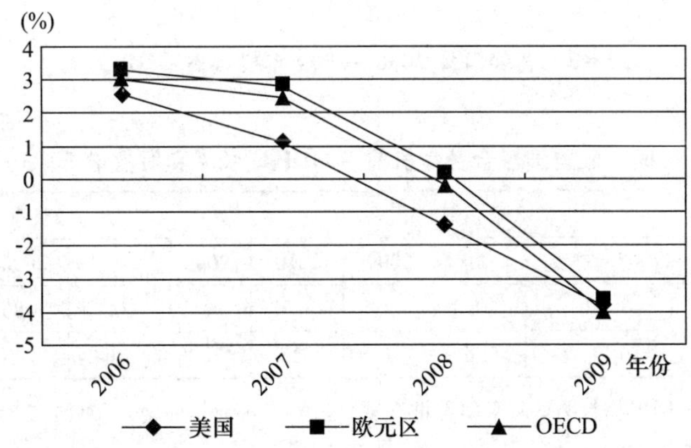

图 3－1　美国、欧元区、OECD 国家 2006—2009 年国内消费总支出增长率

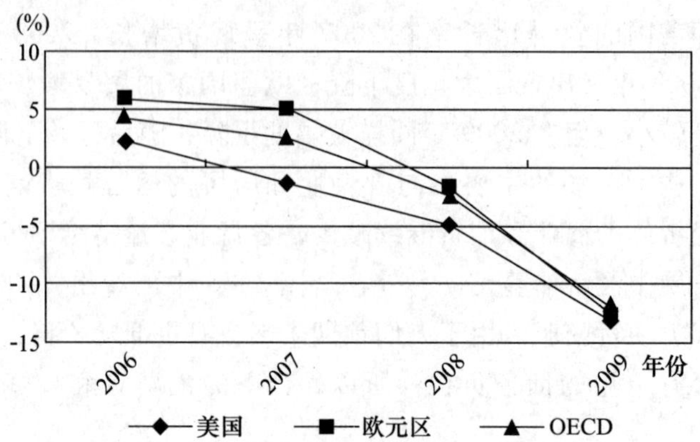

图 3－2　美国、欧元区、OECD 国家 2006—2009 年国内资本形成增长率

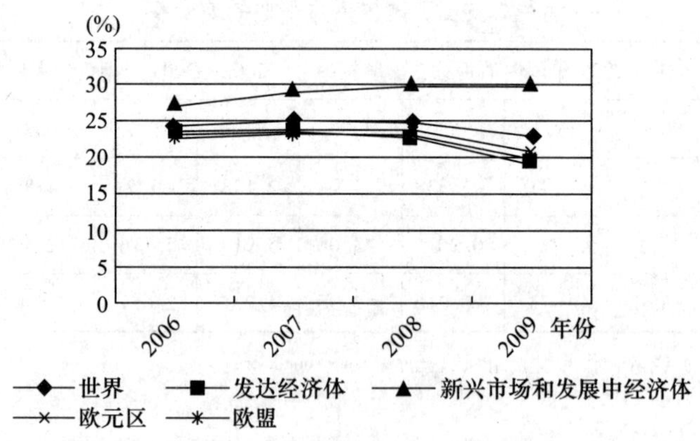

图 3－3　各经济体 2006—2009 年投资占 GDP 比重

表 3－2　美国、欧盟国家金融危机前后 GDP 增长率和贸易增长率　单位:%

	GDP 增长率				贸易增长率			
年份	2000—2007 平均值	2008	2009	2010	2006	2007	2008	2009
美国	2.8	－0.3	－2.8	2.5	10.79	－0.25	1.86	－15.05
欧盟	2.6	0.6	－4.4	2	12.06	7.64	7.47	－15.61

资料来源：GDP 增长率数据来源于世界银行，www.worldbank.org；贸易增长率数据来源于欧盟统计局，epp.eurostat.ec.europa.eu。

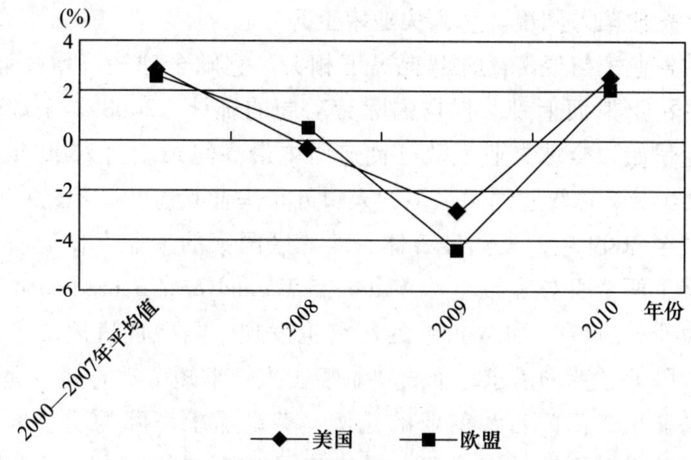

图 3－4 美国、欧盟国家金融危机前后 GDP 增长率

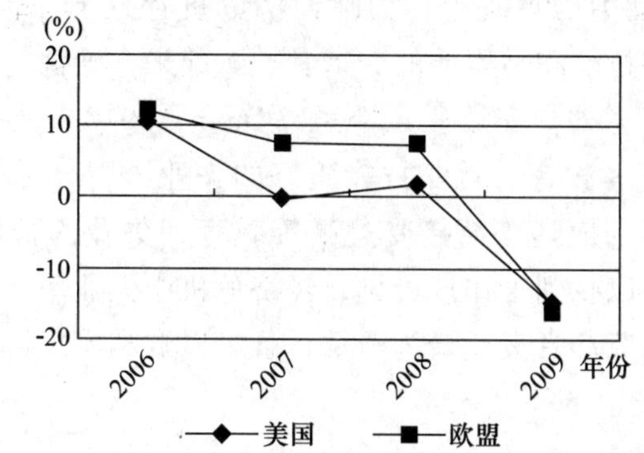

图 3－5 美国、欧盟国家金融危机前后贸易增长率

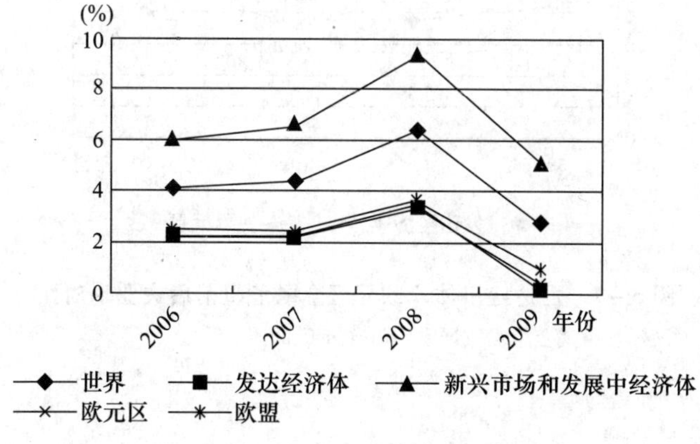

图 3－6 各经济体金融危机前后通货膨胀率对比

资料来源：国际货币基金组织数据库，www. imf. org。

二　企业陷入困境，工人失业率上升

通常失业率与经济活动状况高度相关。它随全球经济增长而下降；随全球经济下滑而上升。根据国际劳动局的统计，2008 年全球性经济危机发生伊始，全球失业人数已创造历史最高纪录。到 2009 年，世界总劳动力的 7% 总数达到两亿多的人口处于失业状态。[①] 从图 3 - 7 可以看出，截至 2009 年，发达经济体、欧元区国家的失业率比经济衰退之前都上升了两个百分点以上。Walton 和 Manuelyan，Bourguignon 和 Morrison，Morley、Lustig 和 Walton 的研究也发现，金融危机放缓了整体经济活动，降低了劳动需求。而直接解雇工人、缩短劳动时间、提高失业率、提高非正式部门自我就业的比例是劳动需求下降的明显表现。当然，金融危机对不同技术水平的劳动者具有不同的冲击。按照阿吉诺（Agenor）的劳动力贮藏理论，面临经济危机背景下的生产锐减情况，企业倾向于把高技能和高素质的劳动者贮藏起来，把低技能和低素质劳动者首先解雇。另外，安德鲁·邓恩（Dunn，2010）的研究表明，那些没有接受过高等教育、就业技能不好的失业人群，尽管努力地找工作，但却往往事与愿违。而接受过高等教育的失业人群，尽管有所挑拣，但大部分可以找到工作。可见，经济危机中失业率上升，尤其是低技能和低素质的劳动者失业最为严重，且难以顺利实现再就业。

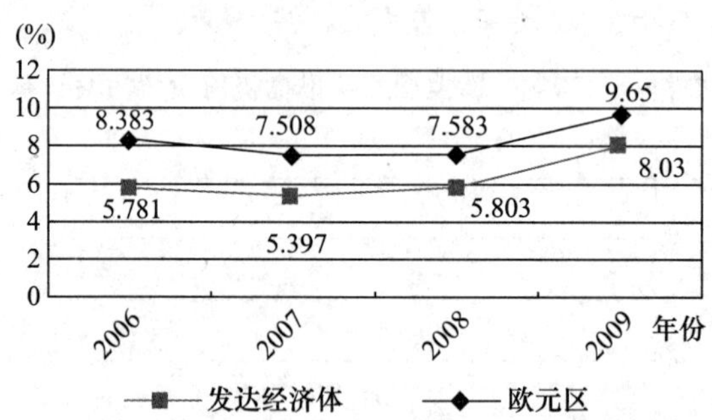

图 3 - 7　发达经济体、欧元区金融危机前后失业率对比

资料来源：国际货币基金组织数据库，www. imf. org。

---

① International Monetary Fund，“Unemployment：The Curse of Joblessness，Finance& Development”，http：//www. imf. org/externai/pubs/ft/fandd/basics/unemploy. htm.

三　社会成员收入恶化，社会不稳定因素增加

全球经济危机以来，全球各国的收入不平等问题更加严重。不管在发达国家还是在发展中国家，基尼系数基本上都在增长。这种现象加剧了贫困和社会的两极分化，加剧了劳资关系的紧张，加剧穷人对富人的猜疑与憎恨，加剧了不同社会群体之间的矛盾与对立，造成国家和社会的凝聚力与信心持续下降、社会不稳定因素持续增加、社会稳定与安宁难以维系，并最终引发了一系列的罢工、抗议和骚乱。如希腊各种形式的小规模罢工几乎不间断，规模在百万人以上的全国罢工也频繁出现，单2011年下半年至2012年上半年这段时间内就上演了10多次。2008—2011年，德国每年的罢工次数都在100次以上，2008年最高为881次。[①] 在北欧福利国家，危机后罢工总数同样呈增长趋势。比如，芬兰从2008年的92次上升到2011年的163次。[②] 危机后美国的罢工次数也明显增长，1000人以上规模的罢工从2008年的15次增加到2011年的113次。[③] 东欧地区也是如此，如2008年波兰的罢工次数达到了12765起，是1989年后出现的历史最高值。[④] 危机后苏联地区的罢工运动甚至出现一个新高潮，如仅2009年一年俄罗斯就发生大规模罢工15次，连同小规模罢工总罢工次数更多达90多次。[⑤]

第二节　社会保障制度应对经济危机能力的综合评价体系构建

受多因素影响各国应对经济危机能力并不一致。其中，社会保障制度安排的不同也会带来应对经济危机效果的差异。本书将对社会保障制度应对经济危机能力进行综合测评。但综合评价指标体系在目前还不完善，成为各国政府密切关注和亟待解决的焦点问题。本部分希望在梳理

① http：//www. arbeitsagentur. de/nn_ 426332/EN/Navigation/Startseite/Englisch - Nav. html.

② 来自芬兰统计部门的统计数据。

③ http：//www. bls. gov/news. release/pdf/Wkstp. pdf.

④ http：//laborsta. ilo. org/STP/guest.

⑤ http：//www. trud. ru/article/23 - 12 - 2009/234296_ effekt_ zabastovki/print，23Декабря 2009г.

国内外的理论和经验研究的基础上，根据社会保障制度应对经济危机能力的综合评价的目的和指标筛选的原则，结合社会保障制度在2008年以来应对经济危机的表现以及多维度多层次的视角，同时选取成熟社会保障制度国家作为样本，使用OECD数据库和欧盟数据库相关数据，构建基于福利性、功能性和可持续性三个主维度，以及兼顾制度体系、制度功能、覆盖面、待遇水平、给付条件和债务问题的多维度多层次的评价测度指标体系和评价方法，进而对社会保障制度应对经济危机能力进行科学准确全面系统的评价。这样可以更新我国对各国社会保障制度的认识和定位，可以更好地发挥我国社会保障制度应对经济危机的作用，可以帮助我国利用经济危机的“时间窗口”为后危机经济环境下社会保障制度的不断修正与完善提供重要依据。

一　社会保障制度应对经济危机能力的概念界定

社会政策和经济之间的关系很复杂（Gough，1996），这造成社会保障制度应对经济危机的作用机制也颇为复杂。凯恩斯主义认为，现代福利制度对经济发展可以进行反向调节，因此，在对抗经济危机中被广泛使用。首先，社会保障制度具有收入维持机制的作用，保障了危机期间弱势群体及其家庭的购买能力，对促进经济复苏和维持社会稳定起到了正面作用。其次，社会保障制度发挥人力资本投入机制的作用，有利于犯罪率的下降和社会的融合，从而使总体的交易成本降低，是应对经济危机和提升国家竞争力的重要政策工具（刘军强，2012）。哈根（Hagen）早在1994年就提出，昂贵的内部治安消耗了社会支出上省下来的钱。陈刚（2010）和尼维特（Nivette，2011）也证明了福利制度对降低犯罪率有很显著的作用。此外，社会保障制度（尤其是失业保险制度）作为失业冲击的有效缓冲机制，给货币政策主管者带来更大的政策空间（Bacon and Eltis，1978；DiTella and MacCulloch，2004）。但正如奎达格诺和彼得森（Quadagno and Pederson）所说，社保支出的增加会加重国家的经济发展负担。2009年欧洲主权债务危机爆发以后，这种观点得到更为广泛的认可。国内学者几乎一致认为，欧洲的高福利制度难辞其咎，只在直接导致还是间接导致上有区分。可见，社会保障制度在应对经济危机时既有积极方面也有消极方面。总体来说，其积极作用可以抵消其消极作用。因此，笔者认为，我们在权衡社会保障制度应对经济危机的作用时要算大账，不能只是狭隘地盯着财务数字，而要全面评价社会保障制度应对经济危机的能力与效果如何。

本书将社会保障制度应对经济危机的能力界定为：在发生经济危机的状况下，社会保障制度本身所具有的应对经济变动带来的不利影响的内在功能。具体应包括三个方面的能力：一是经济危机状况下的社会福利制度自身的适应能力，包含社会保障水平及其变化率和社会保障结构及其变化率；二是经济危机状况下的经济保障发展能力，包含经济恢复功能、收入再分配功能和经济增长功能；三是经济危机状况下的财政负担能力，包含政府债务的水平及其变化率。因此，社会保障制度应对经济危机能力的强弱主要体现在以下三个方面：其一，面对经济危机的冲击，社会保障制度的福利水平及其是否出现较大幅度的波动。我们认为，福利水平高且波动幅度较小的应对危机能力较强，福利水平低且波动幅度较大的应对危机能力较弱。其二，发挥其制度功能，帮助国家恢复经济发展、稳定社会秩序、重拾企业、家庭、个人对国民经济的信心并帮助其渡过经济动荡的难关。经济形势恢复得较快、社会无较大动乱、社会各微观主体对经济前景较为乐观的国家被我们视为应对危机能力较强的国家；反之则较弱。其三，在社会保障制度发挥作用的同时，制度安排是否给国家带来严重的财政负担，进而给国家经济的未来发展埋下隐患。如果社会保障发挥应对经济危机的作用以增加国家的负债和财政负担为前提，以牺牲制度的可持续性和国家经济的长远发展为代价，那么该制度应对危机能力较弱。如果社会保障发挥应对经济危机的作用以柔性的自动调节机制为主，未过多地增加财政压力，那么该制度应对危机能力则较强。因此，社会保障制度应对经济危机能力的评价指标体系应综合反映在经济危机阶段，社会保障制度的存在、调整和发展对国民福利水平、国民经济恢复情况、社会和谐稳定状况、政府债务状况的影响。基于此，本书构建的评价指标体系主要有反映社会保障水平的指标、反映社会保障结构的指标、反映国民经济发展的指标、反映社会稳定的指标和反映政府债务的指标等。

二　社会保障制度应对经济危机能力的综合评价指标的选择原则

建立社会保障制度应对经济危机能力的综合评价指标的第一步是确定指标选择原则。社会保障制度应对经济危机能力的综合评价指标涉及多维度、多层次和多方面。因而，项目和指标繁多。这要求我们对指标进行严格筛选。指标筛选必须达到三个目标：（1）指标体系能够准确、全面地反映社会保障制度应对经济危机能力的状况，能够提供现状的代表性蓝图。（2）对不同社会保障制度的情况和经济危机进展进行梳理和分析，探求社会保障制度和经济社会协调发展之间的联系，并分析不同社会保障制度应对危机能力差异的原因。（3）为后危机时代中国社会保障制度的改革和完善提供具有可行性的建议。

鉴于此，指标筛选应遵循以下原则：

一是整体性。经济危机不是孤立存在的，经济系统内部、经济系统与其他系统之间都是相互联系和相互影响的有机整体。因此，评价社会保障制度应对经济危机能力的强弱，必须从保障水平、保障功能、保障负担等方面综合权衡。

二是指标范畴或类型。社会保障政策对保障公民及其家庭原有福利水平、促进经济社会复苏所起到的作用以及是否给政府财政负担带来了负面影响。因此，整体性评价应该思考作用和负担两个方面。

三是可操作性及简明性。指标概念要明确以便容易获得资料。评价指标需可测量以便保证评价指标的科学性和完整性。因此，数据要足够多且便于统计和计算。

四是规范化。社会保障制度应对经济危机能力的综合评价是一项重要工作，所获取的资料和数据需要具有时间和空间上的可比性。因此，采用的指标内容及方法都应该做到统一和规范，能在不同国家、不同类型的社会保障制度内进行使用并做比较，保证其具有一定的科学性。

三　社会保障制度应对经济危机能力的综合评价指标体系

社会保障制度应对经济危机能力的综合评价指标体系由五个层次和四级子系统构成（见表3－3）。五个层次依次为总目标层、分目标层、准则层、判别层和指数层。总目标层反映评价的总体结果，即社会保障制度应对经济危机能力的水平。分目标层分别表明社会保障水平、社会保障制度功能、社会保障制度的财务负担三个子目标的评价结果及应对水平，共同组成一级子系统。组成二级子系统的是准则层，它根据一级子系统的内容选择了六个不同的项目：社会保障整体水平、社会保障制度体系、经济恢复功能、收入再分配功能、经济增长功能和政府财政应对能力。三级子系统是二级子系统的演绎，组成评价指标的判别层。具体来说，用人均社会保障水平及其变化率表示社会保障整体水平；用公共社会保障水平及其变化率和私人社会保障水平及其变化率来表示社会

表 3-3　社会保障制度应对经济危机能力的综合评价指标体系

一级子系统（A）	二级子系统（B）	三级子系统（C）	四级子系统（X）
社会福利保障能力（A_1）	社会保障整体水平（B_1）	人均社会保障水平（C_1）	人均公共社会保障支出额（X_1）$^+$
		人均社会保障变化率（C_2）	人均公共社会保障支出额变化率（X_2）$^-$
	社会保障制度体系（B_2）	公共社会保障水平及其变化率（C_3）	公共社会保障支出占 GDP 比重（X_3）$^+$
			公共社会保障支出占 GDP 比重变化率（X_4）$^-$
		私人社会保障水平及其变化率（C_4）	私人社会保障支出占 GDP 比重（X_5）$^+$
			私人社会保障支出占 GDP 比重变化率（X_6）$^-$
经济发展保障能力（A_2）	经济恢复功能（B_3）	就业情况（C_5）	就业率（X_7）$^+$
			就业率的变化率（X_8）$^+$
	收入再分配功能（B_4）	贫富差距情况（C_6）	基尼系数（税收和转移支付后可支配收入）（X_9）$^-$
	经济增长功能（B_5）	经济增长情况（C_7）	实际 GDP 增长率（X_{10}）$^+$
			实际 GDP 增长率变化率（X_{11}）$^+$
财务负担能力（A_3）	政府财政应对能力（B_6）	危机中政府债务情况（C_8）	政府债务占 GDP 比重（X_{12}）$^-$
			政府债务占 GDP 比重变化率（X_{13}）$^-$

注：一般来说，社会保障水平①是指一定阶段内一个国家的社会保障支出占国内生产总值比重。社会保障支出占国内生产总值比重越高，社会成员享受社会保障的程度就越高。它表示社会成员享受社会保障待遇的高低。②“+”符号表示该指标为正向指标，指标数值越大，评价越好；“-”符号表示该指标为逆向指标，指标数值越小，评价越好。

资料来源：2007 年，澳大利亚、意大利、日本、墨西哥、新西兰、挪威、瑞典、瑞士的税收和转移支付后可支配收入的基尼系数数据来源于联合国统计数据；新西兰 2008—2011 年政府债务占 GDP 比重数据来自新西兰财政部。其他数据来源于 OECD 数据库。

---

① 丁建定（2010）认为，在西方国家社会保障制度建立之初，把社会保障制度对社会问题的覆盖程度、对社会群体的覆盖程度以及社会保障支出占国内生产总值的比例结合起来作为社会保障水平的综合衡量指标。到社会保障制度发展和完善之后，才把社会保障支出占国内生产总值的比例作为衡量社会保障水平的主要甚至单一的指标。

② 穆怀中：《社会保障国际比较》，中国劳动社会保障出版社 2002 年版，第 110 页。

保障制度体系的构成；用就业情况来表示经济恢复功能；用贫富差距情况来表示收入再分配功能；用经济增长情况表示经济增长功能。四级子系统为指标层，在考虑所选指标的代表性与可测量性的基础上，选取尽可能少的指标来反映评价的核心内容，以准确评价结果。其中，衡量社会福利保障能力的指标为人均公共社会保障支出额及变化率、公共社会保障支出占 GDP 比重及变化率、私人社会保障支出占 GDP 比重及变化率；衡量经济发展保障能力的指标包括就业率及变化率、基尼系数、实际 GDP 增长率及变化率；衡量财务负担能力的指标为政府债务占 GDP 比重及变化率。

人均社会保障支出（元/人）能够从整体上反映社会保障待遇水平，体现社会保障的深度（林治芬，2012）。其用公式表示为：社会保障支出总额/社会保障制度所覆盖的总人口。该指标及其变化率能够反映危机中人们能依靠和享受的福利水平及其波动情况。公共和私人社会保障支出占 GDP 比重体现的是公共和私人社会保障的相对规模，反映公共和私人的社会保障在经济总量中所占有的份额。其用公式表示为：公共或私人社会保障支出总额/GDP×100%。该指标及其变化率能够反映危机中人们能依靠和享受的福利来自公共保障还是私人保障，以哪种为主？有无变化？变化的趋势及幅度的大小。深度与相对规模指标相结合能更全面地反映一国的社会保障水平及变动。就业率能够反映经济危机中经济的复苏情况。其用公式表示为：就业人口/16 岁以上总人口×100%。该指标及其变化率体现着对经济危机继续蔓延和扩散的遏制程度。基尼系数能够反映收入分配差距程度。其用公式表示为：不平均分配的收入/全部居民收入。该指标体现了税收和转移支付后社会的贫富差距情况。实际 GDP 增长率根据 GDP 平减指数进行折算，用公式表示为：(本期实际 GDP－上期实际 GDP)/上期实际 GDP×100%。该指标及其变化率体现了危机中宏观经济的增长和变动情况。这里用政府债务占 GDP 比重及变化率反映经济危机中社会保障对财政负担造成的影响。

社会保障制度应对经济危机能力的综合评价研究属于多指标综合评价问题。这类问题的评价方法主要有客观赋权法和主观赋权法两种。客观赋权法是一种定量的评价方法，根据评价体系内各指标的内在联系赋予各指标权重。这种方法科学客观，但受样本指标数据影响较大。主观赋权法是一种定性的评价方法，根据专家评判和主观经验赋予各指标权重。这种方法简单易行，但忽视了数字特征与指标权重间的内在联系，缺乏客观性和有效性。如何规避这两种方法的缺陷，找到科学有效的赋权方法，对社会保障制度应对经济危机能力的综合水平进行测度，将是下一步我们重点研究和需要突破的问题。

第三节　OECD 国家应对 2008 年经济危机能力的综合评价与比较

一　数据来源与数据处理

本部分选取 OECD[①]29 个国家的应对经济危机能力的综合评价指标数据作为样本，研究数据来自 OECD 数据库。数据缺失以及各自变量之间存在不同程度的多重共线性，使通过多元回归建立的回归模型不能很好地刻画因变量与自变量之间的关系。因此，笔者考虑用因子分析法，提取出能概括原始变量观测值中的绝大部分信息的公因子，使这些变量建立的回归方程能再现原始变量之间的关系。根据表 3－3 中的指标体系，笔者收集到应对经济危机能力的综合评价指标的原始数据共计 1508 个样本点，满足因子分析的样本数量要求。

笔者对 OECD 数据库中 29 个国家的数据进行收集、计算、整理，运用因子分析法进行福利国家应对经济危机能力的综合评价。首先，本书用 2008—2011 年各年度指标的平均值代表 2008 年金融危机期间的水平指标，用水平指标减去 2007 年指标的数值和 2007 年指标相比表示变化指标[②]；采用的方法对逆向指标人均社会保障增长率、公共社会保障水平增长率、私人社会保障水平增长率、基尼系数和政府债务占 GDP 比重进行正向化；接着，按照标准 Z 分数（Z－score）变化方法，对各样本单位的原始数据进行标准化处理；其次，使用工具 SPSS 20.0 对

---

① OECD 共有 34 个成员国，因智利、冰岛、以色列、墨西哥和土耳其 5 个国家有些重要数据无法获得，故选取其他 29 个成员国作为分析对象。

② 水平指标多表示社会保障制度对经济危机的主动应对，变化指标多表示被动的调整应对。

2008—2011年（共29个国家）的相关数据进行因子分析①；最后，用Excel通过式（3－1）计算因子得分。②

计算因子得分。第 i 个样本的综合得分计算公式为：

$$W_i = [\sum_{m=1}^{M} l_m(t) F_{mi}(t)] / [\sum_{m=1}^{M} l_m(t)] W_i$$

$$= [\sum_{m=1}^{M} l_m(t) F_{mi}(t)] / [\sum_{m=1}^{M} l_m(t)] \quad (3-1)$$

式中，l_m（t）为第 t 年数据因子分析第 m 个因子的贡献率，F_{mi}（t）为第 i 个样本的第 m 个公因子得分。

二 数据测度与分析

主成分分析法提取出公因子，根据分析的需要，以特征值大于1为标准提取公因子。从公因子贡献率和方差累积贡献率表（见表3－4）可以看出，旋转前四个公因子的累积贡献率均已达到74%以上，说明前四个公因子所含的信息量已占全部信息量的74%。为了使每个公因子具有高载荷，进而简化公因子的经济意义解释，本书利用方差最大正交法进行旋转。几个公因子的累积贡献率在旋转后没有发生变化。可见，旋转后信息量没有减少。于是，本书得出提取这四个公因子就能将绝大部分信息概括这一结果。因此，笔者选取这几个公因子作为福利国家应对经济危机能力的综合评价指标进行分析。

表3－4　　公因子贡献率和方差累积贡献率

	F_1	F_2	F_3	F_4	累积贡献率（%）
提取平方和载入	26.198	21.768	14.330	12.221	74.518
旋转平方和载入	23.059	19.598	17.061	14.800	74.518

根据旋转后的因子载荷矩阵，笔者对各因子的分析如下：

① 利用SPSS 20.0软件进行因子分析时，首先进行了数据异常点检验，检验结果KMO值为0.569，大于0.5，说明这些指标及数据是比较适合用于因子分析的。巴特莱特球体检验完全合格，说明相关系数矩阵不是单位阵，各指标间存在较强的相关关系。

② 董锋、谭清美、周德群：《多指标面板数据下的企业R&D能力因子分析》，《研究与发展管理》2009年第3期。

第一公因子，其中载荷较大的指标有实质 GDP 增长率及变化率、公共社会保障水平、债务水平，可以将其命名为“财政保障能力公因子”；

第二公因子，其中载荷较大的指标有公共社会保障水平增长率、债务水平增长率、就业率增长率，可以将其命名为“经济发展能力公因子”；

第三公因子，其中载荷较大的指标有人均公共社会保障支出额及增长率、私人社会保障水平和就业率，可以将其命名为“社会福利保障能力公因子”；

第四公因子，其中载荷较大的指标有基尼系数和私人社会保障水平增长率，可以将其命名为“社会稳定能力公因子”。

依据因子得分系数矩阵和原始指标变量的标准化值，结合式（3-1），笔者计算出每个国家各个因子的得分数，得到表 3-5。表中综合得分越高，说明该国应对经济危机的综合能力越强；反之则越弱。

表 3-5　2008—2011 年 OECD 国家应对经济危机能力的综合评价排序指数（标准化数据）

国家	因子得分	排序	国家	因子得分	排序	国家	因子得分	排序
挪威	0.709	1	波兰	0.233	11	美国	-0.282	21
瑞士	0.653	2	新西兰	0.208	12	日本	-0.29	22
瑞典	0.629	3	法国	0.134	13	匈牙利	-0.332	23
德国	0.527	4	丹麦	0.13	14	意大利	-0.543	24
卢森堡	0.512	5	芬兰	0.087	15	葡萄牙	-0.613	25
奥地利	0.47	6	韩国	0.057	16	爱沙尼亚	-0.623	26
荷兰	0.423	7	比利时	0.044	17	西班牙	-0.831	27
澳大利亚	0.381	8	英国	0.005	18	爱尔兰	-0.974	28
捷克	0.315	9	斯洛伐克	-0.016	19	希腊	-1.225	29
加拿大	0.251	10	斯洛文尼亚	-0.04	20			

福利制度发展到现在，有六种典型的模式。最先是1958年，美国学者威伦斯基（Wilensky）与勒博克斯（Lebeaux）根据国家和市场的关系，首次提出制度型和补救型两种相对应的福利模式。后来在1974年，蒂特马斯在其发表的《社会政策》这本名著中，承继了威伦斯基和勒博克斯提出的补救型福利模式的概念，并将社会福利发展为剩余福利模式、工作成就—表现模式和制度性再分配模式三种模式。[①] 1990年，埃斯平·安德森（Esping Andersen）创造性运用“非商品化”[②] 这个基本分析工具，将“福利模式”划分为自由主义、保守主义和社会民主主义三种福利模式。再后来是到20世纪90年代末，埃斯平·安德森指出，福利资本主义“三个世界”的划分存在不足，理由是存在第四种模式。随后，费雷拉（M. Ferrera，1996）和博诺利（Bonoli，1997）认为，南欧国家具有独具一格的福利模式。这种福利模式把普惠制与选择性结合，存在明显的社会收益内部分化，注重家庭保障，没有最低收入保障计划，不能有效地减少贫困率。他们把它命名为地中海模式。到20世纪末21世纪初，斯坦丁（Standing，1996）、格杰（Z. Ferge，2001）、Sengoku（2004）、戴蒙德和洛奇（Diamond and Lodge，2013）等认为，在中东欧存在“后共产主义”福利模式。此模式具有普遍主义和平均主义色彩，和俾斯麦式的社会保险近似。伴随着东亚国家经济奇迹产生的疑问，琼斯（Jones，1993）、White 和 Kwon（1998）、Lin（1999）等提出了“东亚福利模式”的概念，用以描述东亚新兴经济体在福利发展上所具有的某些共性：社会支出低，家庭是福利及照顾的重要提供者、相比普及性及税收支付更倾向选择性（Goodman，White and Kwon，1998；Tang，2000；Walker and Wong，2005）。

因此，本书将OECD的29个国家分为六种模式：斯堪的纳维亚模式（代表国家是丹麦、瑞典、挪威、瑞士、芬兰）、欧洲大陆模式（代表国家是卢森堡、奥地利、比利时、法国、德国、荷兰）、地中海模式（代表国家是意大利、希腊、爱尔兰、西班牙、葡萄牙）、盎格鲁—撒克逊模式（代表国家是澳大利亚、加拿大、新西兰、美国、英国）、东

① 理查德·蒂特马斯：《社会政策十讲》，江绍康译，商务印书馆1991年版，第18—19页。

② 埃斯平·安德森在《福利资本主义的三个世界》中将“非商品化”定义为“个人福利相对地既独立于其收入之外又不受其购买力影响的保障程度。”

亚模式（代表国家是日本、韩国）和中东欧模式（代表国家是捷克、爱沙尼亚、匈牙利、波兰、斯洛伐克、斯洛文尼亚）。根据表3-4和福利国家模式的分类，得到表3-6。表中综合得分越高，说明该福利模式应对经济危机的综合能力越强；反之则越弱。

表3-6　　2008—2011年福利模式应对经济危机能力的综合评价排序指数（标准化数据）

模式	国家	因子得分	排序	模式	国家	因子得分	排序
斯堪的纳维亚模式	丹麦	0.13	14	欧洲大陆模式	卢森堡	0.512	5
	瑞典	0.629	3		奥地利	0.47	6
	挪威	0.709	1		比利时	0.044	17
	芬兰	0.087	15		法国	0.134	13
	瑞士	0.653	2		德国	0.527	4
	平均	0.44	7		荷兰	0.423	7
地中海模式	意大利	-0.543	24		平均	0.35	8.67
	希腊	-1.225	29	东亚模式	日本	-0.29	22
	爱尔兰	-0.974	28		韩国	0.057	16
	葡萄牙	-0.613	25		平均	-0.12	19
	西班牙	-0.831	27	中东欧模式	捷克	0.315	9
	平均	-0.84	26.6		爱沙尼亚	-0.623	26
盎格鲁—撒克逊模式	澳大利亚	0.381	8		匈牙利	-0.332	23
	加拿大	0.251	10		波兰	0.233	11
	新西兰	0.208	12		斯洛伐克	-0.016	19
	英国	0.005	18		斯洛文尼亚	-0.04	20
	美国	-0.282	21		平均	-0.08	18
	平均	0.11	13.8				

三　因子分析的结果分析

由于标准化的结果，表3-6中的数据部分为负，这并不表明该福利国家应对经济危机能力为负值，而是危机中该福利国家应对经济危机能力比平均水平低。从上文福利国家应对经济危机能力各项指标的因子分析，我们可以得出如下结论：

第一，财政保障能力公因子（F_1）、经济发展能力公因子（F_2）和社会福利保障能力公因子（F_3）、社会稳定能力公因子（F_4）是影响福利国家应对经济危机能力的重要因子。其中，财政保障能力和经济发展能力是影响福利国家应对经济危机能力的最重要因素，这也与我们的直观认识相吻合。但是，公共社会保障水平与其变化程度对财政保障能力和经济发展能力有重要影响，需要我们在危机前建立完善的社会保障制度，而不是危机期间的短期内对制度进行大幅度的调整。

第二，斯堪的纳维亚模式和欧洲大陆模式应对经济危机的能力最好。这些国家有良好的社会福利保障，既稳定了社会秩序，又保持了国民一定的消费能力，缓解了有效需求不足和供给过剩之间的矛盾。同时，这些国家也很重视增强劳动力市场灵活性，多采取积极的劳动力市场政策促进就业和经济的发展。但是，斯堪的纳维亚模式中的国家在应对经济危机能力上存在较大差异，挪威、瑞士、瑞典是应对危机能力最强的三个国家，而丹麦和芬兰的表现则一般，分别居于第 14 位和第 15 位。同样的应对能力区别在欧洲大陆模式也存在。德国、卢森堡、奥地利、荷兰的危机应对能力仅次于最强的三个国家，但法国和比利时应对能力的排名却居于第 13 位和第 17 位。

第三，盎格鲁—撒克逊模式应对经济危机的能力一般，略高于平均水平。自由主义福利模式国家原有的社会福利保障水平不足，不能充分发挥福利制度主动应对危机的功能，危机期间极快地提升公共社会保障水平对经济也存在负面效应的影响。但并非该类模式的国家应对能力都趋同，澳大利亚、加拿大、新西兰三国的应对能力明显高于平均水平，好于英国和美国。

第四，东亚模式和中东欧模式整体上看应对经济危机的能力较差，低于平均水平，东亚模式略高于中东欧模式。影响韩国的主要因素是公共社会福利保障程度偏低；影响日本的主要因素是社会公平性差。中东欧模式则是因为社会福利保障公因子得分很低。可见，其人均公共社会保障支出水平和私人社会保障水平较低影响了其对危机的应对。在东亚模式中，韩国应对经济危机的能力要强于日本。在中东欧模式中，捷克和波兰的表现较为出众，大大强于其他国家。

第五，地中海模式应对经济危机的能力最差。这主要是由于地中海模式国家社会保障水平与经济发展水平之间严重不协调，导致这些国家的政府债务负担远超国际警戒标准，且社会保障制度的公平性和结构的优化性很差。这类模式应对经济危机能力的内部差异较小，意大利和葡萄牙略好于西班牙、爱尔兰和希腊。

可见，不同福利模式应对经济危机的能力存在不同，从强到弱，依次是斯堪的纳维亚模式、欧洲大陆模式、盎格鲁—撒克逊模式、中东欧模式、东亚模式和地中海模式。但更为重要的发现是，在同一福利模式内部，不同国家应对经济危机能力差异巨大。

第四节 基于应对经济危机能力的不同社会保障制度聚类及发展特征比较

一 基于应对经济危机能力的社会保障制度聚类

为了更加准确地刻画OECD国家社会保障制度应对经济危机能力差异，本部分采用聚类分析，在应对经济危机能力指标体系构建与因子分析的基础上，按照各国社会保障制度应对经济危机能力的相似程度，进行国家间的分类描述。

原始数据标准化之后，笔者采用聚类分析中应用最广的分层聚类法进行聚类分析。该方法的基本思想是：最初把样品或指标各视为一类；然后以类与类之间的距离或相似度作为标准，把最相似的类加以合并；接下来，再计算新类与其他类之间的相似程度以及合并最相似的类；不断重复这一过程，每合并一次类别就减少一个，直到开始的样品或指标都已经合并为一类。根据原始数据和标准化后的数据特征，笔者采用组间连接法作为聚类方法，采用欧式距离的平方作为距离测度方法，利用SPSS 20.0软件对福利国家应对经济危机能力进行聚类分析。根据聚类过程以及聚类树状图（见图3-8），按照由强到弱的应对经济危机能力，本书将OECD国家的社会保障制度分为六大类，分别是应对危机能力极强的权力下放的社会服务型、应对危机能力较强的与经济充分配合的社会保险型、应对危机能力偏强的市场驱动型、应对危机能力偏弱的政府主导—市场调节型、应对危机能力较弱的市场主导—政府调节型和应对危机能力极弱的扭曲型。随后，本书总结了每一类福利国家应对经济危机能力的特征。具体分类结果如表3-7所示。

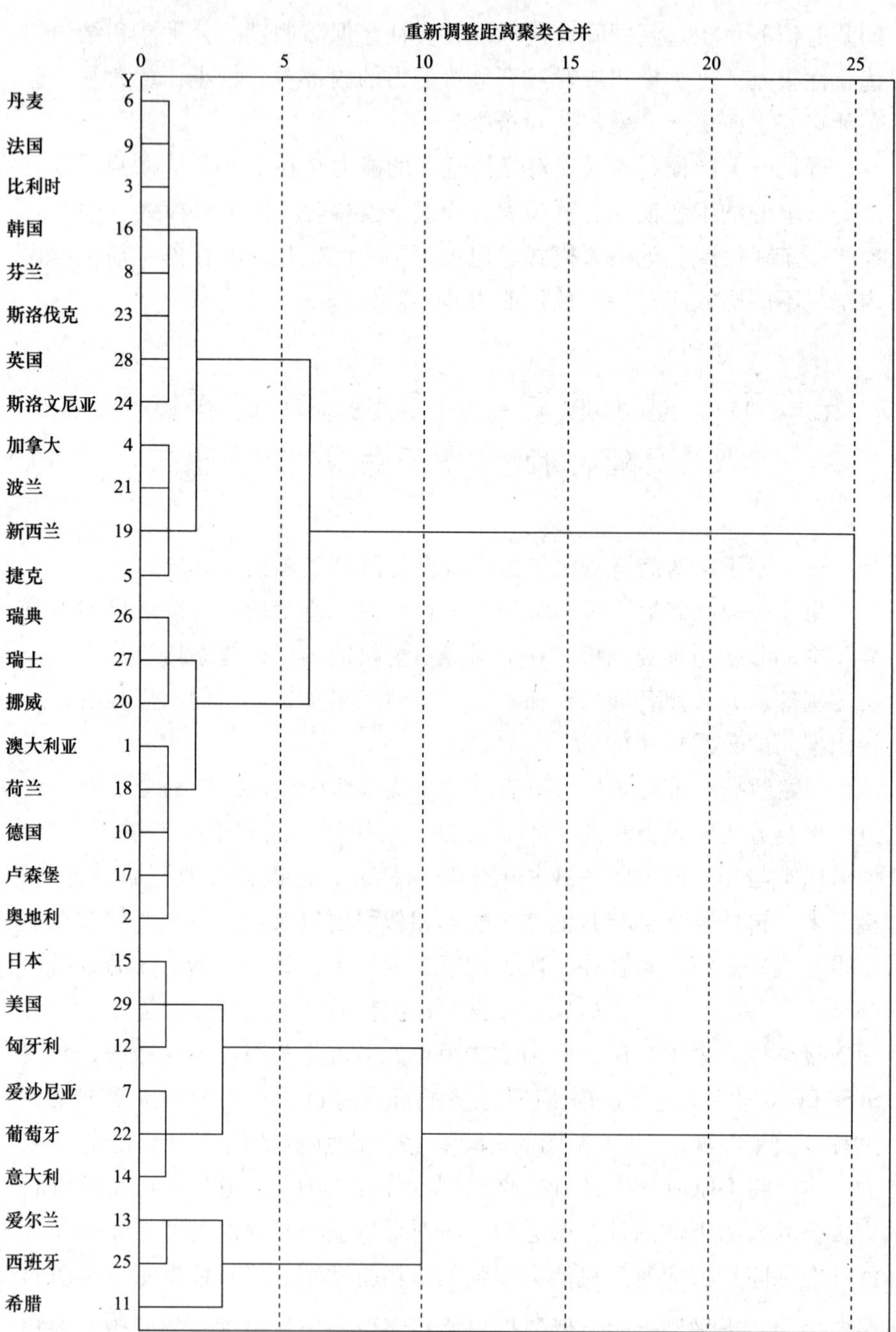

图 3－8　福利国家应对经济危机能力的聚类树状图

表 3-7 OECD 国家社会保障制度应对经济危机能力聚类结果

应对经济危机能力强弱	社会保障制度类别	包含国家	类别特征
极强	第一类：权力下放的社会服务型	瑞典、瑞士、挪威（3 个国家）	地方政府成为社会福利的主要提供者 引入竞争机制 社会服务和就业改革 社会保障水平高
较强	第二类：与经济充分配合的社会保险型	德国、澳大利亚、卢森堡、奥地利、荷兰（5 个国家）	国家角色由直接干预者转变为管理者和服务者 国家、社会与市场相互有机整合 积极的劳动力市场政策 社会保障水平较高
偏强	第三类：市场驱动型	新西兰、捷克、波兰、加拿大（4 个国家）	社会保障水平一般 危机前有一定的改革，危机后没有实施激进的社会保障改革 经济发展和财政负担较轻
偏弱	第四类：政府主导—市场调节型	韩国、芬兰、比利时、法国、丹麦、英国、斯洛伐克、斯洛文尼亚（8 个国家）	国家在福利的提供与管理中仍发挥主导作用 社会保障水平有高有低 经济发展和福利保障的关系很不协调
较弱	第五类：市场主导—政府调节型	美国、日本、匈牙利、意大利、葡萄牙、爱沙尼亚（6 个国家）	社会福利保障制度调节收入再分配的功能较差 危机时刻开始大幅度调整社会保障制度
极弱	第六类：扭曲型	希腊、西班牙、爱尔兰（3 个国家）	社会保障被民主绑架，水平较高 过分重视福利的救济作用，忽视对经济发展的促进作用 社会保障公平性差，具有明显的社会排斥

二 基于应对经济危机能力的社会保障制度聚类：特征比较

虽然聚类结果分析所得的各个类型所包含的地区数不一，但是，人为定性分析分类易犯的主观随意性被它避免了。观察因素分析和聚类分析的结果，我们发现：两者结果的先后顺序略有不同，但具有较好的一致性。同时，需要注意的是，聚类分析的社会保障类别与一般划分的社会保障模式（也称福利模式）不一致。这主要是由于近年来面对全球化、老龄化和后工业化的挑战，各国为维持制度的可持续发展，对社会保障制度进行了不同程度和方向的改革。改革后原社会保障模式下的国家之间差异化扩大。因而，在应对经济危机综合能力的评价指标下，各国重新组合为新的类别。新的类别中每一类别的国家表现出一些共同的特征。

应对能力极强的第一类国家有以下共同特征：（1）地方政府成为社会福利的主要提供者，提供最基本的医疗、教育和社会服务；（2）社会保障水平高，而且通过加强绩效管理、引入市场竞争机制等方式，减少了福利支出的刚性和财政风险；（3）以提高劳动者就业能力和获得高回报的能力为目标改革福利制度，摒弃了“养懒人”机制。

应对能力较强的第二类国家有以下共同特征：（1）社会保障水平较高；（2）国家角色由直接干预者转变为管理者和服务者，由重视福利的供给向重视教育和激活劳动力市场转变；（3）国家、社会与市场共同承担社会保障的运行成本，实现社会保障资金来源多元化，调整个人、企业和政府在社会保障开支上的责任负担，企业的出资下降；（4）实施以福利制度的可持续发展和促进就业为目标的积极劳动力市场政策，如荷兰的灵活保障制度。

应对能力偏强的第三类国家有以下共同特征：（1）社会保障水平一般；（2）危机前有一定的改革，如加拿大以社会投资为导向的改革，捷克在俾斯麦或贝弗里奇模式内的保守式改革，危机发生后没有实施激进的社会保障改革；（3）经济发展和财政负担较轻。

应对能力偏弱的第四类国家有以下共同特征：（1）社会保障水平高低不同，但国家在福利的提供与管理中仍发挥主导作用；（2）没有处理好国民经济发展和国民福利保障两者之间的关系，如韩国提倡生产型福利，重视经济发展，国民福利保障的水平较低，丹麦和芬兰的福利保障非常充分，但在金融危机中政府的财务负担较重，芬兰由 2008 年占 GDP 4.2% 的财政盈余转变为 2009 年占 GDP 2.2% 的财政赤字，甚至在 2009 年每位芬兰国民需负担的政府债务高达 1.4 万欧元。

应对能力较弱的第五类国家有以下共同特征：（1）社会保障制度

调节收入再分配的功能较差，如美国公共社会保障制度的水平较低，私人社会保障制度的水平较高，使福利的收入再分配功能有限，社会弱势群体没有得到充分的收入保障，影响了社会的稳定和个人的自我发展；(2) 危机时刻开始大幅度调整社会保障制度，给国家财政带来沉重的负担，不利于经济的恢复发展。

应对能力极弱的第六类国家有以下共同特征：(1) 社会保障被民主绑架，水平较高；(2) 过分重视福利的救济作用，忽视对经济发展的促进作用；(3) 社会保障公平性差，具有明显的社会排斥。如希腊福利制度过度攀比西方福利国家，待遇非常慷慨，公务员的替代率达到109%，但这超越了其经济承受能力，严重拖累了经济的发展。而十分严重的碎片化社保制度因缺乏公平性，减贫效果很不明显。

可见，应对经济危机能力最好的社会保障模式具有的共同特征是：公私合作的多层次社会保障体系、较高的社会保障水平且与经济发展水平相适应、合理的费用筹资水平和筹资责任分担机制、优化的倾向于积极福利的社会保障结构。其他模式由于在某个方面或某几个方面存在不足，因而弱化了其应对经济危机的能力。

第四章　典型国家社会保障制度应对经济危机能力差异的深层次分析

在第三章，我们构建了社会保障制度应对经济危机能力的综合评价指标体系，并在此基础上对OECD国家社会保障制度应对经济危机能力进行了综合评价及聚类分析。本章根据OECD国家社会保障制度应对经济危机能力聚类分析的结果，从不同类别中分别选取瑞典、德国、美国、希腊以及韩国作为典型国家，基于福利保障情况、经济发展情况、劳动力市场的失业和就业情况、社会公平状况和财政负担状况这五个方面，比较分析不同社会保障制度应对经济危机的情况，探寻危机应对能力存在差异的原因，以期得到中国完善社会保障制度的借鉴启示。①

第一节　经济危机中典型国家经济的比较分析

本节根据OECD国家社会保障制度应对经济危机能力聚类的结果，考虑到数据的可获得性，选取瑞典、德国、美国、希腊和韩国作为代表国家，对不同福利模式国家在2008年经济危机中的福利保障情况、经济发展情况、劳动力市场的失业和就业情况、社会公平状况、财政负担状况进行描述和比较分析，进而得出不同福利模式国家在不同方面和整体上表现的优劣。

① 除特殊说明外，本章的数据均来源于OECD数据库。由于新西兰、捷克、波兰和加拿大四国的数据严重缺失，故OECD国家社会保障制度应对经济危机能力聚类结果中的第三类即市场驱动型没有选择典型的代表国家。四国的社会保障制度模式在代表性上较差，因此不会对后文的分析造成严重的影响。

一　典型国家的社会保障情况

为应对经济危机，不同类别国家的社会保障支出都有所增加，社会保障水平也有所提高，且社会保障制度相对完善的国家支出和水平变化的幅度相对较小（见表4－1至表4－3）。具体来说，从人均公共社会保障支出和公共社会保障水平来看，危机前后瑞典和德国都是较高的，美国和希腊居中，韩国则很低。但从其变化率来看，韩国和美国在危机中提高公共社会保障水平和人均社会保障支出较多；瑞典和德国则因为危机前已经建立了较完善的社会保障制度，提高公共社会保障水平和人均社会保障支出相对较少；希腊则因为制度的公平性较差致使公共社会保障水平提高较多、人均社会保障支出增加却不多。从私人社会保障水平来看，只有美国私人社会保障的水平偏高，瑞典、德国的水平比较适度，而希腊和韩国的水平偏低。但从其变化率来看，韩国私人保障相对于公共保障而言，水平偏高，在危机中降低了私人保障的水平；其他国家从不同程度提升了私人保障水平，美国是小幅提升，瑞典和德国是稳步提升，希腊则是大幅提升。可见，危机中不同类别国家调整了公共福利保障和私人福利保障在社会保障制度中所占比重，瑞典、德国和希腊增加了私人福利保障的水平，美国和韩国则加大了公共社会福利的比重。

表4－1　　人均公共社会保障支出及其变化率　　单位：美元、%

国家	2007年	2008年	2009年	2010年	2011年	变化率
瑞典	10388.10	10770.60	11061.40	11020.40	11362.90	8.58
德国	8810.30	9282.20	9929.20	10277.00	10471.00	15.86
美国	7515.80	7935.80	8750.40	9232.00	9375.30	19.83
希腊	5968.60	6607.70	7247.60	6880.90	6950.50	14.13
韩国	1975.50	2196.00	2469.20	2530.40	2611.20	24.35

表4－2　　公共社会保障水平及其变化率　　单位:%

国家	2007年	2008年	2009年	2010年	2011年	变化率
瑞典	27.03	27.19	29.42	27.85	27.21	0.64
德国	24.81	25.01	27.60	26.82	25.55	2.88
美国	15.79	16.45	18.51	19.25	18.97	16.78
希腊	21.47	22.22	24.38	24.24	25.70	16.44
韩国	7.57	8.23	9.38	8.97	8.99	15.78

表 4 - 3　　私人社会保障水平及其变化率　　单位:%

国家	2007 年	2008 年	2009 年	2010 年	2011 年	变化率
瑞典	2.90	3.00	3.20	3.20	3.20	10.34
德国	2.90	3.10	3.30	3.20	3.20	10.34
美国	10.20	10.10	10.10	10.80	10.90	6.86
希腊	1.50	1.70	1.80	1.90	1.90	26.67
韩国	2.50	2.20	2.50	2.40	2.20	-12.00

二　典型国家的经济衰退情况

经济危机使不同类别国家的经济增长率出现下滑，多数甚至出现经济的倒退。从表 4 - 4 来看，经济危机最严重的 2009 年，只有韩国还保持着经济增长，其他国家均处于严重的经济衰退之中。截至 2010 年，希腊的经济发展情形最为糟糕，一直是负增长，远远低于经济危机以前 2007 年的水平，并且又深陷债务危机之中；瑞典、德国、美国、韩国的经济增长率在 2010 年超越危机前 2007 年的水平，比较而言，瑞典、美国、德国超过的幅度较大，可见经济得到恢复和发展的情况最好；从实际 GDP 增长率的水平来看，韩国和瑞典的最高，德国和美国次之。综合来看，我们认为，在经济危机中，瑞典在经济发展方面情况最好，德国和美国表现次之，接下来是韩国，希腊则表现相当差。

表 4 - 4　　典型国家的经济发展状况　　单位:%

国家	经济增长率	2004 年	2005 年	2006 年	2007 年	2008 年	2009 年	2010 年	2010 年相比 2007 年的增长率
瑞典	实际 GDP 增长率	4.32	2.82	4.69	3.40	-0.56	-5.18	5.99	0.76
德国	实际 GDP 增长率	1.18	0.71	3.71	3.27	1.05	-5.64	4.09	0.25
美国	实际 GDP 增长率	3.79	3.35	2.67	1.78	-0.29	-2.78	2.53	0.42
希腊	实际 GDP 增长率	4.95	0.89	5.82	3.54	-0.44	-4.39	-5.45	-2.54
韩国	实际 GDP 增长率	4.90	3.92	5.18	5.46	2.83	0.71	6.50	0.19

三　典型国家的失业和就业情况

（一）失业率

2008 年经济危机的爆发，一方面带来失业人数剧增，另一方面造成就业更加困难。进入21世纪，从整体失业率的趋势来看（见表4－5），瑞典和美国在经济危机前有所上升，但幅度不大，经济危机之后失业率明显提高；德国从比较高的失业率一直下降；希腊在经济危机前也有所下降；韩国表现较好，失业率稳定在3%—4%。从整体失业率的水平来看（见图4－1），经济危机之前，德国和希腊较高，瑞典居中，美国和韩国较低；经济危机之后，希腊最高，2009—2012年的次高是美国，第三高是瑞典，2013—2014年的次高是瑞典，第三高是美国，再次是德国，最后是韩国。进入新千年，失业率在性别的差异上也有所变化：瑞典在危机之前女性失业率高于男性，危机之后反而低于男性；德国女性的失业率开始比男性的低；美国男女失业率差别依旧不大、只是变成了男性略高；希腊男女失业率的差距在经济危机之后开始缩小。从男性失业率的水平上来看（见图4－2），经济危机之前，德国和瑞典较高，希腊居中，美国和韩国较低；经济危机之后，希腊逐渐最高，2009—2012年的次高是美国，第三高是瑞典，2013—2014年的次

表4－5　　典型国家劳动年龄人口失业率情况

国家	性别	2000年	2005年	2006年	2007年	2008年	2009年	2010年	2011年	2012年	2013年	2014年
瑞典	男性	6.3	7.92	6.95	5.98	6.03	8.81	8.89	8.02	8.43	8.43	8.42
	女性	5.42	7.59	7.18	6.5	6.63	8.08	8.59	7.85	7.81	7.99	7.78
合计		5.88	7.77	7.06	6.23	6.31	8.46	8.75	7.94	8.13	8.22	8.12
德国	男性	7.57	11.5	10.49	8.63	7.51	8.21	7.61	6.13	5.66	5.62	5.41
	女性	8.13	11.01	10.33	8.89	7.74	7.39	6.63	5.65	5.24	4.98	4.7
合计		7.82	11.28	10.42	8.75	7.61	7.83	7.16	5.91	5.46	5.33	5.08
美国	男性	3.92	5.13	4.69	4.78	6.17	10.46	10.68	9.52	8.34	7.76	6.36
	女性	4.14	5.15	4.69	4.55	5.48	8.15	8.73	8.55	7.97	7.18	6.14
合计		4.02	5.14	4.69	4.67	5.85	9.38	9.77	9.07	8.16	7.49	6.25
希腊	男性	7.64	6.34	5.8	5.33	5.22	7.1	10.22	15.38	21.82	24.7	23.79
	女性	17.47	15.56	13.89	13.05	11.64	13.43	16.51	21.71	28.4	31.56	30.37
合计		11.56	10.14	9.15	8.53	7.88	9.77	12.91	18.11	24.69	27.7	26.7
韩国	男性	5.14	4.15	3.98	3.83	3.71	4.26	4.09	3.69	3.46	3.44	3.67
	女性	3.83	3.59	3.11	2.8	2.8	3.19	3.43	3.2	3.07	2.99	3.63
合计		4.6	3.92	3.62	3.41	3.34	3.82	3.82	3.49	3.3	3.25	3.65

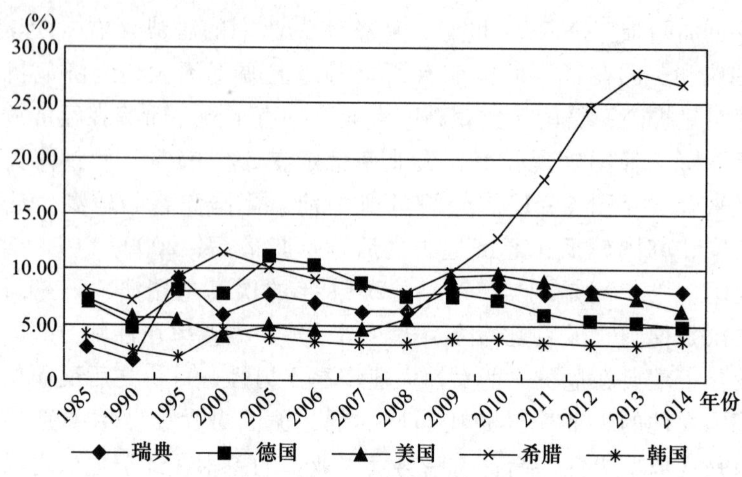

图4－1　典型国家劳动年龄人口整体失业率情况

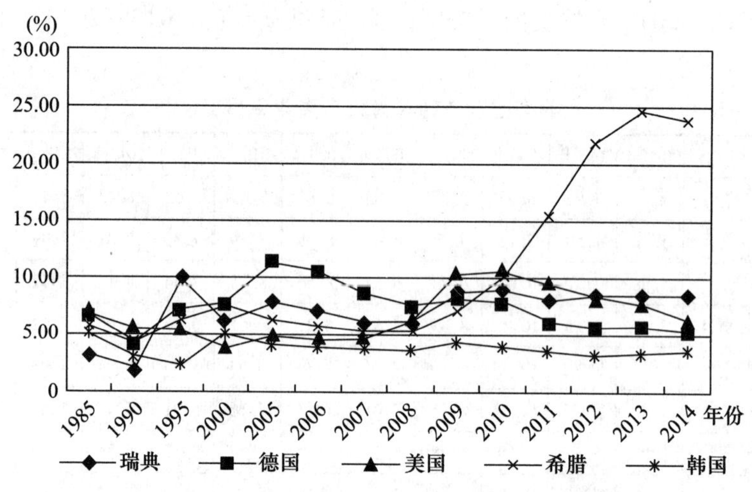

图4－2　典型国家劳动年龄人口男性失业率情况

高是瑞典，第三高是美国，再次是德国，最后是韩国。从女性失业率的水平上来看（见图4－3），经济危机之前，希腊和德国较高，瑞典居中，美国和韩国较低；经济危机之后，希腊最高，其次是相差不多的美国和瑞典，美国略高，从2013年起瑞典略高，再次是德国，最后是韩国。从青年失业率的情况来看（见图4－4），经济危机之前，各国都处于下降趋势，韩国的情况最好，希腊的情况最糟糕；经济危机之后，除

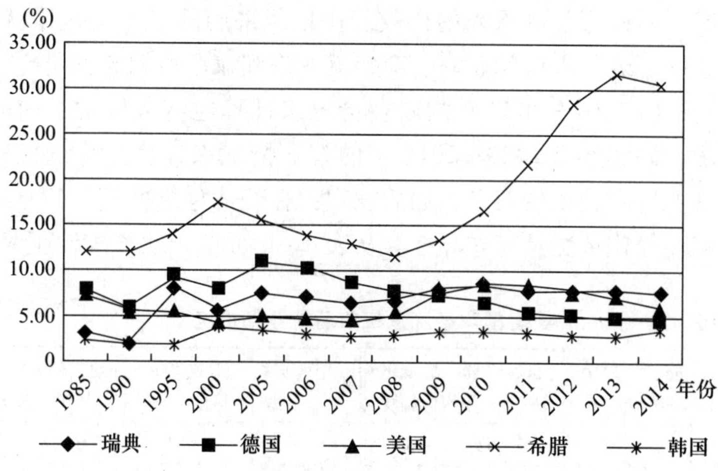

图4－3　典型国家劳动年龄人口女性失业率情况

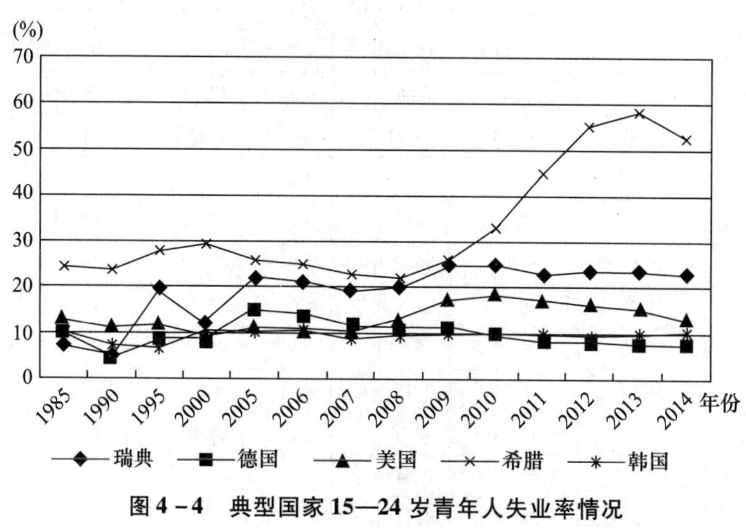

图4－4　典型国家15—24岁青年人失业率情况

德国以外，其他四国都有所上升，希腊更是翻了一番。由上面的分析还可以看出：经济危机发展到目前，整体失业率、男女性别失业率和青年失业率的趋势大体上是一致的，在经济危机中韩国和德国表现最好，瑞典和美国表现次之，希腊表现较差。

（二）就业率

为了进一步探索危机中典型国家在劳动力市场上的表现，本书又从就业状况方面进行了更深入的比较。比较所采用的指标是整体就业率、女性就业率、老年人口就业率、青年就业率和兼职雇佣的就业率。

我们选取2001—2007年的就业情况来计算经济危机发生前的平均就业情况，同时选择2008—2014年的就业情况来计算经济危机发生后的平均就业情况，比较两者，然后发现：在经济危机前后，各模式典型国家的就业变化情况具有差异性。从表4－6可见，就整体就业率而言，

表4－6　　　　典型国家经济危机前后就业率情况①

国家	就业率指标	危机前(2001—2007年) 平均	危机后(2008—2014年) 平均	变化幅度	国家	就业率指标	危机前(2008—2014年) 平均	危机后(2008—2014年) 平均	变化幅度
瑞典	整体	74.49	73.62	-0.87	美国	整体	71.83	67.78	-4.05
	女性	72.46	71.5	-0.96		女性	65.98	62.98	-2.99
	老年	69.06	72.03	2.97		老年	60.33	60.84	0.51
	青年	45.27	40.51	-4.76		青年	54.63	46.96	-7.67
	全职	77.57	76.51	-1.06		全职	82.62	80.92	-1.71
	兼职	22.43	23.49	1.06		兼职	17.38	19.08	1.71
	女性	74.87	69.54	-5.32		女性	67.3	64.18	-3.12
德国	整体	66.07	72.1	6.03	希腊	整体	58.91	55.06	-3.85
	女性	59.95	67.14	7.19		女性	45.02	44.75	-0.27
	老年	43.17	59.77	16.6		老年	40.99	39.06	-1.93
	青年	44.09	46.91	2.83		青年	25.43	17.23	-8.2
	全职	76.99	73.28	-3.71		全职	95.18	92.71	-2.47
	兼职	23.01	26.72	3.71		兼职	4.82	7.29	2.47
	女性	83.04	79.71	-3.32		女性	68.87	63.86	-5.01
韩国	整体	63.35	63.99	0.64					
	女性	52.15	53.36	1.21					
	老年	58.96	62.43	3.47					
	青年	29.49	23.86	-5.63					

① 女性就业率是指15—64岁的人口中女性就业的比率，它反映就业在性别结构方面的差异；老年就业率是指55—64岁的人口中老年员工所占的比率；青年就业率是指15—24岁的人口中青年员工所占比重，它反映就业在年龄结构方面的差异；兼职就业率是指兼职就业人口占总就业人口比重，它反映就业灵活性方面的差异。

德国表现可谓一枝独秀，不但没降反而上升了6.03个百分点；其次是韩国，受冲击较小，现已恢复到经济危机前的水平，平均整体就业率还略有上升；瑞典的情况也不错，较经济危机前下降的幅度控制在1个百分点内；美国和希腊的情况比较差，平均整体就业率分别下降了4.05个百分点、3.85个百分点。但是，危机过后瑞典依然是整体就业率（73.62%）最好的国家；德国紧追其后，以72.1%的整体就业率位居第二；美国和韩国的整体就业率超过60%，分别是67.78%和63.99%；希腊则以55.06%的整体就业率垫底。

弱势群体的就业变化情况具有差异性，也兼具有一致性。差异性表现在：（1）从女性就业率而言，德国表现突出，上升的幅度高达7.19个百分点；其次是韩国，也上升了1.21个百分点；瑞典（0.96）和希腊（0.27）的降幅在1个百分点内；美国的情况很差，下降了2.99个百分点。但是，危机过后瑞典的女性就业率（71.50%），仍然最高；德国紧追其后，以67.14%的女性就业率位居第二；美国的女性就业率虽降幅较大，但62.98%的比例仍很高，也远高于韩国的53.36%和希腊的44.75%。（2）老年就业率受经济危机影响较小，但仍有升降方向和幅度大小上的差别。德国的上升幅度依旧最大，达到16.60个百分点；其次是韩国3.47个百分点、瑞典2.97个百分点、美国0.51个百分点。只有希腊下降了1.93个百分点。（3）青年就业率受经济危机影响较大，基本上都是下降趋势，只有德国风景独好，上升了2.83个百分点。其他代表国家都有不同幅度的下降。瑞典和韩国稍好，分别下降了4.76个和5.63个百分点；美国和希腊则降幅超过7个百分点，分别为7.67个和8.2个百分点。

从表4－7可见，一致性表现在：（1）不论危机前后，各代表国家的女性就业率均低于整体就业率，但是，相比危机前，危机之后两者之间的差距基本上在缩小。只有女性就业率和整体就业率同在70%以上的瑞典，两者之间的差距有2.04%—2.12%的小幅扩大。（2）无论危机前后，各代表国家的老年就业率和青年就业率均低于整体就业率，不同的是，危机过后各代表国家的老年就业率与整体就业率之间的差距在缩小，而青年就业率与整体就业率之间的差距在扩大。（3）无论危机前后，各代表国家的青年就业率均低于老年就业率和女性就业率，而且和两者的差距越来越大。

表 4－7　典型国家经济危机前后弱势群体就业率变化趋势

国家	变化趋势		
	女性就业率低于整体就业率	老年就业率低于整体就业率	青年就业率低于整体就业率
瑞典	扩大	缩小	扩大
德国	缩小	缩小	扩大
美国	缩小	缩小	扩大
希腊	缩小	缩小	扩大
韩国	缩小	缩小	扩大

全职就业率①受经济危机影响较大，都呈现下降的趋势。瑞典、德国、美国和希腊分别下降了 1.06 个、3.71 个、1.71 个和 2.47 个百分点。兼职就业率受经济危机影响推动，都呈现上升的趋势。值得注意的是，男性的兼职就业比例在提高，而女性的兼职就业比例在下降。在各模式的典型国家中都出现了这种情况。相较危机之前，瑞典、德国、美国和希腊四国男性的兼职就业率分别上升了 5.32 个、3.32 个、3.12 个和 5.01 个百分点。

综合上面的分析，我们认为，在经济危机中，瑞典和德国表现最为显著，瑞典就业的绝对数值仍然较高，德国就业的增幅情况较为显著；韩国和美国表现次之；希腊表现最差。还有一点就是，各社会保障类别中典型国家的女性就业率、老年就业率、兼职就业率呈现上升趋势。这几个指标的绝对数值和变化幅度和一国的整体就业率正相关。但青年就业率呈现下降趋势。青年沦为最为弱势的就业群体。

四　典型国家的社会公平状况

在经济危机的背景下，有效的福利政策会将全社会创造的、本来由财富阶层所拥有的一部分财富，通过转移支付手段再分配到中下阶层手中，缩小社会贫富差距，缓解社会成员的贫困状况，进而提高全社会的消费能力，从而保证整个社会的购买力。我们用公共社会支出占 GDP 比重、贫困率和基尼系数来反映社会的公平状况。从公共社会支出上看，瑞典和德国的社会保障水平较高，公共社会支出占 GDP 比重接近

① 在 OECD 数据库中没找到韩国全职和兼职就业率的数据，故这部分没有分析韩国的情况。

30%；希腊和美国次之，在25%和20%左右；韩国的社会保障水平较低，公共社会支出占GDP比重不足10%。一般认为，高水平的社会保障制度能够实现较高水平的社会公平。经济危机中，各国保持社会相对稳定的重要因素中，有一点不可忽视，那就是相对公平的社会财富分配。基尼系数通常被用来反映社会财富分配的公平程度。从表4－8来看，典型国家的基尼系数的绝对水平都处于0.4的警戒线之下，即使在危机的冲击下也依然如此。德国和瑞典的基尼系数显著较低，韩国和希腊相对较高，但仍低于美国的水平。另一个反映社会财富分配公平状况的指标——贫困率，在典型国家中，它的情况和基尼系数的情况相类似。因此，我们认为，在经济危机中，瑞典和德国的社会公平状况最好，韩国的表现次之，希腊和美国表现较差。

表4－8　　典型国家的社会公平状况

年份	瑞典			德国			美国			希腊			韩国		
	①	②	③	①	②	③	①	②	③	①	②	③	①	②	③
2004	29.2	0.114	0.234	26.8	0.147		15.7			20			6		
2005	28.7			27	0.153	0.297	15.5	0.238	0.38	21.1	0.199	0.346	6.5		
2006	28.1			25.8	0.145	0.29	15.7		0.384	21.3	0.203	0.339	7.4	0.204	0.306
2007	27			24.8	0.151	0.295	15.8		0.376	21.5	0.2	0.333	7.6	0.208	0.312
2008	27.2	0.164	0.259	25	0.143	0.287	16.4	0.244	0.378	22.2	0.198	0.33	8.2	0.206	0.314
2009	29.4	0.166	0.269	27.6	0.157	0.288	18.5	0.234	0.379	24.4	0.208	0.331	9.4	0.211	0.314
2010	27.9	0.174	0.269	26.8	0.153	0.286	19.3	0.242	0.38	24.2	0.215	0.339	9	0.205	0.31
2011	27.2	0.174	0.273	25.5	0.15	0.293	19	0.242	0.389	25.7	0.223	0.337	9	0.209	0.311

注：①代表公共社会支出占GDP比重；②代表税收和转移支付后60%贫困线的贫困率；③代表税收和转移支付后可支配收入的基尼系数。

五　典型国家的财政状况

从表4－9来看，政府净贷款和政府债务情况最好的是韩国，其政府债务占GDP比重远低于《马斯特里赫特条约》（以下简称《马约》）60%的警戒线，只在2009年出现过政府财政赤字；瑞典的财政受经济影响出现赤字，但一直控制在《马约》规定的政府财政赤字的警戒线

3%以内，政府债务和危机前相比变动不大；德国的政府财政赤字在危机之初增长较快，随后很快好转，到2013年出现财政盈余，政府债务虽受危机影响超过《马约》60%的警戒线，但超过幅度不大且可控；美国和希腊的财政赤字和政府债务占GDP比重远超《马约》的警戒线，都在警戒线的两倍以上，有失控的危险。因此，我们认为，在经济危机中，韩国和瑞典的财政状况最好，德国的表现也不错，并且发展趋势较好，美国和希腊情况就比较糟糕了。

表4－9　　典型国家政府净贷款或政府债务占GDP比重　　单位:%

年份	瑞典		德国		美国		希腊		韩国	
	财政赤字	政府贷款或政府债务占GDP比重	财政赤字	政府贷款或政府债务占GDP比重	财政赤字	政府贷款或政府债务占GDP比重	财政赤字	政府贷款或政府债务占GDP比重	财政赤字	政府贷款或政府债务占GDP比重
2005	1.811	63.56	-3.3	69.87	-4.15	78.1	-5.64	111.4	3.381	24.02
2006	2.184	57.29	-1.5	68.03	-2.97	75.53	-6.11	117.9	3.921	26.86
2007	3.338	51.83	0.31	63.98	-3.55	75.67	-6.72	112.8	4.66	26.83
2008	1.953	50.48	-0.02	67.84	-7.02	91.74	-9.91	117.2	2.963	27.77
2009	-0.72	54.34	-3.03	75.29	-12.7	104.5	-15.3	134.6	-1.14	30.83
2010	-0.03	51.67	-4.1	83.81	-12	114.9	-11.1	128.3	0.973	31.7
2011	-0.08	52.59	-0.9	83.26	-10.6	120.5	-10.1	110.2	0.975	33.14
2012	-0.93	53.33	0.09	86.16	-8.87	123.3	-8.6	164.2	1.013	34.73

综合上文的分析，我们对金融危机中瑞典、德国、美国、希腊以及韩国在福利保障、经济发展、劳动力市场、社会公平、财政负担五个方面和整体上的表现进行概括和总结，得到表4－10。可见，作为权力下放的社会服务型国家，瑞典在整体、福利保障、经济发展和社会公平方面的表现都最好，在劳动力市场和财政负担上的表现也比较好；作为与经济充分配合的社会保险型国家，德国在整体和各个方面的表现略次于瑞典，但很抢眼，并且发展势头良好；作为政府主导—市场调节型国家，韩国的财政负担较轻，失业情况较轻，但整体福利水平偏低，表现一般；作为市场主导—政府调节型国家，美国在福利保障、经济发展和

劳动力市场上的表现一般，社会公平性差，财政负担偏重，整体表现较差；作为扭曲型发展的国家，希腊在整体上表现最差，各个方面的表现都差强人意。因此，我们得出：权力下放的社会服务型和与经济充分配合的社会保险型在应对经济危机的能力上强于政府主导—市场调节型和市场主导—政府调节型，更强于扭曲型。下面第二节到第六节的内容将对应对危机能力强弱的原因进行比较分析。

表 4-10　　典型国家在金融危机中的表现①

国家	福利保障	经济发展	劳动力市场		社会公平		财政负担	整体
	社会保障水平及其变化率	经济增长率及其变动	失业率及其变动	就业率及其变动	基尼系数及其变动	贫困率及其变动	政府净贷款或政府债务占 GDP 比重及其变动	
瑞典	1	1	3	1	1	2	1.5	
德国	2	2	2	2	2	3	2.2	
美国	3	3	4	3	5	4	3.7	
希腊	5	4	5	5	4	5	4.7	
韩国	4	5	1	4	3	1	3	

第二节　经济危机中典型国家社会保障制度自身适应能力的差异性比较

在 2008 年经济危机之前，瑞典、德国、美国、希腊和韩国都对本国社保制度进行了改革，但改革的理念、时间和程度不同。这些差异造成典型国家的社保制度在经济危机中有不同的自身适应能力。

瑞典由于妥协与合作的传统、科学的政策制定态度、广泛的政府委员会作用和认同传统，不断创新对福利国家的改革。最新的改革中心点是打破制度刚性，减少财政风险，提升个人的就业能力。受 20 世纪 70

① 表中数字代表在金融危机中表现的排序，数字越小越好，其中整体水平是福利保障、经济发展、劳动力市场、社会公平和财政负担五个方面的平均值。

年代两次石油危机影响，瑞典财政负担沉重。在 20 世纪 80 年代及以后瑞典实施了一系列调整社会保障津贴标准的紧缩政策，有效地抑制了社会保障支出的增长趋势。在 1997 年的经济危机之后，其加大了福利的改革力度：一是对社会保障的筹资模式进行了改革，强化个人责任，增加个人的社保缴费，减轻政府的巨大财政压力和企业沉重的缴费负担；二是强化地方政府的社保责任，推行社保管理地方化；三是推进市场化，大力支持职业年金发展，在医疗保健和健康保险领域引入竞争机制，谨慎开展部分社保项目的私营化；四是强调“工作义务”的就业改革。上述改革改变了福利国家的组织模式，增加了福利制度的弹性和活力，提升了福利制度的实际效果，使其制度优势在 2008 年经济危机中再次显现。

德国在继承社会市场经济道路的基础上对社会保障制度不断进行改革。最新的改革中心点是将国家、社会、市场进行相互结合和整合，以努力均衡福利发展和经济增长之间的关系。为平衡收支，首先，科尔政府进行了延长退休年龄至 65 岁的参数式改革和针对突出的社会保险问题的局部式改革。1998 年，施罗德政府实施了开源但不节流的改革，重点是调整增值税，开征生态税，降低养老保险缴费率，提高养老保险给付标准。随后不久，施罗德政府意识到，只有全面且广泛的社会保障改革才能帮助德国调整福利国家理念，重新拥有国际竞争力。因此，德国拉开大刀阔斧的社保改革。改革突出的变革不是改变福利国家模式和保障水平，而是养老金领域的结构性调整、医疗领域的竞争机制引入、劳动力市场的积极化改革。通过调整社会保障制度的结构和运行机制，德国减少了政府在社会保障中的直接干预，将政府的角色更多地定位于组织者、监督者和协调者；加大了对个体责任和积极性的重视；发展了补充层次的私人保险和企业保险。这样的改革既帮助德国实现了社会、经济、劳动力市场领域的平衡状态，也帮助德国在经济危机中取得了不俗的表现。

美国受个人主义价值观的影响，其福利制度在自由主义和保守主义的相互较量、妥协、作用下不断向前发展。自 20 世纪 70 年代以来，美国福利制度主要向保守主义转型，改革中心点是以市场化和私营化为主导改善社会保障制度的财务状况。从里根政府和布什政府到克林顿政府和小布什政府，再到奥巴马政府，采取的主要改革措施有：（1）弱化联邦政府的主导作用，提高社会福利事业的私营化程度；(2) 建立社会保障基金制，将现收现付与基金积累结合，实现保值增值；(3) 延迟退休年龄；(4) 加强医疗费用管理；(5) 强调"工作福利"，削减"救济福利"。美国的改革使其公共支出没有过多增加。福利刚性表现并不明显，而且制度具有灵活性，但其调节收入分配进而促进公平的能力较差。

希腊的社会保障制度早已存在诸多问题：碎片化严重，公平性较差；被民主绑架，保障水平远超经济发展水平；财政负担沉重，减贫效果不佳等。但在危机前，希腊并未成功地对社保制度进行系统性的改革。实际上，从 20 世纪 90 年代以来，希腊进行了五次改革，都以失败告终。希腊财政赤字问题严重，零星的改变收效甚微，导致其虽在加入欧元区后获得了些许红利，但也错过了改革的大好时机。在 2008 年经济危机中希腊受到重创，面临更加严重的内部和外部债务压力。于是，希腊被动地实施了新一轮的社保制度改革。改革主要包括两方面：一是减少碎片化、严格区分养老金计划类型的结构化改革；二是降低养老金替代率和增长率、改变养老金领取年龄和计算标准等养老金参数式改革。这次改革的方向和措施是对了，但成效要看政府能否真正贯彻这些措施。但愿希腊能够抓住这次社保制度发展和改革的良机。

韩国的社会保障制度在 1997 年的亚洲金融危机后得到了极大的发展。其改革中心点是在生产性福利的基础上提高制度水平。在社会支出、社会保险、公共救助、劳动力市场等方面的改革上，韩国出现了工作福利和社会福利同时存在的现象。社会支出虽快速增长，但受全球化影响，被控制在一定水平。养老保险和雇佣保险的覆盖面扩大，但以国民年金的替代率下降、雇用保险的工作福利原则为条件向全球主义做出让步。社会救助发生变化。国民生活保障法代替生活保护法；公共救助中排除了有劳动能力者，改为有劳动能力的贫困者提供自立计划；救助内容中增加了住房补贴等。劳动力市场的整体弹性增加，就业保护的严格性指数降低。只是社会福利服务没有多少改变。从收入扩大化来看，韩国的改革与保守主义类似，但其为非正规就业人员提供收入保障又具有自由主义的特点。总体来说，韩国的福利变化从近期才开始，福利水平还处于比较低的阶段。

可见，瑞典和德国及早地对社会保障制度做出了系统性的全面改革,实现了经济、社会与福利的协调发展。面对经济危机的冲击，社会保障制度的福利水平高且波动幅度较小，表现出较强的应对危机能力。

第三节　经济危机中典型国家社会保障政策应对经济衰退能力的差异性比较

这次的经济危机从一个全新的视角，证明了社会保障制度在应对经济衰退中发挥了关键性作用。它无一例外地平抑了经济波动、恢复和促进了经济发展。根据国际劳工组织发布的最新研究报告，目前不同国家之间的社会保障水平悬殊较大。只有 59 个国家提供了比较全面的社会保障，其他国家只提供部分保障或不提供任何保障；社会保障实物和现金支出结构存在国家差异；社保制度的筹资公平性也有所不同。这些差异造成典型国家应对经济衰退能力有强有弱。

一　社会保障支出水平对经济增长及总需求效应的比较

社会保障支出水平通过四个方面的作用应对经济危机：一是维持或增加收入，刺激消费；二是稳定人们对未来的心理预期，鼓励消费和投资；三是提供教育、培训、健康等各项服务，提升社会成员素质，增强风险应对能力；四是减少企业成本，鼓励企业创新，增强企业的竞争力。

典型国家的社会保障整体水平和人均水平不同，发挥的应对经济危机的作用也不同。社会保障支出水平较低不能保障原有的收入水平，不能有效发挥安全网作用，无法充分发挥拉动消费和投资的作用，成为影响内需不足的重要因素，在国际经济危机的形势下更是如此。普拉萨德和格雷克（Prasad and Gerecke）认为，不管是在经济危机发生过程中还是发生之后，增加社会支出对经济增长都不存在负面影响。因此，在经济危机初期，高水平社会保障的国家升级已有的措施，小幅增加了对社会保障的投入，略微增加了社会保障的整体水平和人均水平，并自动启动对经济环境变化的应对机制，维持个人的收入水平，发挥促进内需的作用；低水平社会保障的国家则希望通过提高保障待遇、扩大覆盖范围等措施来完善社保投入以推动消费并拉动经济恢复。具体如表 4 – 11 所示。

表 4 – 11　典型国家社会保障整体水平和人均水平（1990—2009）

单位:% 、美元

国家	社会保障制度类型	1990 年		1995 年		2000 年		2005 年		2009 年	
瑞典	权力下放的社会服务型	28.5	5493	31.8	6948	28.2	7890	28.7	9398	29.4	11061
德国	与经济充分配合的社会保险型	21.4	4585	25.9	5813	26.2	6761	27	8397	27.6	9929
美国	市场主导—政府调节型	13.1	3109	15	4288	14.2	5099	15.5	6786	18.5	8750
希腊	扭曲型	16.5	2054	17.4	2529	19.2	3512	21.1	5137	24.4	7248
韩国	政府主导—市场调节型	2.8	226.8	3.2	412.6	4.8	820.1	6.5	1470	9.4	2469

自 20 世纪 90 年代以来，瑞典和德国的社会保障水平一直较高。社会保障支出占 GDP 比重始终在 20% 以上，人均社会保障水平也基本在 5000 美元以上。到危机前的 2005 年，瑞典的整体和人均社会保障水平分别为 28.7% 和 9398 美元，德国也达到 27% 和 8397 美元。可见，两国在危机之前已经建立了完善的高水平的社会保障制度，能够自动地应对危机，刺激内需。危机之后，国家增加的社会保障支出占 GDP 比重不到 1% 。形成对比的是，直到危机之前的 2005 年，美国、韩国的社会保障支出占 GDP 比重都不到 20% ，希腊虽达到 21.1% ，但是，其人均却只有 5137 美元，还不及美国的 6786 美元，最差的还是韩国仅为 1470 美元。显然，三国在危机之前的社会保障制度还不够完善，美国和希腊的社会保障水平还较低，韩国还很低，不能自动地有效应对危机，拉动内需。因此，危机之后的 2009 年，这些国家增加的社会保障支出占 GDP 比重较低，美国和希腊增加的人均社保水平也在 2000 美元，韩国的人均增幅更是接近 70% 。同时，他们还发起了反周期性的“一揽子”经济刺激计划，增加其他社会保障待遇，加大对最弱势群体的社会保护。

二　社会保障支出结构对经济增长的影响效应比较

现金给付与实物给付是社会保障的两种给付方式。这两种给付方式的给付效应不同，从而对经济增长的刺激效应也不同。现金给付是指把货币支付给受益者。实物给付是指把免费或低于市场价格的商品或服务直接支付给受益者。

下面我们以图 4－5 和图 4－6 表示，以食物支付为例，对现金给付和实物给付的效应进行比较分析。

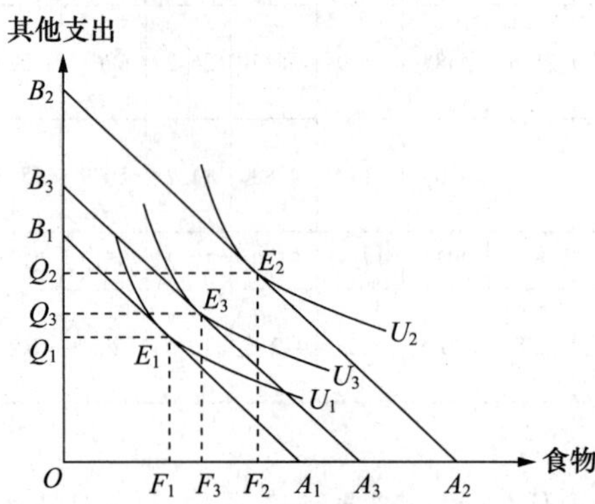

图 4－5　社会保障的现金给付效应

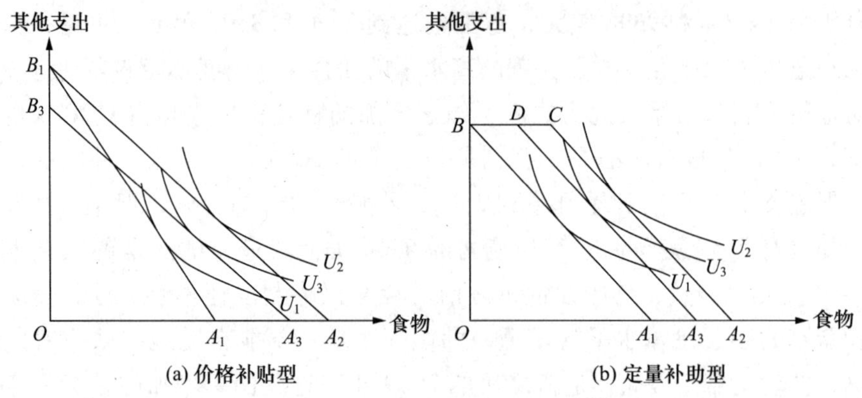

图 4－6　社会保障的实物给付效应

图 4－5 展示了现金给付效应。A_1B_1 为最初预算线，U_1 为食物与其

他商品消费的无差异曲线，E_1 为消费均衡点，对应的 F_1、Q_1 为消费的食物和其他商品的数量。社会保障现金给付后，个人或家庭的可支配收入增加。预算约束线向右移到 A_2B_2，无差异曲线变为 U_2，消费均衡点变为 E_2，消费的食物和其他商品的数量增加至 F_2、Q_2。但是，随着社会对食物和其他商品消费需求的增加，商品价格上涨，导致个人和家庭的可支配收入下降，致使预算约束线又左移，无差异曲线也向左下方移动。最终，E_3 为消费均衡点，对应的 F_3、Q_3 为消费的食物和其他商品的数量。社会保障现金给付的效应是增加了食物和其他商品的消费需求。在经济危机时期，这种效应尤其能刺激经济的增长。

图 4－6 展示了实物给付效应。其中，图 4－6（a）为价格补贴型实物给付带来的效应，图 4－6（b）为定量补助型实物给付带来的效应。所谓价格补贴型，指通过政府补贴，受益人可以凭食物券购买优惠价格或低于市场价格的食物，由政府补贴差价。A_1B_1 为最初预算线，U_1 为无差异曲线。社会保障对食物进行价格补贴后，个人或家庭可购买的食物增加。其新的预算约束线变为 A_2B_1，无差异曲线变为 U_2。但是，其他商品消费也增加了，随着社会对食物和其他商品消费需求的增加，商品价格上涨，个人或家庭可支配收入相对下降，预算约束线向左移到 A_3B_3，无差异曲线变为 U_3。社会保障以价格补贴方式进行实物给付的效应是增加了食物和其他商品的消费需求。所谓定量补助型实物给付，指通过政府补贴全部食物价格，受益人可以凭食物券购买到一定数量的食品。最初预算线是 A_1B，无差异曲线是 U_1。社会保障对食物进行定量补助后，个人或家庭可购买食物的增加。其新的预算约束线变为 A_2CB，无差异曲线变为 U_2。但是，其他商品消费也增加了，随着社会对食物和其他商品消费需求的增加，商品价格上涨，可支配收入相对下降，预算约束线向左移到 A_3DB，无差异曲线变为 U_3。社会保障以定量补助方式进行实物给付的效应是增加了食物和其他商品的消费需求。在经济危机时期，这种效应同样能发挥刺激经济增长的重要作用。

可见，虽然现金给付、价格补贴型和定量补助型实物给付对预算线的影响不同，但却同样增加了食物和其他商品的消费，增加了个人（或家庭）的效用。那么，在经济危机期间，社会保障的哪种给付方式更有效率？更能刺激经济增长呢？本书认为，是实物的给付方式。理由主要有以下两个方面：

第一，从使用角度来讲，现金给付方式中受益者拥有对现金给付的使用权。但即使是危机过程中我们也不能保障受益者把它完全用于消费。如果受益者将它用于其他用途，就起不到刺激社会消费需求、帮助经济走出困境的作用。实物给付则是针对危机期间人们最迫切的物品和服务需求，给予价格补贴和定量补助，使用效率较高，能够迅速地转化为社会消费，促进经济恢复。

第二，从管理角度来讲，现金给付的道德风险和逆向选择更为严重。给付现金可能诱惑受益者降低自我进取意识，不主动规避失业等风险，增加了危机期间资金给付的压力。而如果管理出现漏洞，审核不够严格，还会诱发政策执行过程中的逆向选择问题——把现金优先给予了富人而非亟须救助者。实物给付以基本水准针对部分人群发放补助的产品和服务，只能保证衣食住行的较低水平。对中等和高收入人群而言，这些产品和服务的“效用极低”。从而实物给付可以有效地减少政策执行过程中的逆向选择问题和道德风险问题，可以更好地保证把有限资金用到最需要的人身上。此外，相对于现金给付，实物给付还有免受通货膨胀影响的优势。

从表 4 - 12 中我们可以看到，自 1990 年起，瑞典和德国社会保障实物支出占 GDP 比重明显高于美国和希腊，更高于韩国。危机之前，瑞典的比重已超过 10%，达到 13.3%，德国也约为 10%，美国和希腊为 7.8% 和 7.2%，希腊只有 3.8%。到危机之后的 2010 年，瑞典和德国的比重继续攀升到 14.1% 和 10.7%，美国和韩国的增幅较大，达到 9.5% 和 5.3%，希腊的比重也略有增加，达到 7.7%。可见，实物支出能有效地发挥应对经济危机的作用。这在经济危机期间也得到了验证和发展。我们再从实物比重和现金比重的相对关系来看，实物支出大体平衡于或超过现金支出的国家，应对危机的能力越强，如瑞典和美国；相反，现金支出占优的国家，诸如希腊，应对危机的能力相对较弱。韩国实物和现金支出的绝对水平较低，影响了应对危机的能力。

三　社会保障制度筹资的公平性对经济增长的影响效应比较

社会保障制度的筹资公平性主要指社会保障的缴费负担是否在国家、企业和个人之间得到合理的分配。它反映社会保障制度的财务可持续性，关系着在经济危机中国家、企业和个人的经济活力。社会保障制度的筹资公平性主要通过三个方面的作用应对经济危机：一是企业负担

表 4－12　　典型国家社会保障实物支出与现金支出占 GDP 比重（1990—2010 年）　　单位:%

年份	瑞典		德国		美国		希腊		韩国	
	实物比重	现金比重	实物比重	现金比重	实物比重	现金比重	实物比重	现金比重	实物比重	现金比重
1990	11	15.8	7.2	13.3	5.4	7.5	4.4	11.9	1.6	1.2
1995	13	16.6	9.4	15.3	6.9	8	5.4	11.6	1.6	1.6
2000	12.3	14.1	9.4	15.5	6.7	7.3	6.2	12.8	2.4	2
2005	13.3	14.3	9.9	16.2	7.8	7.6	7.2	13.8	3.8	2.5
2010	14.1	12.6	10.7	15.2	9.5	9.6	7.7	16.3	5.3	3.3

合理，生产经营成本得到控制，有利于企业的扩大再生产和竞争力的提高；二是个人的缴费负担合理，可以增加个人的可支配收入，提高消费能力；三是政府的财政负担合理，可以扩大实施积极的财政政策和货币政策的空间，可以为经济复苏的刺激性政策提供坚实基础。

表 4－13 显示了瑞典、德国、希腊在 2005—2012 年社会保障缴费收入和其他三种方式收入（主要是一般税收收入）占全部社会保障收入比重。在经济危机期间，瑞典和希腊的社保缴费比重从 2007 年的 49.9% 和 58.3% 下降到 2009 年的 46.15% 和 52.48%，以一般税收为主的其他收入占比却从 50.1%、41.7% 增加到 53.85%、47.52%；德国 2008 年的社保收入构成占比还未出现明显变化，但在 2009—2010 年缴费收入下降了 1.19%，一般税收等收入上升了 1.19%。截至 2012 年，瑞典和希腊的缴费收入下降，国家税收等收入上升，德国则是与他们相反。可见，危机中瑞典的社保缴费由国家承担得较多，德国和希腊则是由企业和个人承担得更多些。这和几个国家的社保模式决定的筹资结构是一致的，也是合理的。

如表 4－14 所示，三国企业的实际缴费和应该缴费相差较大。在瑞典，两者之间的差距较小，在 1 个百分点左右；在德国，两者之间的差距较大，在 7—8 个百分点；在希腊，两者之间的差距非常大，在 15 个百分点左右。到经济危机之后的 2012 年，瑞典和德国两者的差距基本

表 4 - 13　　缴费、剩余方式占社会保障全部收入比重　　单位:%

年份	瑞典		德国		希腊	
2005	49.44	50.56	63.24	36.76	58.34	41.66
2006	48.41	51.59	63.5	36.5	57.7	42.3
2007	49.9	50.1	63.37	36.63	58.3	41.7
2008	47.8	52.2	63.61	36.39	53.85	46.15
2009	46.15	53.85	63.52	36.48	52.48	47.52
2010	47.34	52.66	62.42	37.58	53.02	46.98
2011	45.7	54.3	63.97	36.03	50.49	49.51
2012	46.31	53.69	64.43	35.57	52.07	47.93

资料来源：欧洲统一的社会保护统计体系（ESSPROS）。

表 4 - 14　　雇主缴费、实际缴费占社会保障全部收入比重　　单位:%

年份	2005		2006		2007		2008	
瑞典	40.69	39.48	39.52	38.26	40.41	39.25	38.1	36.88
德国	35.24	27.94	35.36	28.37	35.24	27.92	35.35	27.7
希腊	35.44	19.28	35.13	19.27	35.47	20.11	32.74	18.43
年份	2009		2010		2011		2012	
瑞典	36.49	35.27	37.88	36.76	36.17	34.99	36.78	35.42
德国	34.1	26.56	33.46	26.07	33.91	26.26	34.3	26.37
希腊	31.9	17.77	31.92	18.44	30.15	16.35	31.95	14.01

资料来源：同表 4 - 13。

和危机前水平持平，而在希腊表现为扩大化。另外，2012 年三个国家的企业实际缴费相比 2007 年都下降了，德国下降得最少，瑞典次之，希腊最多。这其实说明希腊社保费用实际上由国家在承担，会对国家财政造成巨大压力；也说明瑞典和德国的企业缴费相对合理，没有给企业造成过多负担。

从个人社会保险缴费负担比例来看（见表 4 - 15），德国的个人负担最重，其次是希腊，最后是韩国、美国和瑞典。但若考虑到保障水平的话，希腊和韩国的个人享受社会保障付出的成本是最高的，其次是德国，而瑞典和美国的最低。实际上，个人享受社会保障的成本越低，当下需要被延迟消费的收入越少，越有利于增加个人眼下亟须的可支配收入，继而增加消费需求，刺激经济恢复。表4－16中显示了雇主和雇员缴费率，除瑞典雇主缴费偏高外，德国、美国和韩国三者之间的缴费较为平衡合理。

整体来说，瑞典、德国、美国和韩国的缴费在国家、企业和个人之间分配得比较合理，而希腊则政府负担较重。因此，希腊社保制度在促进经济恢复上明显弱于其他几个国家。

表4－15　　个人和市场的社会保障负担　　单位：%

国家	个人缴费在养老保险中的比例	个人缴费在医疗保险中的比例	个人缴费在失业保险中的比例	社会保险总缴费率
瑞典	37.02	0.00	0.00	30.40
德国	50.00	53.02	50.00	38.90
美国	26.67	26.67	20.00	16.10
希腊	33.35	33.33	33.25	33.70
韩国	50.00	50.00	31.03	16.10

注：用单位和个人综合的社会保险缴费水平来表示市场社会保障负担，用个人缴费在社会保险缴费中的比例来表示社会保障的微观个人负担。

资料来源："Social Security Programs Throughout the World"，其中韩国的数据为2008年，美国的数据为2009年，瑞典、德国和希腊的数据为2010年。

表4－16　　社会保障税（费）率　　单位：%

国家	雇主	个人	合计
瑞典	23.4	7	30.4
德国	21	20.6	41.6
美国	8.45	7.65	16.1
韩国	7.94	7.19	15.13

资料来源：曾海军：《基本养老金替代率为何连年下降?》，《中国保险报》2014年6月4日。

第四节 经济危机中典型国家社会保障制度应对失业能力的差异性比较

为什么在此次金融危机中典型国家在应对失业的能力上存在明显的不同呢？本书认为，这主要和典型国家的劳动力市场政策以及平衡家庭与工作关系的家庭政策有关。典型国家的这两种政策差异明显。下面将基于这两种政策对典型国家应对失业的能力差异进行详细分析。

一 劳动力市场政策积极转型的时间和深度差异导致的失业率不同

目前，采用各种社会保障制度的国家在劳动力市场政策上都在朝着积极化方向发展。这从各国更加严格地控制津贴发放可以得到印证。经合组织的调查同样发现，各国在数量和种类上都增加了更多激活求职者的手段，进一步强调了就业激励和积极化的元素。尽管各国在朝着同一方向前进，但是，劳动力市场政策发生积极化转型的时间和深度不同，决定了它们在应对失业上的能力有所差异。

（一）瑞典：积极劳动力市场政策最早的倡导者

早在20世纪50年代，瑞典就推行了针对冗余雇员实施再培训的制度，是积极劳动力市场政策（ALMP）最早的倡导者。然而，从20世纪80年代到90年代早期，创造工作岗位和培训是瑞典的劳动力市场政策。这种政策更加侧重于为市场就业提供替代方案，而不导向重返劳动力市场。① 进入20世纪90年代中期，ALMP更加致力于让被排除在外的个体重新返回劳动力市场。这个阶段就业要求被强化，具体表现在：一个人如果失业一百天后还没实现再就业，就会被强制接受一份工作。这份工作的工资会比失业津贴低将近10%，地点则可能在国内任何一个地方。② 2001年2月，瑞典进一步加强了支持就业取向的劳动力市场政策。这次主要通过失业保险改革来达成。首先，废弃通过参与劳动力

---

① G. Bonoll, "The Political Economy of Active Labour Market Pollcies", *Polltics & Society*, Vol. 38, No. 1, 2010, pp. 435 – 457.

② J. Clasen, J. Kvlst and W. Vanoorschot, "On Condition of work: Increasing work requlrement in unemployment compensation schemes", In M. Kautto, J. Frltzell and B. H. VInden et al. (eds.) *Nordic Welfare States in the European Context*, London: Routledge, 2001, pp. 161 – 184.

市场项目才能重获失业保险权益的做法。因为长期失业者不愿重新就业在很大程度上和该做法有关。这在很多研究中得到证实。其次，引入了“活动保障”。这种“保障”方式明确指向重新就业的带有更多个性化的活动，主要针对长期失业者或者面临长期失业风险者。[①②] 如今，积极激励和消极激励相结合是瑞典劳动力市场政策的取向。瑞典最早的劳动力积极化转型使如今高度灵活的劳动力市场应对经济危机中失业的能力较强。

（二）德国：主动全面的劳动力市场改革

一般认为，德国积极化劳动力市场政策范式始于2003—2004年的“哈兹改革”。实际上，早在20世纪90年代，德国就迎着这一范式进行改革，并出台了一系列重点针对长期失业津贴的紧缩措施。这些举措使失业津贴丧失原有的吸引力。其中，1996年的《促进就业法案》是最重要的措施。它标志着德国解决劳动力市场问题的范式的根本性转移。法案进一步减少了长期失业津贴，严格了获得条件，还引入了求职要求。结果是工作机会符合预期地被失业者接受了，即使这些工作不如他们以前的工作。[③] 可惜的是，全国劳动力市场形势恶化的趋势没有被制止住。截至1998年，失业率不断攀升。2001年《劳动力市场政策手段改革法案》开始实施，其中包括对求职进行更严格的监督、对失业者进行登记、对劳动合同进行重新整合和对工资发放补贴等一些普通的积极化措施。此法案进一步推进了德国朝着丹麦等国家的方向积极化转型。[④] 随后几个月，由格哈德·施罗德总理带领的社会民主主义政府，为探寻劳动力市场的现代化方案，专门组建了由彼得·哈兹领衔的委员会。这一委员会显著的不同是，雇主协会（BDA）与工会（DGB）并未被纳入其中。哈兹委员会提出了包含支持失业者自主创业、建立向失业者提供短期安置服务的专门机构、整合长期失业津贴与社会救济、引

---

① The Ministry of Finance and the Ministry of industry, Employment and Communications, “Sweden's Action Plan for Employment”, http://www.sweden.gov.se/content/1/c6/01/98/47/471e04fg.pdf, 2012-01-20.

② V. Timonen, *New Risks - are They Still New for the Nordic Welfare States? New Risks, New Welfare*, Oxford: Oxford University Press, 2004, pp. 83-110.

③ J. Clasen, *Reforming European Welfare States: Germany and the United Kingdom Compared*, Oxford: Oxford University Press, 2007, pp. 610-612.

④ 郑秉文、和春雷：《社会保障分析导论》，法律出版社2001年版，第3页。

入“失业津贴Ⅱ”等内容的“哈兹Ⅳ改革”方案。方案具体包括：对劳动力市场的体制壁垒进行删除，弱化解雇保护，实施灵活的解雇措施；对就业形式进行多样化改革，如倡导“微型工作”“一人公司”等；对失业救济制度进行改革，将失业保险金领取期限缩短，将以前的社会救济和失业救济进行整合，并且将领取金额减少以刺激劳动者的就业积极性。德国政府克服在“议程2010”的改革项目中的困难，将这些措施实施。可见，德国在减少公开性失业方面已经实现了从完全消极的方式到致力于主动激活失业者的转变。由此，德国劳动力市场出现了积极迹象：失业率开始下降、劳动力成本长期负增长。这使德国在2008年经济危机中应对失业的能力也较强。

（三）美国：强调工作福利改革

在美国，积极化劳动力市场政策首先体现在1962年的“公共福利修正案”当中。它表明社会保障立法产生了重大变化，且首次特别认识到公共福利当中预防性、保护性与恢复性服务的重要性。当时的肯尼迪总统在签署法案时曾指出，这项代表新取向的措施，既强调要支持有需要的人也要提供服务，不提倡单纯救济而鼓励人们恢复自立能力。同时，他认为，该修正案要培养人们的技能，帮助人们做有用的工作而不是长期依赖福利。在此基础上，他希望修正案达成预防或减少福利依赖、鼓励自力更生、维护功能完好的家庭作用、恢复发挥不足的家庭功能的目标。[①] 1967年美国约翰逊政府开始实施“工作激励项目”。该项目提出了“工作福利”的概念，并以参加工作或培训项目作为接受“失依儿童家庭补助”的条件。在1970年的国情咨文中尼克松总统更是提出要对美国的福利制度进行全面改革，认为美国不应该提供更多的社会福利，而应该提供更多的工作福利。因此，他主张以就业培训以及鼓励工作的项目取代损害工作、家庭和福利领取者尊严的制度。为此，他提出了家庭援助计划。计划规定若有能力工作的人拒绝接受工作，则会失去补助。但这一计划在参议院未能通过。[②] 1981年上台的里根总统将实施工作福利计划作为解决“福利困境”的重要思路。1986年众议

① Wilbur J. Cohen, The New Public Welfare Legislation, News Release, U. S. Department of Health, Education, And Welfare, September24, 1962.

② Michael Katz, *In the Shadow of the Poor house*: *A Social History of Welfare in America*, Basic Books, New York, 1986, p. 158.

院的报告——《走向自主之路：增强美国贫困家庭的力量》要求，政府更加重视帮助有工作的穷人，更加重视通过教育和培训使福利的领取者转变为自食其力的劳动者。到20世纪80年代中期，共和党和民主党已达成“工作福利共识”。从1988年起，联邦政府实行“家庭支持法案”。强制性的工作福利政策开始被执行。在1992年克林顿当上总统后，他也积极推行工作福利制，并于1996年签署了激进的福利改革法案——《个人责任和工作机会法案》。此法案引发了国家公共福利制度的一些根本性变化。如规定在接受24个月的援助后福利受助的成年人被要求参加工作活动等。第41任总统乔治·布什实行的救助政策进一步加强了这一制度。经过上述的改革，美国在危机中的就业情况还算可以。

（四）韩国：亚洲金融危机后劳动力市场改革

韩国的积极化劳动力市场政策开始于1997年的亚洲金融危机。它的主要特点是朝着劳动力市场的灵活稳定性转变。韩国政府为了恢复和重振处于崩溃边缘的国民经济，在向国际货币基金组织请求援助的同时，开始着手改革韩国的劳动力市场制度。

1998年上台的金大中政府针对劳动力市场的灵活性问题，对许多劳动力市场的法律法规重新进行了制定和修订。韩国政府借鉴西欧的做法成立了由政府、经营者组织、工会组织（韩国总工会以及全国民主工会总联盟）代表组成的“劳资政委员会”，希望依靠对话和协商解决就业问题。企业实行整理解雇制式的新雇佣制度，在紧急时刻、在实施了所有避免解雇措施和取得工会组织的协议等前提下，可以依照公正合理的标准解雇员工。此举打破了韩国劳动力雇佣制度的刚性。此外，韩国政府还实行弹性工作制，增加社会就业容量，进而增加非正规就业人员的就业比重。这些措施增强了劳动力市场的灵活性。与此同时，韩国政府通过扩大雇佣保险的适用范围和构建劳动力市场社会保障体系来减轻失业带给劳动者的痛苦，提升劳动力市场的稳定性。为帮助劳动者找到更好的和新的就业岗位，提高雇佣可能性，政府还积极推行雇佣服务制度、职业培训制度。除此之外，针对贫困家庭成员的自救培训、针对未参加雇佣保险制度的退伍军人的雇佣促进培训、针对没有办法参加职业培训的女性家长的培训都很好地促进了劳动力市场的稳定性。

卢武铉政府上台后，还推行劳资关系法先进化政策。包含公务员劳动基本权利保障、基本公益事业职权仲裁制度的废止、禁止支付工会专职人员工资期限延长在内的这些政策，提高了劳动力市场的灵活稳定性。此外，卢武铉政府推行了积极的雇佣政策。政府通过放宽规定、轮班工作制、工作共享制等措施创造更多社会就业岗位。针对就业弱势群体（青年人、妇女、老年人、非正式员工、流浪人员）政府实施了青年人就业计划、妇女就业措施、推迟退休年龄政策、《非正规就业法案》、流浪人员安置计划，以保障弱势群体的就业及其权益。灵活而稳定的劳动力市场机制，有效地抵御了经济危机对韩国失业者的影响。

1997 年的亚洲金融危机和 2008 年的全球金融危机对韩国劳动力市场的影响存在较大差异，也是积极化劳动力市场政策已成为反经济危机不可或缺的制度机制的例证。

（五）希腊：2008 年经济危机后被迫的劳动力市场改革

相比之下，早已受到诟病的南欧模式的社会保障制度，在危机前并未对劳动力市场进行积极性和系统性的改革，在危机之前错失了利用良好的经济环境进行改革的有利时机。因此，在危机爆发后，南欧模式国家迫于内外的压力和负担，才被动地刚刚开始对其社会保障制度进行深层次的改革。这其中包括增强劳动力市场灵活性的改革措施。希腊在 2010 年开始逐步改革劳动力市场。改革后，新增雇员的最低工资水平将下调 22%，约 1.5 万名的国家工作人员将被归入“劳动力储备”，并在一年内解聘，约 15 万名的公共部门员工将在 2015 年前被削减。希腊最近推出的改革措施在理念和做法上均趋近于权力下放的社会服务型国家和与经济充分配合的社会保险型国家，但改革成效还未显现。

二　平衡家庭与工作关系的家庭政策差异导致的就业率差别

在后工业社会，经济增长迟缓，国际竞争日益激烈，就业不再稳定，家庭发生深刻变化。这些情况严重冲击了原有的以稳定的社会经济为基础的福利模式，使其适用性大大降低。家庭与政府在回应社会新风险和解决劳动力市场困境方面的策略也应同过去有所不同。其中家庭政策尤其是平衡工作和家庭关系的家庭政策改革，成为影响各国经济社会发展和稳定的大事。改革后的家庭政策被当作是一种应对国家经济转型和经济全球化的适应机制，被用来促进资本主义经济与社会之间的发展与融合。而经验研究发现，发达国家的家庭政策在 20 世纪 70—90 年代末的 20 多年中，经历了一系列演变，其中涉及儿童的就业者休假与津贴制度等都发生了改变，且各国政府在政策上的调整有所不同。[①] 基于此，我们认为，在2008年经济危机中，各福利模式应对失业的能力不同，也与其家庭政策的延续与变革有关。

各国政府主要通过制定和实施以下两个方面的家庭政策来协调工作与家庭之间的关系，有效改善生活和就业环境，促进就业尤其是女性就业：(1) 便利的儿童看护服务；(2) 生育保障，主要包含家长育儿假、生育补贴和工作保护。由于各国福利体制存在差异，社会结构关系与政治经济也不尽相同，各国促进就业的家庭政策也表现出明显的异质性。

(一) 儿童看护服务体系不同

儿童看护体系减少了家庭和母亲的看护，减少了家长尤其是女性家长照料孩子的时间，有利于积极推动父母长久留在劳动力市场，有利于打破妇女的三段式生命周期，有利于促进妇女参与劳动力市场，是平衡工作和家庭关系的重要家庭政策。福利国家对儿童的照料与看护，以绝大部分学龄前儿童为服务对象，以立法为起点，在明确规定管理体系和监督机制的基础上，设置了集教育、看护、健康、营养为一体的看护体系。但不同的福利体制儿童看护体系也有所不同。

与其他福利模式相比，北欧国家通过发展“妇女友好型国家”和“社会服务型国家”，对家庭政策进行了大量投入。尤马·席比勒（Jorma Sipil）通过分析24个国家从1998—2003年的社会支出数据，发现北欧国家在家庭政策支出上是最高的。[②] 瑞典作为典型的北欧福利国家，通过大量的社会支出建立了完善的儿童和家庭福利服务项目，并且实施了性别平等的社会福利政策。这些福利政策增加了女性在就业与家庭之间的选择空间，同时也保证和提高了女性在劳动力市场上的参与率。瑞典家庭的生活水平不受是否有子女的影响，同样得益于既有普适性又有特殊性的儿童照料体系。按照1975年《学前教育法》的要求，需要提供充足的学前教育场所以满足不满6岁的儿童的看护需求，需要在1976—1980年建立10万家以上的日托照料机构。此外，幼儿园招收年龄为1岁的儿童，促进了妇女生育后的快速就业。

---

① Thévenon, Olivier, “Family Policies in OECD Countries: A Comparative Analysis”, *Population and Development Review*, Vol. 37, No. 1, 2011, p. 57.

② 这是芬兰坦佩雷大学的尤马·席比勒教授2009年在南京大学社会学院的讲座上的一个观点。

德国政府通过和推动了 Tagesbet Reuung Sausbaugesetz 法案。它是一项旨在全国范围内扩大儿童看护服务体系的法案。根据此法案，从2005 年起政府每年需要给地方政府 15 亿欧元资金，分别用以为 0—3 岁年龄组儿童和 3—6 岁年龄组儿童扩大日间托儿机构和提供非全日制的看护服务。2007 年德国政府又决定，到 2010 年，托儿所、幼儿园和保姆机构将增加 23 万个位置给 3 岁以下儿童；到 2013 年，接受未满 3 岁儿童的保育园将增加 3 倍。法律规定，家庭有权利将不满 3 岁的孩子送入保育园；如果入不了园，家庭将获得 150 欧元的补助。

在美国，很多 3—5 岁的贫困儿童不能获得接受正规学前教育的机会。因为学前阶段的义务教育只有学前一年。为了提高贫困儿童获取学前教育的机会，一系列《起跑线计划》被联邦政府列入日程。1965 年针对 3—5 岁儿童和 3 岁以下儿童，联邦政府分别启动了“起跑线计划”和“早期起跑线计划”。为了提高服务水平，1994 年“起跑线计划法案”通过。随后，5. 5 亿美元的联邦财政预算投入支持“早期起跑线计划”。1999 年，“起跑线计划”覆盖到 90 万贫困儿童，有 47 亿美元的儿童照顾与发展专款用于为其提供服务。但是，贫富差异依旧影响该年龄段儿童接受教育的机会。在接受正规学前教育方面，美国与一些西欧国家还有差距。有数据显示，只有大约 60% 的 3—4 岁儿童能够有机会接受正规学前教育。①

希腊和韩国的托儿服务尤其是针对 3 岁以下儿童提供的托儿服务还比较有限。在很大程度上，希腊和韩国婴幼儿照料支持的匮乏导致育龄妇女大规模离开劳动力市场。从儿童照料支出来看，希腊和韩国 2005 年儿童照料支出占 GDP 比重分别为 0. 4% 、0. 3% ；两国 2005 年 3 岁以下儿童的人均照料支出希腊为 1169 美元、韩国为 754 美元。从儿童照料覆盖面来看，希腊和韩国 2006 年 0—2 岁儿童中能够享受到儿童照料服务的人数占该年龄段全部儿童人数比重分别为 18. 2% 、30. 8% ；2006 年 3—5 岁学前儿童中能够享受到儿童照料服务的人数占该年龄段全部儿童人数比重希腊为 47. 1% 、韩国为 33. 9% 。

---

① Kamerman, Sheila B. and A. J. Kahn, “Child and Family Policies in the United States at the Opening of the Twenty - first Century”, *Social Policy & Administration*, Vol. 35, No. 35, 2001, pp. 69 - 84.

（二）生育保障政策不同

自20世纪六七十年代以来，女性的独立意识增强，接受的教育水平和技能大幅提升，劳动力市场参与率提高。这些变化打破了传统的家庭分工模式，也对以男性养家糊口为主的家庭关系造成了极大的冲击。不少女性面对生育孩子和工作的两难选择。因此，家庭与工作的平衡问题引起更多的关注。研究表明，妇女能否享有保障工作权益的产假、育儿假决定了她们生育后返回劳动力市场和再就业的时机（Waldfogel，1998；Ronsen and Sundstrom，2002；Berger and Waldfogel，2004）。同时，根据贝克尔生育孩子的成本—效用理论，生育保障政策可以有效地削减父母尤其是母亲生育孩子的机会成本和时间成本，可以对家庭抚养孩子提供经济扶助。进而，生育保障政策可以保证家长有照料孩子的时间，可以帮助调和家庭与工作的关系。但不同的福利体制下各国的生育保障政策有所不同。

瑞典实行的休假制度为确保女性就业提供了机会。在法律的保障下，幼儿父母双方都有育儿假。育儿假的长度为父母共用480天，时间也由夫妻双方自主选择，并且在休假期间可以领取正常的工资待遇。①

在德国，1977年颁布了赋予配偶双方平等权利的婚姻法。从此，夫系家庭模式的合法地位开始动摇，就业妇女的权利得到加强。在同期总体就业率约为65%的情况下，女性的就业率已达到60%。② 享受父母假期的父母，无论是一方享受还是双方同时享受，依然可以在一周内做30个小时的兼职工作。对于正式员工人数达到15人以上的企业，都必须接收兼职人员。同时企业或公司不能解雇还在父母假期的雇员。因为他们受解雇保护法的保护（若在此期间企业破产，则按另行规定的联邦法律执行）。等到父母假期结束，企业要保证雇员回到其原工作岗位或等值/等职于原岗位的工作岗位。企业降低雇员的级别和待遇的行为是不被允许的。由于抚养孩子每周工作低于30小时的家庭，在孩子出生后两年内可以享受新政策。《怀孕职业妇女保护法》规定了孕期妇女的工作权利：雇主不能解雇怀孕及生产不满四个月的妇女，不能要求孕

① 盛亦男、杨文庄：《西方发达国家的家庭政策及对我国的启示》，《人口研究》2012年第4期。

② Federal Ministry of Economics and Technology，*Annual Economic Report*，2007，p. 48.

妇在产前6周和产后8周从事工作等。1979—1986年，德国生育孩子的父母拥有产假的时间从6个月延长到10个月。到2007年更加详细地划分了家庭类型，实施了新的抚育补贴费政策。父母双方都可以享受照顾孩子的父母假：父母有权自愿决定由谁来享受，是一方还是双方同时享受，最多能够休息3年。

迄今为止，健全的家庭政策体系在美国仍未建立。[①] 强调个人和家庭的责任依然是美国家庭政策的取向。政府在其中承担的责任有限。1993年美国出台的家庭与医疗假期法案（FMLA）是一项试图帮助家庭成员在家庭照顾责任与工作责任之间取得平衡的政策。FMLA法案对男性和女性照顾家庭成员的责任很强调，也间接地鼓励个人利用最多12周的假期照顾父母、孩子以及自己。虽然按联邦政策该假期可以是无薪的，但好在很多单位提供的都是有薪假期。遗憾的是，美国法定家长休假与其他发达国家相比，是最短的。所以，它还没有办法满足某些家庭的需要。对于工作福利较差的低收入人群尤其如此。[②]

在减轻妇女工作和家庭的双重压力方面，韩国针对父母提供的有工作保障的产假或育儿假政策很不到位，尚未惠及所有雇员。[③] 1953—2001年，按产假政策规定，就业妇女可享受为期两个月的产假，但无薪无工作保障。从2001年以后，按照新规定，产假时间调整为三个月，且全薪有工作保障。若妇女有劳动就业保险，则她们在产假期间发生2/3的经济负担由工作单位承担，剩余部分由保险来承担。2006年以后，中小企业应承担经济负担改为由保险承担，但大公司仍要承担2/3的费用。然而，大约有30%的用人单位没有按规定承担经济责任，只是部分承担甚至拒绝承担（Won and Pascall，2004）。2011年的政策还规定参加劳动就业保险的员工可以休十个半月的育儿假，享受每月约130美元的休假津贴。但根据2006年OECD的统计，休育儿假的人数中，母亲很少，父亲更是可忽略不计。总之，有劳动就业保险的雇员才

---

① Wisensale, Steven K., "Family Policy Matters: How Policymaking Affects Families and What Professionals Can Do", *Family Relations*, Vol. 53, No. 3, 2004, P. 338.

② Heidi M. Berggren, "US family - leave policy: The legacy of separate spheres", *International Journal of Social Welfare*, Vol. 17, No. 4, 2008, pp. 312 - 323.

③ 马莉、郑真真：《韩国妇女的生育后再就业及其对中国的启示》，《劳动经济研究》2015年第2期。

是这些政策的真正受益者。

希腊的家庭政策取向强调家庭照顾。面对带薪工作和家务劳动的双重负担，政府发挥的作用很有限。低薪固定的双亲假期一般使妇女从劳动力市场退出并且即使在孩子长大后也不再回到工作岗位上。在2007年，有薪酬产假的时间为17周；包含有薪和无薪的总的产假和父母假为28周，其中有薪的为17周，父亲的假期不足1周，远远低于同期OECD国家78.7周和31.7周的平均水平。

总体来看，瑞典和德国通过完善的儿童照料服务项目和全面的生育保障，更好地平衡了女性在就业与家庭之间的关系，提高了女性在劳动力市场的参与率，促进了就业，提高了应对经济危机的能力。美国儿童获取正规学前教育的机会以及父母亲享受的与生育相关的假期和瑞典、德国相比，都存在一定的差距，弱化了家庭政策平衡女性就业与家庭关系的作用，也影响了女性就业和国家整体上应对经济危机的能力。在希腊和韩国，对儿童照料的不足、无薪酬或较少薪酬的生育假期、生育假期时间较短、享受人员的限制都使家庭政策发挥的作用很有限，降低了女性的就业率，也使得国家应对失业和经济危机的能力受到制约。

第五节 经济危机中典型国家社会保障制度促进社会公平能力的差异性比较

经济危机下，各国的贫困状况和收入差距不同很大程度上受社会保障制度模式的影响。经济萧条时期，市场经济更难自动调节收入差距。因此，国家需要实施社会保障等制度进行收入再分配。正如戴蒙德（1997）所说，政府具有收入再分配功能是其介入社会保险的重要理由。何文炯（2011）从社会保障核心价值的视角出发，认为它是调节居民收入分配和追求社会公平的重要手段。郑功成（2010）也认为，合理的社会保障制度有助于国民财富更加合理地分配。杰苏伊特和马勒（Jesuit and Mahler，2004）运用1980—2000年的年度数据对再分配效应进行研究，实证结果表明，瑞典、美国和德国等13个发达国家的社会保障对缩小收入差距有明显的贡献。而不同社会保障模式对收入分配的调节作用有着明显差异，调节分配的力度也不同。这在2015年朱火云等[①]的研究中得到验证。他们运用欧盟27国1995—2010年的面板数据，采用静态面板随机效应模型对社会保障对收入分配的调节进行了实证探讨，结果发现：社会保障水平和收入不平等之间呈负相关关系，也即社会保障水平越高，则收入不平等差距越小；不同社会保障模式对收入分配的调节作用具有差异性，社会民主主义模式对收入分配的调节力度最强，其次是保守主义模式，而自由主义模式、南欧模式与其他模式相比，调节力度则更弱，这与黑迪等（Heady et al.，2001）的结论相似。本节将从不同社会保障模式对收入分配的调节强弱角度分析经济危机中不同社会保障模式促进社会公平能力的高低。

一　以瑞典为代表的高福利强分配的社会保障模式

瑞典人民信奉基督教。救赎济世的宗教观念深入人心，维护社会团结也已经固化为一种社会理念和价值追求。因此，对社会集体负责以及为公众服务是瑞典人民普遍承认的准则。他们不能忍受大批的贫困，更加反对公开的冲突。[②] 这样的民族文化特征使得瑞典建立了高税收、高福利的福利模式。该模式强调平等主义和普遍主义；认为只要具有公民资格，政府就应该对其负起保护的责任和义务，实现了社会保障制度的全民覆盖；具有非常到位且十分有力的转移支付能力和很高的社会保障水平。因此，瑞典的社会保障制度调节社会收入差距、缓解贫困的功能很强。其主要表现在以下几个方面：

第一，平衡初次分配格局的能力强。一方面，从国家、企业和个人的缴款来看，国家财政拨款水平高，企业雇主和个人缴款有限。来自一般税收的缴款具有很强的共济性，有利于平衡初次分配格局。另一方面，社会保障缴费调和了国家、企业、个人在初次分配领域的关系，有利于劳动者收入的提高。当雇员和雇主按照工资总额的一定比例缴纳社会保障税（费）时，不但企业利润减少，而且这部分税（费）作为生产经营费用列入成本，享受国家的税收优惠，从而有效地调节了劳动要素和资本要素之间的报酬率，增加了以劳动要素报酬为主的群体的收

---

① 朱火云、丁煜：《社会保障对收入分配的影响：基于欧盟的实证分析》，《当代经济管理》2015年第4期。

② 左大培、裴小革：《现代市场经济的不同类型——结合历史与文化的全方位探讨》，经济科学出版社1996年版，第131页。

入，进而缩小了不同群体间的收入。

第二，再分配能力强。瑞典政府通过向全体社会成员征社会保障费和税，且明确了社会保障税的起征点，可以将这些收入用于一定区域内或者全国范围内公民的生活保障，可以将一部分税收收入由高收入人群转移到低收入人群。瑞典政府还对弱势群体进行特殊照顾和社会保护，使财富在不同收入水平的社会成员之间实现横向转移和再分配。这一点主要表现为通过以富济贫形式实现社会成员之间的互助。

第三，大力促进就业，调节分配起点。瑞典政府在调节分配过程和结果的同时，大力实施积极有效的就业政策，改善劳动者的分配起点和收入状况，打造提升收入水平的良好基础。瑞典在全国层面有国家劳动力市场委员会，在地方层面有 21 个劳动委员会和 325 个办公室，有约 7000 人在委员会中工作；在支持扩大就业的财政力度上，瑞典将超过 1.5% GDP 的财政资金用于就业项目，对失业人员建立的小型企业给予减税优惠政策和就业补贴。①

二　以德国为代表的充分保障较强分配的社会保障模式

德国是建立现代社会保障制度最早的国家。在 19 世纪末期，德国深受历史学派思想与政策的影响，决定建立社会保障制度，缓和劳资矛盾。但客观上制度的建立促进了劳动者生活状况的改善和劳动者福利的提高。不过，因缓和劳资关系而建立的制度，在建立初期的保障水平并不高。到 20 世纪 30 年代，德国出现了主张走“第三条道路”的新自由主义——弗莱堡学派。其提出“社会市场经济”理论，推崇自由竞争，要求政府在竞争的市场机制的基础上进行广泛的支付调节，实施促进社会公平的充分的社会保障。基于此，德国社会保障制度调节社会收入差距、缓解贫困的功能较强。其主要表现在以下几个方面：

第一，较高水平的社会保障缩小了贫富差距。建立在社会自治基础上的德国社会保障制度，政府承担有限的责任，保障项目也比福利国家少。但是，基于缴款的保障型制度，却比某些福利型国家（如英国）提供的保障水平还高，其社会保障支出占 GDP 比重超过了英国。人们的生活由于较高的社会保障支出水平得到充分保障，差异不大。

---

① 刘强：《瑞典、芬兰居民收入分配状况及调节政策考察报告》，《经济研究参考》2006 年第 32 期。

第二，社会保障的统筹层次高。德国同美国一样均为联邦制国家，但社会保障的管理体制却不同。德国地方政府对社会保障的管理较少，基本上由中央政府进行管理。中央社会保障预算性强，通过中央社会保障收支水平和总社会保障收支水平相差不大可以看出。各地区的保障标准也不存在明显差异。所以，中央政府可以在全国范围内对社会保障基金进行统筹安排，缩小贫富差距。

三　以美国为代表的有限保障有限分配的社会保障模式

美国是个崇尚个人奋斗的国家，推崇自由主义市场经济制度，从而使其社会保障制度也带有鲜明的市场化特征，突出权利与义务的对等，力求公平和效率的有效统一，且日益以“效率优先，兼顾公平”为主要价值理念和追求。早在制度建立初期，美国就明确要建立保障型的保障和再分配“有限”的社会保障制度。因此，美国的社会保障制度调节社会收入差距、缓解贫困的功能较差。其主要体现在以下几个方面：

第一，轻横向再分配，重纵向再分配。在美国，大约一半的社会保障收入来自雇主和个人的工薪收入的缴款。但这部分社会保障收入对贫困的缓解力度较小。因为其实质是延期个人的一部分即期消费，是靠自助来解决未来困难。而更具有共济性，也更能缓解因年老、疾病和伤残等情况带来的贫困的一般税收收入占社会保障总收入的比重不到40%。

第二，社会保障的统筹层次较低。社会保障中的很多保障项目特别是社会救助项目都在州一级统筹。各州制定标准，且各州之间差别很大。许多州政府没有资金发放足额的补贴，因而削弱了制度调节贫困的力度。表现在社会保障收入与支出方面就是，美国联邦政府社会保障收入、支出水平差不多是社会保障制度总收入、总支出水平的1/3。这也说明仅有1/3的制度资金来自美国联邦政府的社会保障预算，剩余的2/3来自州政府和地方政府预算。

第三，AFDC计划调节收入分配效应的结果不确定。首先，对不同年龄人口的收入分配效应不同。对比1985年和1995年的相对可支配收入发现：增长组为0—17岁的儿童组和51—64岁的老年成人组；下降组为18—25岁的年轻人组、26—40岁的年轻成人组和75岁以上的高龄老人组；维持组为41—50岁的成年人组和65—75岁的低龄老人组。[①]可见，AFDC计划增加了美国儿童可支配收入，而对75岁以上老人的可支配收入没有帮助。加之美国保障型制度的保障水平有限、高龄老人自我积蓄偏少，使高龄老人的生活水平下降。其次，对不同家庭的收入分配效应不同。对比1985年和1995年的不同家庭的成年人相对可支配收入发现：增加组为抚养小孩的成年人组，下降组为无小孩的成人组（包括单身和夫妻）。显然，AFDC计划提高了有孩子的家庭收入。但该制度也在一定程度上助长了单亲家庭，助长了此类家庭对补贴的依赖性，从而不利于儿童的成长，而且带来贫困的代际传递。

四　以希腊为代表的碎片化保障逆向分配的社会保障模式

希腊东方式专制国家主义、父爱主义、特权主义、庇护主义的政治文化对希腊福利制度的形成和发展产生了很大影响。希腊也因此形成了社会与家庭双重核心的社会保障体系。其具有社会参与程度非常低的特点。在政策实践中，“非友好就业”和“不相容激励”规则出现。因此，希腊社会保障制度调节社会收入差距、缓解贫困的作用较糟糕。其主要表现在以下几方面：

第一，特权利益充斥，两极分化严重。社会保障政策几乎成为希腊利益群体政治力量角逐的场所。不同社会团体根据其不同的地位，重新对社会政策和收入产生机制上的主导权进行分配。[②]本来希腊私人资本发展就不充分，要求国家在提供充分收入保障上必须承担更多的责任，尤其是在保障中下层民众的收入上。然而，庇护主义在希腊社会政治中盛行。受益者往往只是部分特权利益者，一般有稳定收入和终身职业，并不是工作和收入都不稳定的、现实收入较低的中下层收入者（包括工人和农民）。也就是说，国家的保障没能保障需求最高的人群。另外，希腊的间接性税收很大。这也是其福利制度利益特权化的表现之一。[③]因为特殊的社会保险基金（如政府官员、工程师、媒体工作者、

---

① 刘志英：《社会保障与贫富差距研究——典型国家的实践与中国的政策主张》，博士学位论文，武汉大学，2004年，第46页。

② 这种情况屡次出现，诸如医生协会、律师公会、国有企事业单位联合工会等都直接或者间接地积极参与希腊社会政策的制定和执行，从而施加自己的影响，而弱势工会、中小商人等群体却往往成为最重的牺牲对象。

③ OECD, *Economic Report*, Greece, Paris: OECD, 2001, p. 23.

律师以及一些半官方性质的团体养老金）使用了间接税，享受了变相的税收减免优惠。这些群体还依靠其在政府和议会中的强势地位来维护、强化、扩大这种不平等利益。

第二，碎片化的社会保障制度加大了不同群体间的收入差距。希腊的产业类型和就业结构随着经济和社会的变化而变化，社会保障制度更是呈现出碎片化。带来的后果是各种职业类别有着参差不齐的保险基金发展水平和保障水平。希腊的宪法规定：公共部门的雇员不得被解雇，而且享受刚性就业、黏性工资、与工资相关联的高水平津贴和福利；私人部门的雇员却面临越来越低的就业保护指数[①]和最低工资。到2005年最低工资对社会平均工资的替代率下降至50%。[②] 碎片化的福利制度因缺乏系统性规划，在覆盖上也常有遗漏。很多类社会人群（如地下经济工作者、长期失业者、没有社会保险的老年人、缺少工作经验的年轻人、女性失业者）生活在福利真空中，没有在任何社会保障安全网的覆盖范围内。

五　以韩国为代表的低保障弱分配的社会保障模式

韩国社会保障制度是在依靠市场和经济增长为主导的“国家调整论”的基础上建立和发展起来的，是韩国式的自由主义社会保障制度。其强调经济增长第一、福利第二；主张依靠市场机制实施福利，国家在市场机制失灵时才需介入；认为经济增长等同于福利的提高；更重视劳动力市场的动员和薪金阶层的自助精神。此外，其还具有民间协作主义、家庭中心主义的特征。对于减轻国家财政责任和负担，这些特征起着积极作用。但对于促进社会保障制度的公平性和体系性，这些特征却是不利的。因此，韩国社会保障制度调节社会收入差距、缓解贫困的作用较差。其主要表现在以下几个方面：

第一，社会安全网不够充分。东亚金融危机后，韩国社会失业率迅速提高，但失业保险制度建设却没有快速到位。比如，在1998年150万失业人口当中，得到失业救济的仅占7%。其他社会保障体系也面临严重缺失的情况。根据世界银行的统计，韩国2005年公共养老金支出

---

① 就业保护指数是OECD国家用来反映解雇、临时性合同管制严格程度的综合性指数，通常在0—6之间，若国家就业保护水平和管制程度低则指数低；反之则指数高。

② 李珍、王雯：《金融危机、债务危机背景下分配政策的思考》，《武汉大学学报》（哲学社会科学版）2013年第1期。

只占 GDP 的 1.6%，远远达不到西方发达国家的平均水平。从福利制度适用人口来看，按照 ILO 适用范围标准，2003 年韩国社会保障制度中的工伤补助、失业补助、残疾补助、老龄补助、遗属补助等各项的水平都处于 ILO 下限标准之下；在家庭、生育和伤残军人的津贴方面更是低于最低水平；达到 ILO 上限标准的只有医疗补助一项。① 从补助标准来看，大部分补助 2004 年的标准，相比 1995 年，其水平并没有太大的变化。工伤补助、残疾补助、老龄补助的发放标准反倒下降了。这说明福利制度的补助作用还很有限。

第二，公共福利制度中的不平等现象。从受惠对象来看，韩国的公共福利是为了消除贫困、无知、疾病、懒惰、不洁等不好现象而设立的，主要针对的是工人和底层人民。但其政治性目的使其把受惠对象转移到国家部门和市场竞争力较强的薪金阶层。此外，国家为了减少责任和负担，更是偏好有赋税能力的阶层。这些做法损害了社会保障的公平性，加剧了社会两极化的趋势。从社会保险的运营来看，韩国的社会保险受政治权力的影响很大。官员决定着保险金使用、优惠分配、保险资格审查等运营过程中大部分的业务。后果是应该享受保险者享受不到保险。

第三，民间福利的比重偏大，破坏了社会保障调节不平等的目标。民间福利虽表现为对国民参与及扩大其协议空间的诱导，但实际上却没有使社会更加同质性和平等。因为作为促进民间参与的社会保障制度，其强调共同体精神，也需要特定的资格条件。这在民间福利中的企业福利中表现更为明显。因为企业福利灌输资本从属理论，造成薪金阶层逐渐丧失社会的公益性。

第六节　经济危机中典型国家社会保障制度对财政收支状况影响的差异性比较

可靠且充实的财政基础对于社会保障政策的推行至关重要，也决定着社会保障制度能否实现可持续发展。而社会保障体系中公私保障的不

---

① 金教诚：《韩国国家福利水平的诊断与评价》，《社会保障研究》2008 年第 1 期。

同结构配置，各国处理社会保障水平与经济发展水平之间的关系，又是影响一国财政状况的重要因素。本节将从这两个方面分析经济危机中典型国家面临不同财政状况的原因。

一 社会保障体系中公私保障的不同结构配置及其影响

社会保障体系中公私社会保障的水平和结构配置对一国财政收支有明显的影响。一般来说，社会保障体系中公私社会保障的构成越不合理，社会保障对一国财政收支的影响越大；反之则越小。

从表4－17和表4－18可知，经济危机过后的2010年，政府债务状况较好的两个国家是瑞典和德国。两国的公共社会保障水平分别高达27.94%和26.8%，在危机中两国的公私社会保障水平也都有所提高，但作为成熟的社会保障制度，由于社会保障体系中公私保障的结构最为合理，公私社会保障的相对变化率不大。这也验证了制度体系具有较高的合理性，不需要结构的重大调整就可以很好地发挥应对危机的作用。瑞典社会保障的适度水平虽然高于适度上限但在经济危机之前就处于下降趋势，在经济危机期间也未出现明显的增幅，所以，未对财政造成明显加压。德国社会保障的适度水平虽然也高于适度上限，经济危机期间2%的增幅也在政府财政的承受能力之内，所以，财政状况还不错。韩国公共和私人社会保障水平偏低，且私人社会保障在社会保障体系中发挥重要作用，所以其政府债务状况最好。虽然危机后韩国开始着手改变社会保障体系构成，公共社会保障水平大幅提高，私人社会保障水平大幅下降，但韩国的社会保障水平从始至终一直在低于社会保障适度水平的空间内运行，即使在危机期间的2010年也还不到10%。如此低的保障水平不会对财政有过大影响。美国的私人保障在社会保障体系中发挥重要作用，但经济危机后，美国对社会保障体系实施了变革。美国开始增加公出支出，减少私人保障。在经济危机期间公出支出增幅达到3.5%，超过社会保障的适度上限。在较短时间内社会保障水平的迅速攀升给美国政府财政带来较大的压力，致使其财政状况恶化。希腊过于倚重第一层次的公共社会保障，加之盲目地与西方福利国家攀比，社会保障支出不断增加。到了2010年，其社会保障水平已经增加到社会保障的适度空间内且更接近适度上限。其在经济危机期间迅猛的增加，从低于下限到接近上限使得社会保障制度给希腊政府财政带来空前的压力，并最终引发债务危机。

表 4-17　　2008—2011 年平均的公共社保水平、私人社保水平及其变化率

国家	私人社保水平变动率	私人社保水平	公共社保水平变动率	公共社保水平	公共社保水平/私人社保水平	公共社保水平变动率/私人社保水平变动率
瑞典	8.62	3.15	4.80	27.94	8.87	0.56
德国	10.34	3.20	14.05	26.00	8.13	1.36
美国	2.70	10.48	21.84	18.40	1.76	8.09
希腊	21.67	1.83	3.34	24.49	13.38	0.15
韩国	-12.00	2.20	16.54	9.23	4.20	-1.38

注：公共社保水平是指公共社会保障支出占 GDP 比重，私人社保水平是指私人社会保障支出占 GDP 比重，变化率 =（2008—2011 年的平均值 -2007 年的数值）/2007 年的数值。

表 4-18　　典型国家社会保障适度状况（1990—2010）

国家	社会保障水平类别	1990 年	1995 年	2000 年	2005 年	2007 年	2010 年
瑞典	现行水平	28.5	31.8	28.2	28.7	27.0	27.94
	适度上限	24.05	23.88	23.45	23.15	23.22	24.36
	适度下限	22.19	22.02	21.58	21.29	21.36	22.49
德国	现行水平	21.4	25.9	26.2	27	24.8	26.8
	适度上限	19.32	20.41	21.6	24.55	25.86	26.76
	适度下限	17.46	18.55	19.74	22.69	24	24.9
美国	现行水平	13.1	15	14.2	15.5	15.8	19.3
	适度上限	17.6	17.86	17.41	17.19	17.32	17.95
	适度下限	15.74	16	15.55	15.33	15.46	16.08
希腊	现行水平	16.5	17.4	19.2	21.1	21.5	24.2
	适度上限	18.73	20.12	21.65	23.89	24.19	24.92
	适度下限	16.86	18.26	19.78	22.03	22.32	23.05
韩国	现行水平	2.8	3.2	4.8	6.5	7.6	9
	适度上限	8.9	9.6	10.91	12.83	13.67	14.7
	适度下限	7.04	7.74	9.04	10.97	11.81	12.84

资料来源：社会保障现行水平来源于 OECD 数据库，适度上限和下限由笔者计算得来。

二　典型国家对社会保障水平与经济发展水平相互关系的处理及其影响

影响一国政府财政状况的因素还有如何处理社会保障发展水平与经济发展水平之间的关系。社会保障制度的发展过于超前于经济的发展水平或者短期内的改革过于激进，实际上都不利于福利制度的长远建设和可持续发展，同时会对政府的财政造成巨大压力。只有协调好经济与社保两者之间的发展关系，既不激进也不懈怠，才能够实现经济建设和社保建设的相互促进，实现社会保障制度的和谐与可持续发展。

表4-19展示了经济危机之中各典型国家的养老、医疗、失业的平均替代率水平和经济发展水平（用人均GDP来表示）。从表中数据我们可以看出，瑞典、德国、韩国在经济危机期间的社会保障水平与经济发展水平是相协调的，没有超越经济发展水平，因此，没有给国家财政增加过多负担。而希腊的人均GDP水平与韩国的人均GDP水平相差无几，但希腊养老、医疗和失业三者的平均替代率的合计水平却差不多是韩国的两倍。很显然，希腊受民主超载的影响，不断增加拨款、国家保护和公共投资，导致经济危机期间的社会保障水平明显高于经济发展水平，也给财政带来严重的福利支出压力。美国社会保障水平给财政带来的压力在表4-19中并没有表现出来。相反，它的经济发展水平最高，而养老、医疗、失业三者的平均替代率的合计水平却最低。基于此，它的财政负担应该最轻，财务状况应该最好。但是，美国的社会保障水平在2007—2010年增幅巨大。这种过于激进的发展使政府财政一时之间负荷不了，带来了财政状况的恶化。

表4-19　经济发展水平与养老、医疗、失业平均替代率水平比较

	养老保障平均替代率	医疗津贴平均替代率	失业津贴平均替代率	三者合计	人均GDP
瑞典	0.58	0.8	0.6	1.98	41727
德国	0.42	0.9	0.67	1.99	39563
美国	0.42	0	0.5	0.92	46930
希腊	0.96	0.5	0.45	1.91	28901
韩国	0.47	0	0.5	0.97	28718

资料来源：养老保险替代率、人均GDP数据来自OECD数据库；医疗津贴替代率、失业津贴替代率数据来自“Social Security Programs Throughout the World”，其中，韩国是2008年的数据，美国是2009年的数据，瑞典、德国和希腊是2010年的数据。

第七节　不同社会保障模式有效应对经济危机的经验与启示

上文从福利情况、经济衰退情况、失业和就业情况、社会公平状况和财政状况五个方面分析了不同社保模式的典型国家应对经济危机能力的差异以及形成差异的原因。这些研究为中国有效应对经济危机提供了很好的经验启示。

一　及时系统地改革社会保障制度，增强制度的自适应能力

不同社会保障模式国家应对经济危机自适应能力的分析表明：及早地对社会保障制度进行全面系统的改革，有助于增强制度的自适应能力，减少经济危机对制度的冲击。因此，为提高中国社会保障制度的弹性，减少在经济危机冲击下制度的波动，我们应该及早地对社会保障进行结构式改革。在这方面，我们可以向瑞典和德国学习。学习瑞典坚持妥协、合作以及认同的传统、科学的政策制定态度、广泛的政府委员会作用，继而打破制度刚性，减少财政风险，提升个人的就业能力。学习德国在继承社会市场经济道路的基础上对社会保障制度不断进行改革，使国家、社会、市场得以相互结合和整合，实现了社会保障与经济增长的均衡发展。美国、韩国和希腊的改革虽不如瑞典和德国成功，但给我们提供了一些可供吸取的教训。如避免美国式过多的市场化和私营化改革；避免韩国偏重生产性，忽视福利性的改革；避免像希腊一样错失改革的良机，在危机前并未成功对社保制度进行系统性的改革。

二　完善社会保障支出和筹资政策，促进经济恢复与增长

不同社会保障模式的国家有着不同的社会保障支出和筹资政策，使得在外部经济冲击下其促进经济恢复与增长的作用也不同。瑞典和德国在危机中较高水平的社会保障支出，能够自动地应对危机，刺激内需；美国和希腊在危机之前的社会保障制度还不够完善，社会保障支出水平还较低，韩国还很低，不能自动地有效应对危机，拉动内需。这启示我们，提高社会保障水平以刺激有效需求。瑞典、美国社保实物支出超过现金支出，提高了社会保障的给付效率，更好地刺激了经济增长；现金支出占优的希腊刺激经济增长的能力相对较弱，韩国较低水平的实物支

出弱化了对经济增长的促进作用。这启示我们，加大社会保障支出中实物支出的比重，提高社会保障的给付效率。瑞典、德国、美国和韩国的缴费在国家、企业、个人之间分配得比较合理，减轻了企业负担，提高了消费能力，也未给政府财政造成较大压力；而希腊由于政府承担的缴费责任过重，限制了政府实施积极的财政政策和货币政策的空间，拖累了经济的增长。这启示我们，在国家、企业、个人间合理分配社会保障负担，以增强国家、企业和个人的经济活力。

三 建立“友好”的新型社会保障制度，更好地促进就业

不同社会保障模式国家在经济危机中促进就业能力的分析表明：中国要适应经济全球化背景下新的经济形势和生产方式，以促进就业为核心，推进社会保障体系向“工作友好”和“家庭友好”的新型社会保障制度转变，才能更好地促进就业。文中应对危机能力较强的国家均采用了增强劳动力市场灵活性的改革来促进就业。按照经合组织统计，2011 年多数失业率较低国家的非全职工作比例均较高，如瑞典（23.5%）、德国（26.2%）、美国（19.5%）。另外，目前经合组织国家中就业状况整体不佳的国家，非全职工作的比例一般也相对较低，如希腊（6.6%）。此外，兼职工作的人员中以女性居多，这可理解为女性平衡家庭与工作关系的需要。家庭友好政策实施较好的瑞典比实施较差的韩国和希腊有更高的女性就业率。同时，从实施积极的劳动力市场改革的时间来看，改革比较早的国家如瑞典（20 世纪 80 年代和 90 年代早期）、德国（2003 年）已见成效，克服了以前的福利体制在应对就业危机时产生的问题。[①] 南欧国家如希腊在积极型社会政策发展上较滞后，危机久拖不决后才刚刚开始建立灵活性劳动力市场的改革计划，但现在还没有看到这些改革措施的成效。

四 加大社会保障的分配力度，增强社会公平及弱势群体的风险应对能力

不同社会保障模式国家在经济危机中发挥的促进社会公平的作用不同，社会保障模式的调节能力越强，越有利于缓解危机中的贫困和收入差距扩大现象，越有利于增强社会弱势群体应对风险的能力。因此，中

---

① 吉列诺·博诺里：《欧洲社会政策的积极化转型》，《浙江大学学报》（人文社会科学版）2012 年第 3 期。

国应通过以下措施加大社会保障的分配力度以增进社会公平：借鉴典型国家的经验和教训，在初次分配领域，通过社会筹资机制改变收入份额在政府、企业与个人之间的分配比例，提高初次分配能力；在再分配领域，通过提高制度和人员的覆盖面以及统筹层次，建立一体化和便于转移接续的统一制度，调整国家、企业和个人的责任，选择社会保障税的形式，调整缴费基数、缴费率、待遇计发基数和调整指数，加大财政补贴和财政支出，充分发挥社会保障制度调节再分配的作用。此外，要消除社会保障制度中的不平等现象，特别是特权利益和“寻租”腐败现象，以实现社会保障调节不平等的目标。

五　健全多层次的社会保障体系，减轻政府的财政压力

经济危机中典型国家社保对财政收支状况影响的差异性分析表明：合理的多层次的社会保障体系才能在社会公平和经济效率间找到平衡点，做到既能有效地应对危机，又不给财政增压。2008 年经济危机后，由于瑞典和德国拥有健全的社会保障体系，公私保障的结构也最为合理，制度不需要结构的重大调整就可以很好地发挥作用，并未明显加重政府财政负担。美国和韩国由于私人社会保障制度在社会保障体系中占有重要地位，政府的财政负担较轻，但社会福利水平相对较低，尤其是社会弱势群体没有受到有效的保护，因此危机后两国着手改变社会保障体系中公私社会保障所占比重，公共社会保障水平大幅提高，私人社会保障水平大幅下降，多层次的社会保障体系趋于合理化。希腊过于倚重第一层次的公共社会保障，加之盲目地与西方福利国家攀比，使政府陷入严重的债务危机。目前，中国多支柱的社会保障制度还没有真正建立，对于第一支柱基本社会保障的依赖有点类似希腊。因此，中国需要加快社会保障体系中第二层次和第三层次保障制度的发展，这样才能厘清不同层次社会保障制度的筹资责任，在国家、企业和个人间合理分配社会保障负担，减轻政府的财政压力，提高国家在经济危机中抵御冲击的能力。

第五章　中国社会保障制度应对经济危机能力研究

发展和完善中的中国社会保障制度对波及全球的2008年经济危机做出了自己的反应，其效果如何？如何完善和改进？今后的发展模式和方向何在？本章试图通过梳理中国在2008年经济危机中的表现，分析中国社会保障制度应对危机的政策调整，实证考察2008年经济危机中中国社会保障支出的经济增长效应和就业效应，研究制度的有效性以及存在漏洞，对上述问题进行回答。

第一节　中国在经济危机中的表现

在经济全球化的时代背景下，中国经济日益全面而深入地参与国际竞争，因而对外依存度不断提高，进而未能幸免于美国“金融海啸”的影响。

一　中国的社会保障状况

在中国，社会保障是一个包含社会保险、社会救济、社会福利、社会优抚在内的广泛概念。然而，它通常又不涵盖基本卫生服务、教育事业、保障性住房。本书将中国社会保障支出分为三类：第一类是2007年政府财政收支项目变化后的社会保障与就业支出（即口径一，或者说窄口径的社会保障支出）；第二类包括社会保险、社会救助、社会福利和社会优抚支出（即口径二[①]，或者说中等口径的社会保障支出）；第三类在第二类的基础上将医疗卫生事业、教育事业等方面的支出包括进来（即口径三，或者说宽口径的社会保障支出），与一些国家的社会

① 口径二＝口径一＋社会保险基金支出－财政对社会保险基金的补助。

性支出接近。2008 年经济危机发生后，不论以何种口径来衡量，中国政府都较大幅度地增加了社会保障支出，提升了社会保障水平。

表 5-1 **中国社会保障支出情况** 单位：亿元、元、%

年份	口径一	口径二	口径三	人均社会保障支出			社会保障水平		
				口径一	口径二	口径三	口径一	口径二	口径三
2007	5447.16	11751.82	20864.10	412.26	889.42	1579.07	2.03	4.38	7.78
2008	6804.29	15098.51	26865.76	512.36	1136.92	2022.99	2.15	4.77	8.48
2009	7606.68	18132.55	32564.28	570.00	1358.75	2440.19	2.20	5.25	9.42
2010	9130.62	21839.72	39193.92	680.93	1628.72	2922.93	2.23	5.34	9.59
2011	11109.40	26610.11	49536.95	824.54	1975.00	3676.62	2.29	5.50	10.23
2012	12585.52	32088.53	60575.74	929.48	2369.84	4473.70	2.36	6.01	11.34
2013	14490.54	38003.70	68285.36	1064.92	2792.91	5018.33	2.46	6.46	11.61
增长率	166.02	223.39	227.29	158.31	214.01	217.80	21.25	47.40	49.18

资料来源：《中国统计年鉴》，财政决算。

从表 5-1 中我们可以发现，在绝对量上，社会保障与就业支出从危机前 2007 年的 5447.16 亿元增长到 2013 年的 14490.54 亿元，增长了 166.02%（口径一）。在窄口径的社会保障支出基础上加上不含财政补助的社会保险基金的支出，中等口径的社会保障支出规模同样在快速扩大（口径二），从 2007 年的 11751.82 亿元增长到 2013 年的 38003.70 亿元，增长了 223.39%。如果将国家财政在教育和卫生方面的支出也纳入进来（口径三），可以看出社会保障支出规模进一步扩大，已经相当可观，从 2007 年的 20864.10 亿元增长到 2013 年的 68285.36 亿元，增长了 227.29%。从人均社会保障支出来看，2007 年口径一的支出为 412.26 元，2013 年上升为 1064.92 元，上升了 158.31%；2007 年口径二的支出为 889.42 元，2013 年上升到 2792.91 元，上升了 214.01%；2007 年口径三的支出为 1579.07 元，2013 年上升到 5018.33 元，上升了 217.80%。从社会保障水平来看，2007 年口径一的支出占 GDP 的 2.03%，2013 年上升到 2.46%，上升了 0.43 个百分点；2007 年口径二的支出占 GDP 的 4.38%，2013 年上升到 6.46%，上升了 2.08 个百分点；2007 年口径三的支出占 GDP 的 7.78%，2013 年上升到 11.61%，上升了 3.83 个百分点。

可见，中国的社会保障制度还不是很完善，原有的社会保障支出不论是从绝对量、人均水平还是占 GDP 比重都比较低，即使为应对危机进行了大幅增加，同制度完善的福利国家仍有一定的差距。

二　中国的经济发展状况

（一）国内生产总值

从国民经济增长速度方面来看，金融危机爆发后，中国经济的增长速度明显放缓，无法和经济危机发生前两位数的增长率相比，但仍快于西方发达国家。根据国家统计局的数据（见表 5－2 和图 5－1），和 2007 年相比，中国 2008 年的 GDP 增长率下降了 4.8 个百分点；与 2008 年相比，中国 2009 年的 GDP 增长率又下降了 0.3 个百分点。直到 2010 年，经济形势所有好转，GDP 增长率达到 10.6%，但好景不长，2011—2014 年的国内生产总值增长率又急转直下，到 2014 年只有 7.4%。

表 5－2　　中国国内生产总值及增长率的变化①

年份	国内生产总值（亿元）	增长率（%）	年份	国内生产总值（亿元）	增长率（%）
2003	135822.8	10.6	2009	340506.9	9.3
2004	159878.3	10.4	2010	408903	10.6
2005	184937.4	12	2011	484124	9.5
2006	216314.4	12.8	2012	534123	7.7
2007	265810.3	14.4	2013	588019	7.7
2008	314045.4	9.6	2014	636463	7.4

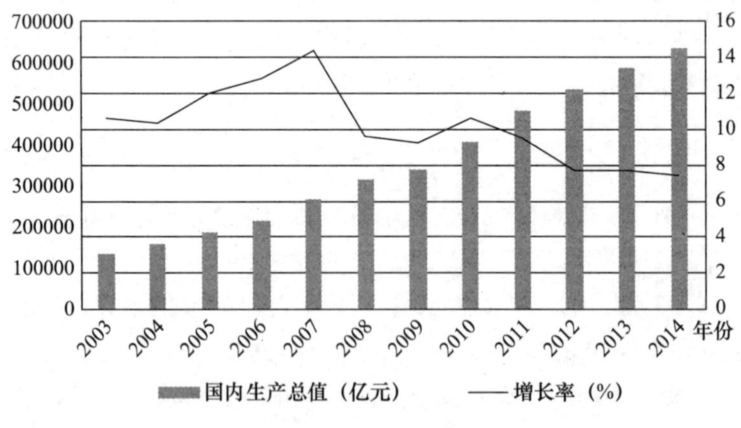

图 5－1　中国国内生产总值及增长率的变化

① 本章数据如无特殊说明均来源于国家统计局。

（二）中国对外贸易进出口情况

国际金融危机对全球贸易的破坏性影响极大，对中国进出口贸易同样造成巨大冲击。经济危机发生前的五年间，中国外贸进出口总额，进口总额、出口总额都以每年超过20%的速度增长。但2008年和2009年，中国外贸进出口总额、进口总额、出口总额，特别是出口总额都出现了明显回落。从表5－3中可以看出，2008年的外贸进出口总额、进口总额、出口总额分别为25616亿美元、11331亿美元和14285亿美元，与上年相比，绝对值都有所上升，但增长率分别下降了5.7个百分点、2.3个百分点和8.5个百分点。到2009年，形势进一步恶化，上述项目的金额分别下降到22072亿美元、10056亿美元和12017亿美元，与上年相比，分别减少了13.9%、11.2%和16%。随后的2010年和2011年上述项目的金额和增长率大幅上升。不过，让人欢喜的形势并未在接下来的两年内得到继续，各项目的增长率均未突破个位数。

表5－3 中国对外贸易进出口额及增长率的变化

年份	进出口总额（亿美元）	出口总额（亿美元）	进口总额（亿美元）	差额（亿美元）	进出口总额与上一年相比的增长率（%）	出口总额与上一年相比的增长率（%）	进口总额与上一年相比的增长率（%）
2003	8512	4384	4124	260	37.1	34.6	39.9
2004	11548	5934	5614	320	35.7	35.4	36
2005	14221	7620	6601	1019	23.2	28.4	17.6
2006	17607	9691	7916	1775	23.8	27.2	20
2007	21738	12180	9558	2622	23.5	25.7	20.8
2008	25616	14285	11331	2954	17.8	17.2	18.5
2009	22072	12017	10056	1961	－13.9	－16	－11.2
2010	29727	15779	13948	1831	34.7	31.3	38.7
2011	36421	18986	17435	1551	22.5	20.3	24.9
2012	38668	20489	18178	2311	6.2	7.9	4.3
2013	41600	22096	19504	2592	7.6	7.9	7.3

另外，中国东部沿海地区依赖外贸进出口的企业出现大批破产倒闭现象。国家发展改革委员会的数据表明，仅2008年上半年全国中小企

业倒闭的数量就大概有6.7万家，占全部企业的8.5%；到下半年情况没有好转反而更为严峻，没有倒闭的中小企业中一些也是靠减发工资或裁员才勉强生存。

三 中国的劳动力市场状况

国际金融危机对我国劳动力市场造成严重冲击，使就业形势更为严峻。从表5-4中我们可以看到，危机爆发前的2003—2007年，中国城镇登记失业人数从800万人小幅增加到830万人，城镇登记失业率也从4.3%降至4%，城镇新增就业人数从859万人上升到1204万人。而2008年危机爆发之后，城镇登记失业人数从2007年的830万人急速增加到2009年的921万人，城镇登记失业率也反弹回4.3%，城镇新增就业人数从1204万人减少到1102万人，降幅明显。人力资源和社会保障部进行的抽样调查结果也显示，我国就业压力加大。在2008年10月到2009年1月期间，出现过岗位净减的企业平均有40%，监测企业的岗位净减少量达到8.1%。

表5-4　　中国城镇失业就业及变化情况

年份	登记失业数（万人）	比上年增加（%）	登记失业率（%）	城镇新增就业人数（万人）	比上年增加（%）
2003	800	3.9	4.3	859	2.26
2004	827	3.4	4.2	980	14.09
2005	839	1.5	4.2	970	-1.02
2006	847	1	4.1	1184	22.06
2007	830	-2	4	1204	1.69
2008	886	6.7	4.2	1113	-7.56
2009	921	4	4.3	1102	-0.99

资料来源：2003—2007年的失业数据来自《中国劳动统计年鉴》；2008年、2009年的失业数据来自人社部网站，并进行了整理。就业数据来自国家统计局年度统计公报。

还需注意的是，上述的城镇登记失业率和失业人数并未包括规模庞大的农民工群体，如果再加上这部分群体的话，那么中国的失业和就业情况将更不容乐观。因为农民工群体在2008年经济危机中首当其冲，受冲击最严重。根据国家统计局的调查数据，受2008年经济危机的影响，有1200多万农民工在2009年春节前暂时失去就业岗位返乡，占外出农民工总量的8.5%。春节后，80%的约5600万返乡农民工已经返城，但仍有1100万外出农民工没有找到工作岗位。返乡农民工中剩下的不到20%在继续寻找工作、创业、务农。[①] 此外，大学生群体受冲击也较严重。抽样调查结果显示，2008年经济危机导致大学生就业问题更加严峻和突出。以2009年上半年为例，城镇16—24岁青年失业率比平均失业率高出1倍，高达11%以上。

四　中国的社会公平状况

2008年经济危机中城乡居民收入连续增长，社会公平状况良好。表5-5、图5-2和图5-3表明，危机之前，农村人均纯收入不仅在数量上远远落后于城镇人均可支配收入，而且在增长率上也不及。危机发生后，城镇居民人均可支配收入的增长率的变化趋势呈现较多的波动，时而上升时而下降，但截至2014年，总趋势是下降的；农村居民的人均纯收入的增长率仅在2008年出现下降，之后的2009—2012年都是上升的，虽然在2013年和2014年又出现了小幅回调，但整体上是上升的，而且从2010年起，它超过了城镇居民人均可支配收入的增长率。

表5-5　　中国居民收入及变化情况

年份	农村人均纯收入（元）	比上年增加（%）	城镇人均可支配收入（元）	比上年增加（%）
2003	2622	4.3	8472	9
2004	2936	6.8	9422	7.7
2005	3255	6.2	10493	9.6
2006	3587	7.4	11759	10.4
2007	4140	9.5	13786	12.2
2008	4761	8	15781	8.4
2009	5153	8.5	17175	9.8
2010	5919	10.9	19109	7.8
2011	6077	11.4	21810	8.4
2012	7917	10.7	24566	9.6
2013	8896	9.3	26955	7
2014	10489	9.2	28844	6.8

① 余昌淼、李红、孙宇：《国际金融危机下的中国农民工问题及对策——访国务院农民工工作联席会议办公室主任、人力资源和社会保障部副部长杨志明》，《中国党政干部论坛》2009年第5期。

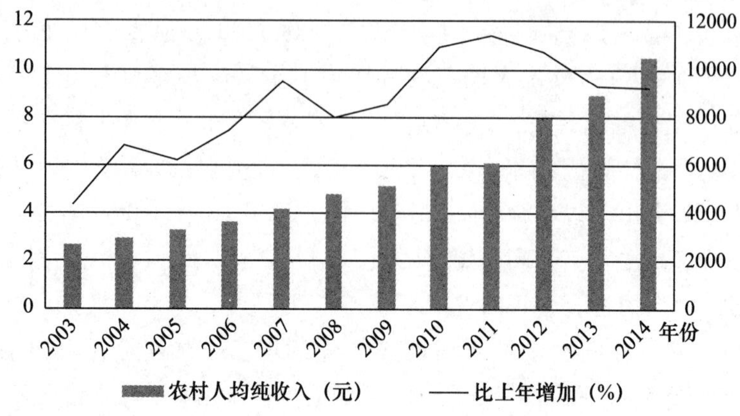

图5－2　中国农村居民人均纯收入及增长率

中国在2008年经济危机前后受理的社会经济案件情况并无显著变化，也反证了我国在危机中的社会公平状况良好。表5－6中反映了在经济危机前后，每万人口受理的盗窃案、敲诈勒索案、抢夺案、盗窃损毁公共设施案、诈骗案的案件数并没有明显增加。其中，敲诈勒索案、抢夺案、盗窃损毁公共设施案的案件数在危机后还比危机前减少了，呈下降趋势。盗窃案和诈骗案的案件数虽然整体上增加了，但在危机发生后最严重的初始阶段并没有增加，可见增加另有他因。从一定程度上讲，危机后国家和社会的应对措施保证了人们的生存权，没有逼迫人们走上犯罪的道路。

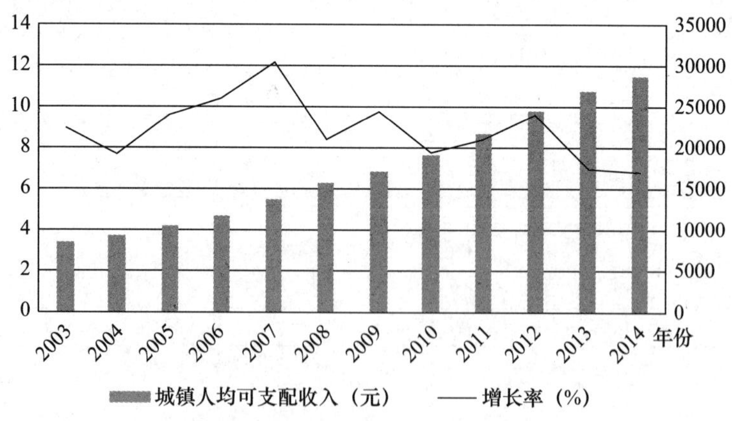

图5－3　中国城镇居民人均可支配收入及增长率

表 5-6　　中国近年来受理的经济案件情况

指标	2014 年	2013 年	2012 年	2011 年	2010 年	2009 年	2008 年	2007 年	2006 年
每万人口受理盗窃案件数（起/万人）	16.9	15.8	15.1	15.4	14.8	15.2	15.3	15.7	13.8
每万人口受理敲诈勒索案件数（起/万人）	0.1	0.1	0.1	0.2	0.2	0.3	0.3	0.4	0.4
每万人口受理抢夺案件数（起/万人）	0.2	0.2	0.3	0.3	0.4	0.4	0.4	0.4	0.5
每万人口受理盗窃、损毁公共设施案件数（起/万人）	0.1	0.1	0.1	0.1	0.1	0.2	0.2	0.3	0.4
每万人口受理诈骗案件数（起/万人）	2.9	2.3	2	1.5	1.3	1.2	1	1.1	1

五　中国的财政状况

受 2008 年经济危机的影响，中国的财政状况有所恶化，财政增收困难，财政支出增加，财政赤字变大，但并不严重，不会造成财政危机。危机来临之前，我国的公共财政收入和税收收入一直处于不断增长的态势，增长速度更是快于财政支出的增速。直到 2008 年上半年，公共财政收入还在以 33.3% 的速度增长。但 2008 年经济危机到来后的下半年，公共财政收入增长只有 5.2%，也将全年全国财政收入增长拉低至 19.5%。受经济萧条、企业效益不佳以及结构性减税的影响，2008 年税收收入增长比上年降低了 14.4 个百分点，2009 年比 2008 年又下降了7.2个百分点（见表5－7）。2010年和2011年的财政收入和税收收入增长加快，但接下来的三年又急速退回到个位数。在这期间，财政支出的增长基本快于财政收入的增长，仅有2010年和2011年除外（见图5－4），从而使危机前基本收支平衡的财政收支关系在危机之后被打破，财政支出多余财政收入的部分不断加大，也即财政赤字不断加大（见图5－5）。

表5－7　中国公共财政收支及变化情况

年份	公共财政收入(亿元)	收入比上年增长(%)	税收收入(亿元)	税收比上年增长(%)	财政支出(亿元)	支出比上年增长(%)	财政盈余
2003	21715.25	14.9	20466	20.4	—	—	—
2004	26396.47	21.6	25723	25.7	—	—	—
2005	31649.29	19.9	30867	20	33930.28	19.1	-2280.99
2006	38760.2	22.5	37637	21.9	40422.73	19.1	-1662.53
2007	51321.78	32.4	49449	31.4	49781.35	23.2	1540.43
2008	61330	19.5	57862	17	62592.66	25.7	-1262.66
2009	68477	11.7	59515	9.8	76299.93	21.9	-7822.93
2010	83080	21.3	73202	23	89874.16	17.8	-6794.16
2011	103740	24.8	89720	22.6	109247.8	21.6	-5507.79
2012	117210	12.8	100601	12.1	125953	15.3	-8742.97
2013	129143	10.1	110497	9.8	140212.1	11.3	-11069.1
2014	140350	8.6	119158	7.8	151785.6	8.3	-11435.6

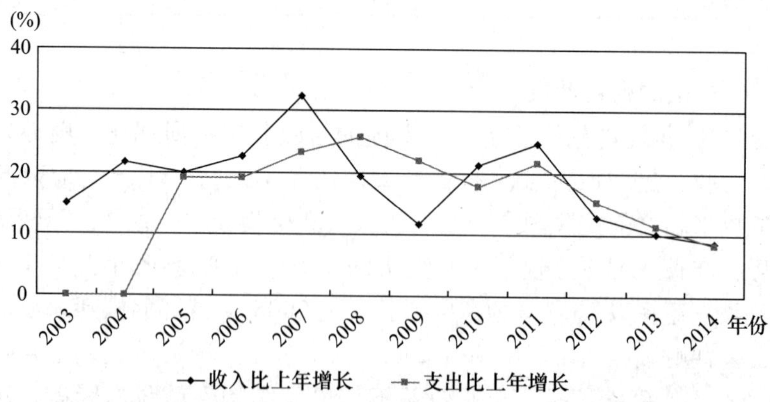

图5－4　2003—2014年中国公共财政收入与支出增长率

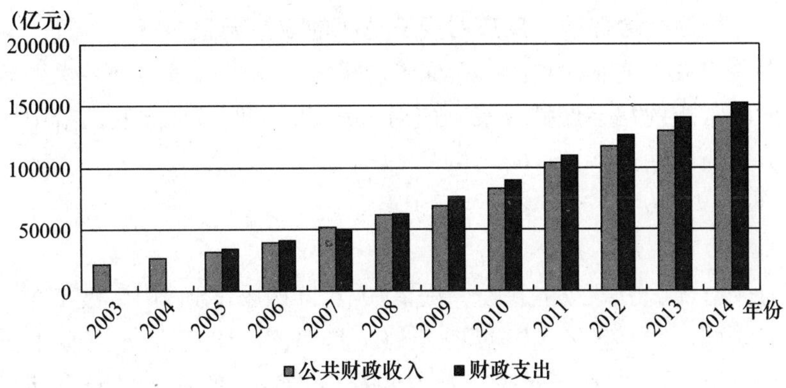

图 5－5　2003—2014 年中国公共财政收入与支出情况

中国在经济危机中的表现总体尚可。经济增长率虽然有所下滑，但同其他国家相比，仍然保有较高的增长率。较其他国家，失业率上涨的幅度不是很大。城乡居民收入连续增长，社会犯罪率并未增加，社会公平状况良好。财政支出比较稳健，并未给国家财政造成较大的负担，更没有使国家陷入债务危机。但不可否认的是，危机对中国还是造成较大冲击。中国经济连续下滑，大学生等就业困难群体面临更大的就业压力，城乡仍有大量的贫困人口存在，贫富差距居高不下，财政负担有所加重。

因此，对包括社会保障政策在内的一系列国家宏观经济、社会政策作出优化及调整，可以帮助中国及早地走出危机。本章后面先对中国社会保障制度应对经济危机的政策调整作出分析，然后分别从经济增长和就业两个角度对社会保障发挥的作用进行实证检验，最后对中国社会保障制度应对经济危机的能力作出全面评价。

第二节　中国社会保障制度应对经济危机的政策调整

在严峻的经济形势下，我国政府审时度势，调整社会保障政策加以应对，并且力度和强度前所未有。社会保障制度采取了哪些政策加以应对？这些政策有何特征？本节将重点对这些内容进行介绍和分析。

一　中国社会保障制度应对经济危机的政策调整内容

中国积极实施非常规的社会保障政策——相机决策的刺激性财政政策，调整常规的社会保障政策来应对和缓解2008年经济危机给中国经济社会造成的冲击。

（一）相机决策的刺激性财政政策

1．“4万亿元”投资计划

为保增长、引导经济回暖，从2008年第四季度到2010年年底，我国政府实施了“4万亿元”投资计划。其中，1.18万亿元来自中央政府新增投资，2.82万亿元来自地方和社会投资。这4万亿元全部投向国民经济和社会发展的薄弱环节和重点领域（见表5－8），很好地促进了投资、增加了就业、刺激了消费。

表5－8　扩大内需“4万亿元”投资重点投向与资金测算单位：亿元、%

重点投向	资金测算	比重
廉租住房、棚户区改造等保障性住房	4000	10.00
农村水电路气房等民主工程和基础设施	3700	9.25
铁路、公路、机场、水利等重大基础建设和城市电网改造	15000	37.50
医疗卫生、教育文化等社会事业发展	1500	3.75
节能减排和生态建设工程	2100	5.25
自主创新和产业结构调整	3700	9.25
汶川地震灾后恢复重建	10000	25.00
合计	40000	100.00

资料来源：国家发展与改革委员会网站。

投资基础设施建设可以促进经济增长和区域发展。这在国内外的许多研究中得到证明。如Aschauer① 的研究表明，美国从1949—1985年，0.39%的公共投资产出弹性极大地拉动了经济增长。Etsuro Shioji② 研究了美国和日本两国的经济增长与公共基础设施投资的关系且发现，公共

① Aschauer, David Alan, “Is public expenditure productive?”, *Journal of Monetary Economics*, Vol. 23, No. 2, 1989, pp. 77－200.

② Shioji, Etsuro, “Public Capital and Economic Growth: A Convergence Approach”, *Journal of Economic Growth*, Vol. 6, No. 3, 2001, pp. 205－227.

基础设施投资积极地推动了地区人均产出增长。娄洪[1]、范前进等[2]从构建理论模型、进行一般均衡分析的视角，分析了公共基础设施投资对经济增长的影响，结果他们都认为其投资规模对区域经济增长至关重要。城市电网改造和铁路等重大基础设施建设投资比重最高，达到15000亿元，超过总投资的1/3；汶川地震灾后恢复重建投资也达1万亿元，占总投资的1/4；基础设施医疗卫生和农村民生工程投资也有3700亿元，这三项重点基础设施投资累计达到28700亿元，直接弥补了经济衰退期间民间有效投资的不足，并提供了大量的就业岗位，还能更好地吸引外资和提高农业生产效率。

廉租住房、棚户区改造等保障性住房投资4000亿元，占10%；医疗卫生、教育文化等社会事业发展投资1500亿元，占3.75%。这两项民生投资虽然所占比重不大，但城市安居工程不但可以直接减轻城市中低收入居民的购房压力，提高其消费意愿，刺激消费，还能带动房地产业的发展，并拉动钢铁、建材、家电、装修等诸多房地产上下游产业的投资和发展。而医疗卫生、教育文化等投资可以减少人们的预防性储蓄，增加人们的消费需求，也为经济发展进行了人力资本上的教育和健康的投资和储蓄。中国在饱受危机带来的严重创伤之时，也要看到危机之中蕴含着发展的机遇。要实现经济可持续发展，我国就不能继续单纯地依靠廉价的劳动力、大量的资源消耗来支撑经济的发展。我国预借这次危机之“机”调整产业结构，寻找和培育新的经济增长点，以主动增强经济发展的后劲和未来应对经济危机的能力。为此，中央拿出总投资的9.25%共计3700亿元进行自主创新和结构调整，拿出总投资的5.25%共计2100亿元用于节能减排和生态建设工程，以加快经济增长方式的调整和产业结构的转型与升级，使我国更快更好地走出经济危机。

2. 积极财政政策

（1）促进农民工和大学生就业。于2008年年底举行的中央农村工作会议强调，积极促进农民工就业，并提出一方面要引导企业稳定农民

① 娄洪：《长期经济增长中的公共投资政策》，《经济研究》2004年第3期。

② 范前进、孙培源、唐元虎：《公共基础设施投资对区域经济影响的一般均衡分析》，《世界经济》2004年第5期。

工的就业岗位，另一方面要支持农民工返乡创业。[①] 2009年“中央一号文件”进一步强调支持企业多留用农民工；同时鼓励开发新岗位，通过以工代赈等方式拓展农村非农就业空间，实现农民就近、就地就业。[②] 2009年年初，教育部为鼓励高校毕业生转变就业观念，到西部和艰苦边远地区实现就业，承诺只要高校毕业生在上述地区的基层单位就业达到一定年限，就由国家为其偿还学费和助学贷款。[③] 温家宝总理在2009年3月5日的政府工作报告中提出将使用中央财政资金支持大学生就业。

（2）扩大财政补贴范围。进一步完善生产者补贴。2008年经济危机发生后，由于国际油价大幅上涨，国家启动油价补贴机制，给予城市公交、城市出租车司机、农村水路客运、农村道路客运等油价补贴。同时，国家给予像学前教育机构、公共卫生医疗机构、金融业、节能环保行业等社会公益行业生产者补贴。2010年5月31日，《关于开展私人购买新能源汽车补贴试点的通知》发布，并在深圳、上海、杭州、合肥、长春5个城市率先试点，对汽车生产企业进行补贴。财政部规定，基础金融服务薄弱地区可以在2010—2012年享受农村金融机构的定向费用补贴。国家对农民的各种补贴也大幅增加。每年仅中央财政对农民的良种补贴、粮食直补、农机购置补贴、农资综合补贴就已累计千亿元以上，如2010年为1335.9亿元。

开始推广消费者补贴。2008年经济危机发生后，财政使用直接补贴城乡消费者的方式，发挥内需拉动经济增长的作用。最直接的政策是中央财政安排资金实施的汽车、家电、摩托车下乡政策以及汽车、家电以旧换新政策。其中中央财政和地方财政分别负担80%和20%。但新疆、宁夏、内蒙古、广西、西藏5个少数民族自治区以及在汶川地震中受灾严重的51个县，则皆由中央财政全部承担。

（3）改善医疗教育条件。国务院常务会议在2009年1月21日审议并通过了《2009—2011年深化医药卫生体制改革实施方案》和《关于

---

① 《中央农村工作会议召开，全面部署2009年农业和农村工作》，中央人民政府网，http：//www.gov.cn/test/2009－10/27/content_1449725_2.htm，2009年10月27日。

② 2009年“中央一号文件”全文，中国经济网，http：//www.ce.cn/xwzx/gnsz/szyw/201201/30/t20120130_23027593_2.shtml，2012年1月30日。

③ 《拓宽高校毕业生就业渠道》，《经济日报》2008年12月2日。

深化医药卫生体制改革的意见》。同时，会议提出三年内国家将投入8500亿元用于医药卫生体制改革。2008年12月全国财政工作会议召开，会议提出2009年将有240亿元的预算安排用于资助家庭经济困难学生；继续对职业教育给予支持，逐步实现农村中等职业教育免费；进一步对高校财政拨款制度进行完善。[①]

（二）常规的社会保障稳定政策

中国积极运用社会保障措施来应对2008年经济危机，减轻其对本国造成的负面影响，陆续出台了一系列的经济政策和社会政策。表5-9和表5-10概要列出了2008—2016年中国政府颁布实施的相关福利政策。这些政策措施通过促进经济发展、稳定就业岗位、维护社会公平和稳定，有效地缓解了危机。

表5-9　　金融危机初期中国政府应对政策概览

发文日期	发布单位	颁发文号	政策名称
2008年2月3日	民政部、财政部	民电〔2008〕16号	关于进一步提高城乡低保补助水平妥善安排当前困难群众基本生活的通知
2008年9月26日	国务院办公厅	国办发〔2008〕111号	关于促进以创业带动就业工作指导意见的通知
2008年12月20日	人力资源和社会保障部、财政部、国家税务总局	人社部发〔2008〕117号	关于采取积极措施　减轻企业负担　稳定就业局势有关问题的通知
2009年1月7日	人力资源社会保障部	人社部发〔2009〕8号	关于实施特别职业培训计划的通知
2009年4月8日	人力资源社会保障部	人社部发〔2009〕35号	关于全面开展城镇居民基本医疗保险工作的通知
2009年6月15日	民政部、财政部、卫生部、人力资源和社会保障部	民发〔2009〕81号	关于进一步完善城乡医疗救助制度的意见

① 财政部新闻办公室谢旭人部长：《详解积极财政政策与民生支出重点》，《农村财政与财务》2009年第5期。

续表

发文日期	发布单位	颁发文号	政策名称
2009 年 7 月 31 日	人力资源社会保障部	人社部发〔2009〕97 号	关于延长东部 7 省（市）扩大失业保险基金支出范围试点政策有关问题的通知
2009 年 9 月 1 日	国务院	国发〔2009〕32 号	关于开展新型农村社会养老保险试点的指导意见
2009 年 10 月 9 日	人力资源社会保障部、中央机构编制委员会办公室	人社部发〔2009〕116 号	关于进一步加强公共就业服务体系建设的指导意见
2009 年 12 月 16 日	人力资源和社会保障部、财政部、国家税务总局	人社部发〔2009〕175 号	关于进一步做好减轻企业负担　稳定就业局势有关工作的通知
2009 年 12 月 31 日	人力资源社会保障部、财政部	人社部发〔2009〕190 号	关于基本医疗保险异地就医结算服务工作的意见
2009 年 12 月 31 日	人力资源社会保障部	人社部发〔2009〕191 号	关于印发流动就业人员基本医疗保障关系转移接续暂行办法的通知
2010 年 1 月 25 日	人力资源社会保障部	人社厅函〔2010〕35 号	关于做好当前失业保险工作　稳定就业岗位有关问题的通知
2010 年 2 月 10 日	人力资源社会保障部、国家发展和改革委员会、财政部	人社部发〔2010〕13 号	关于进一步实施特别职业培训计划的通知
2010 年 4 月 29 日	人力资源社会保障部	人社部发〔2010〕29 号	关于加强就业援助工作的指导意见
2010 年 9 月 17 日	人力资源社会保障部	人社部发〔2010〕63 号	关于进一步提高失业保险统筹层次有关问题的通知
2010 年 9 月 26 日	人力资源社会保障部	人社部发〔2010〕70 号	关于印发《城镇企业职工基本养老保险关系转移接续若干具体问题意见》的通知
2010 年 10 月 20 日	人力资源社会保障部	人社部发〔2010〕75 号	关于印发就业失业登记证管理暂行办法的通知
2010 年 11 月 25 日	人力资源社会保障部	人社部发〔2010〕86 号	关于建立全国就业信息监测制度的通知

资料来源：根据人力资源和社会保障部网站（http：//www. mohrss. gov. cn/）、中央人民政府门户网站（http：//www. gov. cn/）和民政部网站（http：//www. mca. gov. cn/）相关资料整理。

表 5－10　　现阶段中国政府应对政策概览

发文日期	发布单位	颁发文号	政策名称
2012 年 1 月 1 日	国家发展改革委卫生部、财政部、人力资源社会保障部、民政部保监会	发改社会〔2012〕2605 号	关于开展城乡居民大病保险工作的指导意见
2012 年 12 月 26 日	人力资源社会保障部、财政部	人社部发〔2012〕103 号	关于进一步完善公共就业服务体系有关问题的通知
2013 年 4 月 8 日	人力资源社会保障部	人社部函〔2013〕67 号	关于建立 31 个大中城市就业形势分析月报制度的通知
2014 年 2 月 24 日	人力资源社会保障部、财政部	人社部发〔2014〕17 号	关于印发《城乡养老保险制度衔接暂行办法》的通知
2014 年 4 月 21 日	国务院	国发〔2014〕8 号	关于建立统一的城乡居民基本养老保险制度的意见
2014 年 11 月 17 日	人力资源社会保障部、财政部、国家发展和改革委员会、工业和信息化部	人社部发〔2014〕76 号	关于失业保险支持企业稳定岗位有关问题的通知
2014 年 11 月 18 日	人力资源社会保障部	人社部发〔2014〕93 号	关于进一步做好基本医疗保险异地就医医疗费用结算工作的指导意见
2014 年 12 月 23 日	人力资源社会保障部	人社部发〔2014〕97 号	关于进一步完善就业失业登记管理办法的通知
2015 年 2 月 27 日	人力资源社会保障部、财政部	人社部发〔2015〕24 号	关于调整失业保险费率有关问题的通知
2015 年 4 月 21 日	国务院办公厅	国办发〔2015〕30 号	国务院办公厅转发《民政部等部门关于进一步完善医疗救助制度　全面开展重特大疾病医疗救助工作意见》的通知
2015 年 4 月 27 日	国务院	国发〔2015〕23 号	关于进一步做好新形势下就业创业工作的意见
2015 年 6 月 17 日	国务院办公厅	国办发〔2015〕47 号	关于支持农民工等人员返乡创业的意见
2015 年 7 月 3 日	人力资源社会保障部失业保险司	人社失业司便函〔2015〕10 号	关于进一步做好失业保险支持企业稳定岗位工作有关问题的通知

续表

发文日期	发布单位	颁发文号	政策名称
2015年7月21日	人力资源社会保障部、财政部	人社部发〔2015〕71号	关于调整工伤保险费率政策的通知
2015年7月27日	人力资源社会保障部、财政部	人社部发〔2015〕70号	关于适当降低生育保险费率的通知
2015年7月28日	国务院办公厅	国办发〔2015〕57号	关于全面实施城乡居民大病保险的意见
2015年8月27日	人力资源社会保障部	人社部发〔2015〕80号	关于印发《关于做好进城落户农民参加基本医疗保险和关系转移接续工作的办法》的通知
2016年1月3日	国务院	国发〔2016〕3号	关于整合城乡居民基本医疗保险制度的意见

资料来源：同表5－9。

1. 稳定就业和促进就业

在2008年经济危机爆发之初，劳动者就业难度日益增加，失业风险也随之加大。为此，中国政府空前重视就业工作，积极采取多种措施增加就业。

其一，为企业减负，对企业稳定就业岗位进行鼓励。2008年人力资源和社会保障部（以下简称人社部）、国家税务总局、财政部颁发的《关于采取积极措施　减轻企业负担　稳定就业局势有关问题的通知》（人社部发〔2008〕117号）指出，在社会保险待遇按时足额支付、社会保险制度运行平稳、社会保险基金没有缺口的前提下，企业可以在2009年内缓缴社会保险费，但缓缴期限最长为6个月；可以在2009年内降低城镇职工基本医疗、工伤、失业、生育保险的缴费率，但期限最长为12个月；可以在2009年内使用失业保险基金结余支付困难企业的社会保险补贴和岗位补贴，使困难企业少裁员甚至不裁员，以稳定就业岗位。2009年12月1日人社部联合财政部和国家税务总局又颁发了《关于进一步做好减轻企业负担　稳定就业局势有关工作的通知》（人社部发〔2009〕175号），缓缴社会保险费、降低社会保险费率、使用失业保险基金补助困难企业和鼓励困难企业稳定职工队伍等政策的执行期限被延长至2010年年底。2010年1月人社部的《关于做好当前失业保险工作 稳定就业岗位有关问题的通知》（人社厅函〔2010〕35号）提出，进一步提高政策的针对性和实效性，重点向中小企业和民营企业倾斜，加大基金调剂力度，确保更多的企业享受稳岗补贴政策的扶持。

其二，针对不同群体实施不同的就业促进政策。针对大学生群体，各级政府特别鼓励大学生通过创业带动就业。2008年9月《关于促进以创业带动就业工作指导意见的通知》（国办发〔2008〕111号）颁布。该通知要求各地要强化政策扶持、完善扶持政策、拓宽融资渠道、改善创业环境和行政管理等措施。针对农民工群体和就业困难人员，2009年1月和2010年2月，人社部、国家发展和改革委员会（以下简称国家发改委）同财政部一起下发了《关于实施特别职业培训计划的通知》和《关于进一步实施特别职业培训计划的通知》。两个《通知》都强调对他们开展在岗培训、转岗培训、实用技能培训。

其三，加强就业服务，完善就业环境。2009年10月，人社部和中央机构编委会办公室颁布了《关于进一步加强公共就业服务体系建设的指导意见》（人社部发〔2009〕116号）。该意见要求县级以上人民政府建立健全公共就业服务体系。该体系由各级政府人力资源社会保障行政部门统筹管理，加强基层公共就业服务工作平台建设，推进公共就业服务信息网络建设，全面执行包括免费服务、统筹管理、就业与失业登记管理、就业援助和专项服务等在内的各项公共就业服务制度。为此，人社部于2010年4月、10月、11月分别下发了《关于加强就业援助工作的指导意见》《关于印发就业失业登记证管理暂行办法的通知》和《关于建立全国就业信息监测制度的通知》。

其四，现阶段2008年经济危机还未完全过去，继续巩固以前的就业措施。人力资源社会保障等部门于2014年11月和2015年7月下发的《关于失业保险支持企业稳定岗位有关问题的通知》和《关于进一步做好失业保险支持企业稳定岗位工作有关问题的通知》提出，进一步加大政策宣传力度，使符合条件的企业都能够知晓并享受稳岗补贴政策，鼓励、支持、引导企业稳定就业岗位。国务院和国务院办公厅纷纷出台了做好新形势下就业创业工作的意见和支持农民工等人员返乡创业的意见，通过创业带动就业，进一步稳定总体就业局势。人社部、财政部在2015年先后颁布了《关于调整失业保险费率有关问题的通知》

《关于调整工伤保险费率政策的通知》和《关于适当降低生育保险费率的通知》，不断减轻企业负担，稳定就业岗位。《关于进一步完善公共就业服务体系有关问题的通知》（人社部发〔2012〕103 号）、《关于建立 31 个大中城市就业形势分析月报制度的通知》（人社部函［2013］67 号）和《关于进一步完善就业失业登记管理办法的通知》（人社部发〔2014〕97 号）则切实提升了公共就业服务的效率和水平，很好地促进了就业。

2. 增加可支配收入，保障生活，促进消费

其一，保障低收入者、失业人员、退休人员的基本生活。2008 年民政部、财政部《关于进一步提高城乡低保补助水平　妥善安排当前困难群众基本生活的通知》（民电〔2008〕16 号）要求，自 2008 年 1 月 1 日起，城市和农村低保对象补助水平分别以每人每月 15 元和 10 元的标准提高。城乡低保对象仍继续享有中央财政给予的适当补助。中央对地方提高补助金额的行为予以鼓励。同时，农村五保供养水平要根据物价情况和实际情况给予适度提高，城市低保边缘家庭要给予临时救助。为保障失业人员基本生活，人社部出台了《关于延长东部 7 省（市）扩大失业保险基金支出范围试点政策有关问题的通知》（人社部发〔2009〕97 号）。《通知》将扩大失业保险基金支出范围试点政策的执行时间延长 1 年，涉及北京、山东、江苏、上海、福建、浙江、广东 7 省市。2008 年 11 月由人社部和财政部共同发布了《关于 2009 年调整企业退休人员基本养老金的通知》，该通知决定提高企业退休人员的基本养老金水平，提高标准按照 2008 年企业退休人员核定的月人均基本养老金的 10% 左右进行确定。全国实际平均提高 134 元，从而将企业退休人员的月人均养老金水平提高到 1200 元以上①。

其二，减轻居民养老和医疗的后顾之忧，大幅度提高制度的覆盖面，实施了新农保和城居保制度、城乡医疗救助制度和城乡居民大病保险制度。国务院制定并下发了《关于开展新型农村社会养老保险试点的指导意见》，启动实施了新农保试点，首批试点县包含 4 个直辖市的部分地区和 27 个省区 320 个县。新农保制度的实施填补了我国农村社

① 《人力资源社会保障部详解 2009 年社保工作重大举措》，http：//www. mohrss. gov. cn/SYrlzyhshbzb/dongtaixinwen/buneiyaowen/201002/t20100204_ 94075. htm，2010 年 2 月 4 日。

会养老保险制度的空白，也可以帮助我国有效地应对国际2008年经济危机。新农保在农村的实行无疑会减轻农民的养老担忧，从而会增加农民的消费能力和消费需求，推动经济增长。为解决一直困扰着城镇居民的看病难看病贵问题，人社部出台了《关于全面开展城镇居民基本医疗保险工作的通知》，开始全面实施城镇居民基本医疗保险制度，完成对城乡居民基本医保制度（以下简称城居保）的全覆盖，使所有的城镇居民都可享受基本的医疗保险待遇。该通知还明确规定城居保基金支付范围包含参保人员生育分娩发生的且符合规定的医疗费用，以帮助城镇居民解决生育医疗保险费用问题。同时，多部门联合颁发了《关于进一步完善城乡医疗救助制度的意见》，帮助困难群众解决看病难题。2015年4月，《国务院办公厅转发民政部等部门关于进一步完善医疗救助制度　全面开展重特大疾病医疗救助工作意见的通知》中强调，最大限度地减轻困难群众医疗支出负担。然而，人民群众对大病的医疗费用仍然负担不起，社会反应强烈。于是，国家发改委联合卫生部、财政部、人社部、民政部在2012年1月出台了《关于开展城乡居民大病保险工作的指导意见》。该意见决定进一步保障大病患者的高额医疗费，以减轻群众大病医疗费用负担。2015年，颁布《关于全面实施城乡居民大病保险的意见》。该意见提出，2015年大病保险支付比例应达到50%以上，在筹资能力、管理水平不断提高的同时，要进一步提高支付比例，更有效地减轻个人医疗费用负担。

其三，提高养老、医疗、失业、工伤、生育等社会保险的统筹层次，增加抵御风险的能力。社会保险各险种统筹层次低，统筹基金规模小，统筹基金的调节功能有限，分散风险的功能弱化，社会互助共济的功能不能充分发挥，直接削弱了社会保险制度应对经济危机的能力。因此，2008年经济危机之后，政府更加重视提高社会保险的统筹层次。由县、地级市层面统筹的基本养老保险提升到由省级统筹。2009年颁发的《关于基本医疗保险异地就医结算服务工作的意见》（人社部发〔2009〕190号）提出，有条件的地区基本医疗保险实行市（地）级统筹，大病保险实行市（地）级统筹的原则上鼓励省级统筹，工伤保险还未实现市级统筹的要在2015年年底实现。2010年9月人社部发布的《关于进一步提高失业保险统筹层次有关问题的通知》（〔2010〕63号）提出，在全国范围内，截至2011年年底，要基本实现失业保险的市级统筹。2015 年人社部和财政部下发的《关于适当降低生育保险费率的通知》中也提到要提高生育保险的统筹层次，提升生育保险基金的使用效率。

其四，出台新政策，增加了制度的适应性和公平性。首先，人社部下发了一系列方便参保人员自由流动的转移接续政策，如《关于印发流动就业人员基本医疗保障关系转移接续暂行办法的通知》（人社部发〔2009〕191 号）、《关于印发城镇企业职工基本养老保险关系转移接续若干具体问题意见的通知》（人社部发〔2010〕70 号）、《关于进一步做好基本医疗保险异地就医医疗费用结算工作的指导意见》（人社部发〔2014〕93 号）和《关于印发〈关于做好进城落户农民参加基本医疗保险和关系转移接续工作的办法〉的通知》（人社部发〔2015〕80 号）等。这些政策确保了劳动者在转换工作岗位时相应的基本养老、医疗保险权益，同时大大提高了社会保障制度的适应性和便携性。其次，不断衔接、统一、整合城乡养老保险和医疗保险制度，提高制度的公平性。人社部和国务院先后颁发《关于印发〈城乡养老保险制度衔接暂行办法〉的通知》《关于建立统一的城乡居民基本养老保险制度的意见》和《关于整合城乡居民基本医疗保险制度的意见》三个文件，全面推进公平和统一的社会保险制度建设，发挥其调节社会收入分配、刺激和促进经济发展的重要作用。

二　中国社会保障制度应对经济危机的政策调整特征

面对国际 2008 年经济危机的冲击，中国政府调整社会保障制度来加以应对和化解，效果明显。社会保障政策有力地抑制了经济的下滑、维持了社会总需求的稳定、稳定和促进了就业、保护了中低层收入者、降低了贫困率和收入差距、促进了社会的和谐与安定。因此，2008 年经济危机再次向我们证明：社会保障制度是社会和经济发展的“稳定器”和“促进器”。回顾 2008 年以来实施的社会保障政策，具有正面特征和负面特征。

（一）正面特征

1. 力度大

自 2008 年以来，政府实施了包含“4 万亿元”投资计划、积极的相机决策的财政政策。同时，政府还实施了常规的社会保障政策：稳定就业岗位、促进就业的政策；增加可支配收入，保障生活，促进消费的转移接续政策；统一和整合城乡养老保险和医疗保险制度的政策；提高养老、医疗、失业、工伤、生育等社会保险统筹层次的政策；以及大幅度提高制度的覆盖面，实施了新农保、城居保、城乡医疗救助制度和城乡居民大病保险制度。可见，中国应对此次全球经济危机的力度前所未有。

2. 重视发挥社会保障促进内需的作用

保障低收入者、失业人员、退休人员基本生活的措施和实施新农保、城居保、城乡医疗救助制度和城乡居民大病保险制度的措施，都可以通过提高人们的收入增加人们对未来的安全的心理预期，增加人们的消费意愿和消费能力，进而可以直接扩大内需。稳定和促进就业的措施，可以维持甚至提高个人和其家庭基本的收入水平，使个人和家庭保有或提高消费能力，进而刺激社会需求。尤其是这些措施主要针对的是社会的中低收入群体，因此会有较大的边际消费倾向，也会产生较大的乘数效应。另外，提高养老、医疗、失业等社会保险的统筹层次，可以通过在更广范围内使用规模更大的统筹基金来增强统筹基金的调剂能力，使最需要资金的人获得资金并把它用于最基本的消费。社会保险转移接续政策有利于促进劳动力的自由流动，从而在保障参保者原有社会保险权益的同时，也促进了他们进一步获得更好的工作机会，为扩大内需打下了基础。统一并整合城乡社会保险制度，直接提高了制度的公平性，调节了收入分配差距，促进了内需。

3. 特别关注弱势群体

因为危机对弱势群体的影响更为严重，中国尤其关注这部分群体。表现在：提高了城市和农村低保人员的救助水平，对农民工群体和大学生群体实施了有针对性的培训和促进就业政策，上调企业退休人员的月人均养老金水平，将农民纳入社会养老保险的覆盖范围内，将城镇居民纳入到基本医疗保险的覆盖范围内，对城乡困难居民实施医疗救助，对城乡居民实施大病保险等。这些制度措施帮助社会弱势群体躲过了危机带来的毁灭性灾难，也维系了社会秩序的稳定。

（二）负面特征

1. 对非正规就业群体的就业保护不到位

在2008年经济危机中，我国使用失业保险基金结余援助困难企业，鼓励企业少裁员或者不裁员，以稳定就业岗位。但是，中国的失业保险主要覆盖的都是国有部门、集体部门还有一些相对正规的新兴部门，覆盖的人员也都是在这些部门工作的正规就业群体。然而，本身脆弱性最强受2008年经济危机冲击最为严重的非正规就业群体，主要是城镇居民中有过下岗或失业经历的再就业人员，还有规模庞大的农民工群体。他们在中小企业或微型企业就业，未签订劳动合同，也未参加应该参加的法定的社会保险项目。[①] 在2008年经济危机冲击下，他们最容易遭受失业风险，但他们根本享受不到原有的企业稳定就业岗位的措施。

2. 公共支出过于重视短期效果

中国政府通过积极的刺激性财政政策，投资了大量基础设施的建设，创造了大量新岗位，能够在短时间内改善就业的严峻形势，发挥了投资对就业的带动作用。但这种措施易引起通货膨胀，对经济的转型和可持续发展帮助不大。而有利于经济长期发展的自主创新、结构调整、生态环境等项目所占的资金比重较小。危机中用于人力资本和社会发展项目的支出快速增长。2007—2010年，教育占GDP比重、医疗卫生占GDP比重、社会保障与就业支出占GDP比重分别由2.7%增加到3.1%、由0.7%提高到1.2%、由2%提高到2.2%。但这些项目的总量和比重仍然较低，都远远落后于经合组织平均水平。这减弱了社会保障消除人们强烈的储蓄性动机的作用，也影响了社会保障自动稳定器作用的正常发挥。

第三节　金融危机背景下中国社会保障支出的经济增长效应

——基于省级面板数据的分析

全球金融危机背景下，为了增加内需和恢复经济增长，中国实施了积极的社会保障政策。那么中国社会保障支出对经济增长的影响程度如何？考虑到中国经济发展具有区域不均衡的特点，各地区社会保障支出是否具有差异性？基于这样的疑问，本节对中国社会保障支出的经济增

① 陶继坤：《中国与澳大利亚应对国际金融危机采取的社会保障措施比较研究》，《经济纵横》2012年第11期。

长效应进行了实证研究，并进行了简要分析和总结，尝试为以后我国应对类似全球经济波动情况提供经验借鉴。

一　模型选取

B. Giorgio 和 B. Carlotta（2000）使用 20 个工业化国家的数据建立了经济增长与社会保障支出关系的经验模型。具体如下：

经济增长率 = a_0 + a_1 国内生产总值的对数值 + a_2 初中入学率 + a_3 投资率 + a_4 自杀率　（5－1）

初中入学率 = b_0 + b_1 国内生产总值的对数值 + $b_2$25 岁以上男性平均受教育年限 + $b_3$25 岁以上女性平均受教育年限 + b_4 社会保障支出额　（5－2）

投资率 = c_0 + c_1 国内生产总值的对数值 + c_2 政府支出额 + c_3 社会保障支出额 + c_4 进出口总值占真实国内生产总值比重 + c_5 自杀率　（5－3）

自杀率 = d_0 + d_1 国内生产总值的对数值 + d_2 社会保障支出额　（5－4）

社会保障制度具有社会稳定器的功能。因此，在该模型中用自杀率来反映社会的稳定情况，认为较高水平的社会保障可以降低自杀率进而促进经济增长。但本书认为，自杀率不能反映我国的社会稳定性，再加之自杀率的数据难以找到，故使用社会保障支出占国内生产总值比重（SSSCALE）来反映社会的公平程度，进而反映其对经济增长的影响。

不同对外开放水平下的社会保障支出水平对经济增长的影响不同。孙锐和高仰杨（2013）[①] 为比较两次金融危机下不同财政支出结构影响经济增长的程度，在计量经济模型中引入对外开放水平指标。封进等（2010）[②] 对我国 30 个省份 2000—2007 年的研究发现：全球化通过对外贸易影响社会保险水平。但人力资本水平可以改变对外贸易的影响，当人力资本水平较低时，全球化对社会保险水平的效率假说占主导，社会保险水平随着贸易水平的提高而下降；当人力资本水平较高时，全球化对社会保险水平的补偿假说占主导，社会保险规模随贸易水平的提高

① 孙锐、高仰杨：《金融危机期间地方财政支出对经济增长的影响——基于省际面板数据的比较分析》，《经济与管理》2013 年第 10 期。

② 封进、张馨月、张涛：《经济全球化是否会导致社会保险水平的下降：基于中国省际差异的分析》，《世界经济》2010 年第 11 期。

而增加。王立军和马文秀[①]（2010）认为，全球金融危机导致国家或地区的经济增长率下降。但出口导向型的发展模式被我国长期坚持，加之发展不均衡的区域经济，使我国总体受金融危机的影响同样具有显著的区域不均衡性，也即受外部影响的经济增长率的下降幅度不同。同时，各省通过调整社会福利水平等宏、微观政策对金融危机的抵抗能力也不同。

郑功成（2000）[②] 认为，社会保障制度不健全增加了国民生活风险和对未来的担忧，也是需求不旺甚至萎缩的至关重要的影响因素。尹阳娜（2006）基于凯恩斯主义模型构建了社会保障促进消费、内需、短期经济增长、长期经济增长的基本模型，具体如下：

$$c_0 = c_i(\delta)Y_T \tag{5-5}$$

$$C = c_i(\delta)Y_i \tag{5-6}$$

$$Y = \varphi(\delta)C \tag{5-7}$$

$$g = [1 - C(\delta)]/v \tag{5-8}$$

式中，c_i 代表消费者在第 i 期的消费，Y_i 代表各期的收入，δ 代表社会保障影响未来预期收入的参数，实际上它使消费者的预期收入增加，φ 代表消费带来的总需求的乘数，v 代表加速数，g 代表长期的均衡经济增长率。四个等式论证了社会保障对微观消费者的当期消费、社会总消费、短期经济增长、长期经济增长分别具有正向刺激作用、正向刺激作用、乘数倍的正向刺激作用、逆向刺激作用。[③] 但社会保障对长期经济增长率具有复杂的影响，不仅仅体现为降低长期经济增长率的消极影响，而且通过影响劳动力增长、劳动力合理配置、人力资本积累等方面刺激经济增长率。

综上所述，同时考虑到我国经济发展存在刚性，即当年的经济情况受上一年经济情况的影响，本书选取影响经济增长的主要因素，借鉴董拥军[④]（2012）中国社会保障支出对效率影响的实证模型，采用方程

---

① 王立军、马文秀：《全球金融危机下的中国经济增长竞争力——基于地区层面的分析》，《当代财经》2010 年第 3 期。

② 郑功成：《需求不旺、生活风险、社会保障》，《中国经济时报》2000 年 4 月 26 日第 2 版。

③ 尹阳娜：《社会保障、消费与内需》，《消费经济》2006 年第 8 期。

④ 董拥军：《我国社会保障支出对效率和公平影响的实证分析》，西南财经大学出版社 2012 年版。

(5 -9)和方程（5 - 10）来反映社会保障支出规模和支出结构对经济增长的作用。

方程（5 -9）中，Y_{it}代表当年经济增长，系数α_{0i}、α_{1i}、α_{2i}、α_{3i}、α_{4i}、α_{5i}、α_{6i}各自代表上一年度人均国内生产总值、社会保障支出规模、上一年度社会保障支出规模、资本积累额、人力资本水平、居民消费水平、对外开放水平与经济增长的关系。若系数为负值则对经济增长有消极影响，为正值则相反。

方程（5 - 10），中Y_{it}代表当年经济增长，系数β_{0i}、β_{1i}、β_{2i}、β_{3i}、β_{4i}、β_{5i}、β_{6i}、β_{7i}、β_{8i}各自代表上一年度人均国内生产总值、社会保险支出、财政社会保障与就业支出、财政医疗卫生支出、财政教育支出、资本积累额、人力资本水平、居民消费水平、对外开放水平与经济增长的关系。若系数为负值则对经济增长有消极影响，为正值则相反。

$$Y_{it} = C_{0i} + \alpha_{0i}\text{上一年度人均国内生产总值}_{it} + \alpha_{1i}\text{社会保障支出规模}_{it} + \alpha_{2i}\text{上一年度社会保障支出规模}_{it} + \alpha_{3i}\text{资本积累额}_{it} + \alpha_{4i}\text{人力资本水平}_{it} + \alpha_{5i}\text{居民消费水平}_{it} + \alpha_{6i}\text{对外开放水平}_{it} + \varepsilon_{it} \quad (5-9)$$

$$Y_{it} = D_{0i} + \beta_{0i}\text{上一年度人均国内生产总值}_{it} + \beta_{1i}\text{社会保险支出}_{it} + \beta_{2i}\text{财政社会保障与就业支出}_{it} + \beta_{3i}\text{财政医疗卫生支出}_{it} + \beta_{4i}\text{财政教育支出}_{it} + \beta_{5i}\text{资本积累额}_{it} + \beta_{6i}\text{人力资本水平}_{it} + \beta_{7i}\text{居民消费水平}_{it} + \beta_{8i}\text{对外开放水平}_{it} + \varepsilon_{it} \quad (5-10)$$

其中，i代表区域，t代表年份，ε_{it}代表随机误差项。

二 数据来源、说明、统计分析

本节选择除香港特区、澳门特区、台湾地区和西藏自治区外的我国30个省份作为分析样本，分析的时间段为2008—2014年。与以往窄口径的社会保障支出统计不同，本书借鉴杨燕绥（2011）、殷金鹏（2016）等的做法，将社会保险支出、财政医疗卫生支出、财政教育支出和财政社会保障与就业支出一起纳入社会保障支出的分析框架，即本书的社会保障支出是上述四部分支出的加总值。[①] 本部分全国及各省的社会保险支出、财政医疗卫生支出、财政教育支出、财政社会保障与就

① 窄口径的社会保障支出一般指财政社会保障支出，在2007年以前主要由抚恤和社会福利救济费、行政事业单位离退休支出、社会保障补助支出构成，而在2007年以后主要指财政社会保障与就业支出。

业支出、国内生产总值、全社会固定资产投资数额、居民消费水平、全国进出口总额及按货源地统计的各省份进出口总额数据均来源于2009—2015年《中国统计年鉴》和中经网数据库。大专以上学历就业人员占总就业人员比重，根据2009—2015年劳动力调查资料中的分地区全国就业人员受教育程度构成的相关数据计算得来。

本部分用人均实际国内生产总值（GDP）来反映经济增长情况，用社会保障支出总额占国内生产总值比重（SSS）来反映社会保障规模，用社会保险支出占社会保障支出比重（SHBX）、财政医疗卫生支出占社会保障支出比重（FM）、财政教育支出占社会保障支出比重（FE）、财政社会保障与就业支出占社会保障支出比重（FSS）来反映社会保障支出的结构水平。用实际全社会固定资产投资总额（FAI）来反映社会资本积累，用实际居民消费水平（CL）来反映社会消费水平，以就业人员中大专以上学历人数占总从业人数比重（HR）来反映就业人员的人力资本发展水平。一般来说，劳动生产率会跟随就业人员受教育水平的提高而提高。目前，我国就业人员的素质已有很大提升，用该指标反映就业人员的人力资本发展水平是比较合适的。用进出口总额占国内生产总值比重（IEG）度量对外开放程度。

为了消除价格因素的影响，各省份人均国内生产总值、消费总额、固定资产投资总额已经采用GDP平减指数、消费价格指数以及固定资产投资价格指数平减为2007年的可比价格。最后，为消除异方差的影响，所有变量均取自然对数。

表5-11中列出了各变量取自然对数后的描述性统计特征，从中可以发现，在社会保障支出中社会保险支出和财政社会保障与就业支出所占比重较大，而财政医疗卫生支出和财政教育支出所占比重相对较小。

表5-11　　模型变量取自然对数后的描述性统计

变量名称	最小值	最大值	均值	标准差
lnGDP	8.95	11.70	10.32	0.55
$lnGDP_{it-1}$	8.84	11.60	10.21	0.56
lnSS	1.66	3.32	2.43	0.33
$lnSSS_{it-1}$	1.59	3.32	2.38	0.34
lnSHBX	2.83	4.08	3.52	0.26

续表

变量名称	最小值	最大值	均值	标准差
lnFSS	2.37	3.92	3.08	0.27
lnFM	1.71	2.96	2.47	0.23
lnFE	2.80	3.82	3.40	0.19
lnCL	8.37	10.31	8.97	0.42
lnFAI	6.28	9.60	8.27	0.82
lnHR	1.11	4.02	2.45	0.54
lnIEG	0.51	4.98	2.88	0.97

三　实证分析

（一）模型设定假设检验

一般情况下，如果利用时序数据建立模型需要对变量依次进行平稳性检验以及协整分析，以避免伪回归的出现。但如果样本数据是面板数据，同时时期数（时期数<15）比较短时，则也可以省略对各变量的平稳性检验和协整分析。本书采用2008—2014年30个省份的面板数据，属于上述可以不进行平稳性检验和协整分析的情况，故从略。

面板数据具有两维特性，模型形式设定得正确与否决定着参数估计是否有效，估计结果是否与实际情况相吻合，因此，在建立面板数据模型之前先要对样本数据进行检验，决定选择混合估计模型、变截距模型还是变系数模型。协方差分析检验即F检验是经常被使用的检验。但本书所用样本数据的时期数只有7年，相对较短，而选取的解释变量相对较多，不宜采用变系数模型。同时，通过变截距模型有利于剔除各省区的特殊影响，重点分析金融危机期间社会保障支出对经济增长的影响。因此，本书采取变截距模型对样本数据进行研究。被忽略的个体差异的变量的影响也可通过变截距模型得到反映。那我们具体是选择固定影响还是随机影响变截距模型，要通过豪斯曼检验进行判定。运用Stata 11.0软件进行检验的结果如表5-12所示。从表中可以看出，2008—2014年的豪斯曼检验在1%的显著性水平上拒绝了原假设，因此，应建立固定影响变截距模型。运用面板数据模型常常遇到横截面的异方差和序列的自相关性难题，此时使用OLS估计可能导致结果失真。为了消除影响，考虑到本书的时序个数小于横截面个数，故采用截面加权估计方法 EGLS（Cross - section Weights）进行估计。

表 5 - 12　　豪斯曼检验的结果

原假设	2008—2014 年		
个体影响为随机影响	χ^2 统计值	χ^2 自由度	P 值
	75.94	11	0.0000

（二）模型估计结果

在模型设定的检验基础之上，使用 Stata 11.0 软件估计 2008—2014 年中国社会保障支出规模和支出结构的经济增长的固定影响变截距模型，结果如表 5 - 13 和表 5 - 14 所示。

表 5 - 13　　中国社会保障支出规模的经济增长模型估计结果

解释变量	全国	东部	中部	西部
$lnGDP_{it-1}$	0.891***	0.974***	0.868***	0.821***
	(0.0000)	(0.0000)	(0.0000)	(0.0000)
lnSSS	-0.0583***	-0.0997***	-0.0405	0.0257
	(0.0005)	(0.0007)	(0.2440)	(0.3130)
$lnSSS_{it-1}$	0.109***	0.171***	0.110***	0.0598**
	(0.0000)	(0.0000)	(0.0032)	(0.0201)
lnCL	-0.156*	-0.421***	-0.293*	0.103
	(0.0521)	(0.0006)	(0.0633)	(0.4780)
lnFAI	0.199***	0.240**	0.364***	0.14
	(0.0018)	(0.0161)	(0.0019)	(0.2440)
lnHR	0.0255***	-0.000372	0.0250*	0.0431***
	(0.0003)	(0.9730)	(0.0816)	(0.0000)
lnIEG	-0.00652	-0.00494	0.012	-0.00841
	(0.2090)	(0.7240)	(0.3890)	(0.1780)
样本	0.816**	2.106***	0.692	-0.411
	(0.0300)	(0.0001)	(0.3900)	(0.4860)
样本	210	84	63	63
R^2	0.997	0.998	0.998	0.998
省份数量	30	12	9	9

注：*** 表示在 1% 的水平上显著，** 表示在 5% 的水平上显著，* 表示在 10% 的水平上显著，括号内为对应的 t 统计值。

表 5-14　　中国社会保障支出结构的经济增长模型估计结果

社会保险支出的影响					财政社会保障与就业支出的影响				
解释变量	全国	东部	中部	西部	解释变量	全国	东部	中部	西部
$lnGDP_{it-1}$	0.884*** (0.000)	0.956*** (0.000)	0.906*** (0.000)	0.853*** (0.000)	$lnGDP_{it-1}$	0.877*** (0.000)	0.951*** (0.000)	0.890*** (0.000)	0.837*** (0.000)
lnSHBX	-0.0383** (0.037)	-0.007 (0.842)	0.028 (0.583)	-0.0411* (0.082)	lnFSS	-0.018 (0.210)	-0.025 (0.353)	-0.045 (0.257)	0.002 (0.920)
lnCL	0.018 (0.831)	-0.188 (0.200)	-0.357* (0.085)	0.171 (0.253)	lnCL	-0.024 (0.772)	-0.223* (0.097)	-0.258 (0.127)	0.168 (0.278)
lnFAI	0.069 (0.303)	0.068 (0.577)	0.335** (0.017)	0.060 (0.638)	lnFAI	0.101 (0.119)	0.088 (0.427)	0.229* (0.063)	0.086 (0.508)
lnIEG	-0.002 (0.684)	0.012 (0.471)	0.0319** (0.031)	-0.005 (0.441)	lnIEG	-0.003 (0.566)	0.007 (0.692)	0.0254* (0.064)	-0.005 (0.484)
lnHR	0.0385*** (0.000)	0.0216* (0.065)	0.0304** (0.049)	0.0464*** (0.000)	lnHR	0.0400*** (0.000)	0.0242** (0.044)	0.0329** (0.034)	0.0507*** (0.000)
Constant	0.602 (0.138)	1.660*** (0.009)	1.128 (0.198)	-0.349 (0.574)	Constant	0.705* (0.098)	1.930*** (0.006)	1.567 (0.107)	-0.517 (0.418)
样本	210	84	63	63	样本	210	84	63	63
R^2	0.997	0.997	0.997	0.998	R^2	0.997	0.997	0.997	0.998
省份数量	30	12	9	9	省份数量	30	12	9	9

财政医疗卫生支出的影响					财政教育支出的影响				
解释变量	全国	东部	中部	西部	解释变量	全国	东部	中部	西部
$lnGDP_{it-1}$	0.866*** (0.000)	0.951*** (0.000)	0.850*** (0.000)	0.829*** (0.000)	$lnGDP_{it-1}$	0.883*** (0.000)	0.951*** (0.000)	0.903*** (0.000)	0.832*** (0.000)
lnFM	0.0215* (0.100)	0.011 (0.598)	0.042 (0.135)	0.015 (0.479)	lnFE	0.019 (0.159)	0.019 (0.402)	-0.004 (0.877)	-0.011 (0.576)
lnCL	0.032 (0.720)	-0.181 (0.189)	-0.074 (0.735)	0.197 (0.217)	lnCL	-0.007 (0.936)	-0.163 (0.242)	-0.299* (0.088)	0.170 (0.271)
lnFAI	0.102 (0.113)	0.080 (0.471)	0.285** (0.010)	0.083 (0.518)	lnFAI	0.073 (0.291)	0.031 (0.801)	0.303** (0.031)	0.094 (0.469)
lnIEG	-0.002 (0.691)	0.009 (0.585)	0.022 (0.106)	-0.004 (0.548)	lnIEG	-0.002 (0.679)	0.012 (0.476)	0.0293** (0.035)	-0.005 (0.455)
lnHR	0.0367*** (0.000)	0.020 (0.110)	0.021 (0.195)	0.0487*** (0.000)	lnHR	0.0404*** (0.000)	0.0251** (0.044)	0.0297* (0.059)	0.0522*** (0.000)
Constant	0.200 (0.664)	1.509** (0.029)	-0.348 (0.782)	-0.698 (0.309)	Constant	0.598 (0.1440)	1.693*** (0.007)	1.034 (0.246)	-0.507 (0.424)

续表

财政医疗卫生支出的影响					财政教育支出的影响				
解释变量	全国	东部	中部	西部	解释变量	全国	东部	中部	西部
样本	210	84	63	63	样本	210	84	63	63
R^2	0.997	0.997	0.997	0.998	R^2	0.997	0.997	0.997	0.998
省份数量	30	12	9	9	省份数量	30	12	9	9

注：***、**、*以及括号内数值的含义同上表。

1. 中国社会保障支出规模的经济增长效应

在表5-13中，模型有较大的 R^2，说明整体上模型有比较理想的拟合效果。从中可以看到，当年经济增长情况受上一年度经济情况的影响较为显著，东部、中部、西部各地区上一年经济增长情况的系数均超过0.8，从大到小依次为东部为0.974、中部为0.868、西部为0.821。全国水平为0.891，这说明我国的经济发展存在刚性。核心解释变量社会保障支出规模对经济增长的影响存在滞后效应，当期的社会保障支出规模整体上与经济增长负相关且在1%的水平上显著，影响系数为-0.0583。各地区具体表现为：东部地区在1%的水平上显著且影响的系数最大，达到-0.0997；中部地区影响系数为-0.0405，但不显著；只有西部地区表现例外，当期的社会保障支出规模与经济增长为不显著的正相关。整体上负相关可能是由于危机后经济的增速在放缓，而社会保障支出却大大增加，当期增加的速度超过当期经济发展的速度，造成当期内社会保障支出占GDP比重的过快上升，而社会保障支出增加的效果又还没有显现。也可能是因为社会保障的支出水平和支出能力不一致，偏高或偏低的社会保障水平不能有效地促进经济发展（朱孔来等，2015）。值得注意的是，西部当期社会保障支出规模与经济增长呈现正相关，这主要是因为西部的社会保障支出规模相对较小，其增速同经济增速相比也比较一致，但其同时呈现不显著特征，这主要源于该地区比率过高的财政社会保障支出，增加了西部地方政府的经济压力。上一年度的社会保障支出规模与经济增长正相关且十分显著，具体表现为：全国、东部和中部地区在1%的水平上显著，影响系数分别为0.109、0.171和0.11。西部地区在5%的水平上显著，影响系数为0.0598。这主要是因为上期支出的社会保障资金得以消化并产生积极影响。在危机发生后社会保障制度通过发挥收入再分配功能，在一定程度上稳定了居民对未来的预期，缩小了贫富差距，释放了居民的消费需求（何立新、佐藤宏，2008）；其次通过社会保障对低收入群体等边际消费倾向较高群体进行的转移支付行为更是提高了其支付能力，扩大了内需，成为经济增长新的动力源。

其他控制变量的具体影响如下：（1）实际居民消费水平的系数，从全国层面来说在10%的水平上显著为负，从地区层面来说，东部和中部的系数显著为负，只有西部的系数不显著为正。这可能是由于我国的贫富差距较危机之前更为悬殊（按照国家统计局的测算，2003 年和 2008 年的全国居民收入的基尼系数分别为 0.479 和 0.491），进而损害了经济效率。同时，显著负相关关系意味着我国的居民消费并没有有效发挥拉动经济增长的作用，还有很大的潜力可以挖掘。（2）实际全社会固定资产投资总额的系数在全国和各地区均为正，全国和中部地区在1%的水平上显著，东部地区在5%的水平上显著，在西部地区不显著。这说明我国粗放型的经济增长方式仍未发生根本改变，危机中扩大投资依然是拉动经济增长的主要动力。（3）人力资本发展水平的系数在全国、中西部地区显著为正，在东部地区表现为不显著的负相关。这表示我国的人力资本投资成为新的经济增长拉动力，且存在明显的地区差异。东部地区对外开放程度高，增加人力资本投资加大了用工成本，不利于国际竞争，进而不利于东部经济发展，但表现并不显著。而中西部地区的人力资本质量亟待提升，加大其人力资本投资能更好地促进地区经济的发展。（4）对外开放水平的系数在全国和东、西部地区都不显著为负，只有中部地区不显著为正。这与全球金融危机中出口企业处境艰难，对经济增长的贡献率下降的情况相符合。在后经济危机时代，“外向型经济”对我国经济增长的影响已经呈现消极化特征，只在中部地区还有非常微弱的拉动作用。

2. 中国社会保障支出结构的经济增长效应

考虑到不同类型社会保障支出之间可能具有相互影响的关系，为了避免多重共线性的不利影响，本书将社会保障支出构成的四个部分分别纳入模型中加以回归分析。表 5－14 列出了全国及各地区的社会保障支出结构的经济增长效应。

在表 5－14 中，模型有较大的 R^2，说明整体上模型有比较理想的拟合效果。从中可以看到：

（1）社会保险支出对经济增长的影响在全国来看在5%的水平上显著为负（-0.0383），西部地区在10%的水平上显著为负（-0.0411），东部地区（-0.007）和中部地区（0.028）影响不显著。这主要是因为我国社会保险覆盖率偏低，西部尤其明显（刘新、刘星，2010）。社会保险支出主要用于只有城镇职工才能享受社会保险的待遇，这种社会保险制度安排上的碎片化和不平等性，客观上加大了不同群体的收入差距，损害了社会保障促进经济发展的效率。另一个主要的原因在于我国中小企业的社会保险缴费率偏高，在经济危机中不堪重负，增加社会保险支出意味着企业的成本负担加重。从显著性和系数上来看，社会保险支出对经济增长的负面影响主要来自西部地区。因为西部地区比东部和中部地区的影响系数大且显著。这说明降低西部地区社会保障支出中的社会保险比例能更好地推动经济增长。

（2）全国和各地区财政社会保障与就业支出对经济增长的影响均不显著，影响系数分别为-0.018、-0.025、-0.045、0.002。可见，除西部外两者还呈现负相关。这和我们一般的理解不太符合，究其原因，可以用Zou（1996）的每种财政支出存在最优比重来解释，财政社会保障与就业支出结构不合理，导致该项支出“非生产性”特征显现。我国未来努力的重点是通过优化财政社会保障与就业支出的结构，使其向“生产性”特征转化，进而促进经济发展。

（3）全国和各地区财政医疗卫生支出对经济增长的影响为正，影响系数分别为0.0215、0.011、0.042、0.015，但只有全国层面在10%的水平上显著。这主要是因为近年来新型农村合作医疗制度（新农保）和城镇居民基本医疗报销制度（城居保）的实施在一定程度上缓解了城乡居民看病贵的问题。未来我国应建立城乡一体化的社会医疗保险制度，提升城乡居民看病尤其是看大病的报销水平和报销比例，使他们能够有健康的身体参与国家经济建设，有更多的可支配收入用于消费和投资人力资本的积累。

（4）财政教育支出对经济增长的影响不显著，但全国（0.019）和东部地区（0.019）有积极影响而中部地区（-0.004）和西部地区（-0.011）却是消极影响。这和相关的研究结论是吻合的。有研究表明，不论从显著性还是从影响的方向来看，我国的基础教育、中等教育以及高等教育对全国和各类地区的经济增长效应具有明显的异质性。而这又源于地区间和不同教育层级间不合理的财政教育经费分配（周国富、李时兴，2012）。

其他控制变量对经济增长的影响，上年度经济情况、人均实际消费水平、人均实际固定资产投资水平、人力资本积累水平和表5-13中结果比较一致。

四　结论与政策建议

（一）结论

本部分采用中国30个省份2008—2014年的面板数据，运用EGLS估计方法考察了社会保障支出规模与结构对经济增长的影响，得到如下结论：

1. 社会保障支出规模对经济增长的影响存在滞后效应

当期的社会保障支出规模整体上对经济增长具有负向影响且在1%的水平上显著，影响系数为-0.0383。各地区中只有西部表现出不显著的正相关。而上年度的社会保障支出规模对经济增长具有正向影响且十分显著，具体表现为：全国、东部和中部地区在1%的水平上显著，西部在5%的水平上显著，影响系数分别为0.109、0.171、0.110和0.0598。

2. 不同类型社会保障支出的经济增长效应存在较大差异

在全国层面来看，社会保险支出对经济增长具有明显的负面影响。但在各地区表现不同，西部地区负面影响的显著性已经降低，东部地区的负面影响则不显著，中部地区则是不显著的正向影响。财政社会保障与就业支出对经济增长的影响在全国和各个地区均不显著，除西部外还呈现负相关。财政医疗卫生支出对经济增长的影响为正，但只有全国层面在10%的水平上显著。财政教育支出对经济增长的影响也不显著，但全国和东部地区有积极影响而中西部地区却是消极影响。

3. 控制变量对经济增长的效应同以往有所改变

投资依然是拉动经济增长的主要动力；对外开放水平对经济增长的贡献率下降迅速；虽存在明显的地区差异，但资本投资成为新的经济增长拉动力；受贫富差距过大影响，我国的居民消费并没有有效发挥拉动经济增长的作用。

（二）政策建议

在后经济危机时代，又适逢我国进入经济新常态发展阶段，经济增长下行压力增大。我国政府实现中高速的经济增长目标，需要发挥社会保障制度经济动力源的功能。基于本小节的研究结论，本书提出以下政策建议：

第一，由于社会保障支出规模对经济增长存在滞后效应，尽早完善社会保障制度。前瞻性地对制度的不足进行改进，对制度的走向进行微调，才能在风险来临前构建起社会保护网，在应对风险和危机时发挥作用。

第二，扩大社会保险的覆盖率，降低中小企业社会保险的缴费比例。将灵活就业人员等社会弱势群体纳入社会保险范围，尤其是就业或失业保险范围，使社会保险补偿收入损失的功能有效发挥。在夯实社会保险缴费基数的基础之上，提高社会保险的统筹层级，加大各省份之间社会保险基金的转移支付力度，使各省份社会保险的供给能力与社会保险的需求水平相吻合，努力降低各地区尤其是西部地区中小企业的社会保险缴费比例。

第三，调整财政社会保障与就业支出的内部结构，使其支出结构达到最优比例，使其具备“生产性”特征。

第四，增加财政医疗卫生支出，提高医疗保险的报销水平。统筹城乡居民医疗保险一体化发展，重点提高农民的参保比例，对报销之后仍无力承担医疗费用的弱势群体加大医疗救助的力度。对地方财政实力雄厚的东部地区要提高地方政府的财政医疗卫生补贴，对地方政府财政压力较大的西部地区要提高中央政府的财政医疗卫生补贴。

第五，合理配置各地区间的教育资源。目前，应向中西部地区加以倾斜，中央政府加大对中西部地区的财政教育投入，通过减免费用和提供补贴等方式，积极实施职业教育和培训，切实提高中西部地区的人力资本积累水平，将中西部地区财政教育支出消极影响向积极影响转化。

第四节　金融危机背景下中国社会保障支出的就业效应

——基于省级面板数据的分析

金融危机背景下，中国经济增长速度放缓，经济对就业的拉动作用下降。社会保障作为国家宏观调控的重要工具，对就业产生了怎样的影响呢？本书拟采用2008—2014年我国30个省份的面板数据，考察社会保障制度支出对就业的影响，尝试为我国在全球经济波动情况下增加就业找到可供参考的经验。

一　理论分析与模型选择

（一）理论分析

社会保障制度是劳动力市场的“润滑剂”。金融危机增大了个人在就业市场上的竞争风险和在生活方面的贫困风险，加大了劳动者的工作和生活压力，破坏了原有的正常的工作与生活环境。长此以往，劳动者的就业能力与正常生活必然会受到损害，劳动关系也将失去平衡。健全的社会保障体系可以减轻甚至解除劳动者的后顾之忧，为劳动者就业创造良好的身体条件和公共就业服务，同时还有助于提升劳动者的素质和人力资本拥有量，从而增加就业机会。

专门讨论社会保障支出对就业影响的文献较少。有很多研究都围绕财政支出对就业的影响进行。如积极财政政策所创造的就业岗位被卢亮①（2005）运用乘数理论估计出来；尹音频②（2004）、曾学文③（2007）分别从政策结构视角和协整分析角度分析得出，积极财政政策

---

① 卢亮：《1998—2002年我国积极财政政策就业效应的实证分析》，《西北人口》2005年第1期。

② 尹音频：《财政政策结构的就业效应分析与思考》，《西南民族大学学报》2004年第2期。

③ 曾学文：《我国转型期财政和货币政策开发就业潜力的效果分析》，《财贸经济》2007年第2期。

不存在明显的就业扩张效应；徐旭川[①]（2006）和王文甫[②]（2008）分别采用自回归分布滞后模型和效用函数进行分析，发现增加的公共投资或政府支出有利于就业增长，后者还发现政府支出对就业的长期效应小于短期效应。刘新等（2010）[③] 运用各省面板数据分析财政社会保障支出的就业效应，发现财政社会保障支出对就业的整体促进作用不明显且具有省际差异性。而社会保障支出既有包含在财政支出中的财政社保支出还有缴费形成的社会保险基金支出，在金融危机笼罩下的就业困境要求我们继续深究整体社会保障支出结构对就业的影响。邱兆林、马磊（2015）[④] 基于省级面板数据对新常态下的社会保障支出对就业的影响进行了分析，认为其对长期就业有显著的积极影响。

（二）模型选择

社会保障支出已成为影响经济增长的重要因素。本书借鉴巴罗（1990）的研究方法和邱兆林等的政府财政支出影响经济增长的动态模型，把社会保障支出纳入生产函数中。假设生产函数为柯布—道格拉斯函数，资本、劳动和社会保障支出为投入要素，构造如下包含社会保障支出的生产函数：

$$Y = AK^{\alpha} L^{\beta} G^{\gamma} \tag{5-11}$$

等式两边分别取对数，并移项后可得到：

$$\ln L = -\frac{1}{\beta}\ln A + \frac{1}{\beta}\ln Y - \frac{\alpha}{\beta}\ln K - \frac{\gamma}{\beta}\ln G \tag{5-12}$$

由式（5-15）可见，当经济均衡时，有 $L = L(G,\ K,\ Y)$，即就业量是社会保障支出、资本投入和经济产出的函数，并且社会保障支出结构会对就业产生影响。同时，鉴于就业市场存在刚性，本书将上一期的就业人数也纳入模型当中。最终，我们建立社会保障支出规模和结构影响就业的回归模型：

---

① 徐旭川：《公共投资就业效应的一个解释——基于生产函数的分析及其检验》，《数量经济技术经济研究》2006 年第 11 期。

② 王文甫：《政府支出——技术进步与劳动就业的效应分析》，《经济科学》2008 年第 3 期。

③ 刘新、刘星：《地方财政社会保障支出对就业的影响效应——基于 1999—2008 年的面板数据经验》，《经济与管理研究》2010 年第 10 期。

④ 邱兆林、马磊：《经济新常态下政府财政支出的就业效应——基于中国省级面板数据的系统 GMM 分析》，《中央财经大学学报》2015 年第 12 期。

$$就业_{it}=C_{0i}+\alpha_{0i}就业_{it-1}+\alpha_{1i}社会保险基金支出_{it}+\alpha_{2i}财政社会保障与就业支出_{it}+\alpha_{3i}财政教育支出_{it}+\alpha_{4i}财政医疗卫生支出_{it}+\alpha_{5i}经济增长_{it}+\alpha_{6i}固定资产投资_{it}+\alpha_{7i}对外开放程度_{it}+\alpha_{8i}城镇化率_{it}+\alpha_{9i}市场化程度_{it}+\varepsilon_{it} \quad (5-13)$$

其中，i 代表区域，t 代表年份，ε_{it}代表随机误差项。系数 α_{1i}、α_{2i}、α_{3i}、α_{4i}各自代表解释变量与就业的关系。系数 α_{0i}、α_{5i}、α_{6i}、α_{7i}、α_{8i}、α_{9i}各自代表控制变量与就业的关系。若系数为负值则对就业有消极影响，为正值则相反。

二　数据来源、说明、统计分析

本节选择除香港特区、澳门特区、台湾地区和西藏自治区外的我国30个省份作为分析样本，分析的时间段为2008—2014年。同上一节分析社会保障支出的经济效应一样，本节的社会保障支出也是社会保险支出、财政医疗卫生支出、财政教育支出和财政社会保障与就业支出四部分的加总值。本小节全国及各省的社会保险支出、财政医疗卫生支出、财政教育支出、财政社会保障与就业支出、国内生产总值、全社会固定资产投资数额、居民消费水平、全国进出口总额及按货源地统计的各省份进出口总额数据、城镇化率，市场化程度均来源于2009—2015年《中国统计年鉴》，其中城镇化率和市场化程度由笔者计算得来。

本部分用就业人数（GL）来反映就业情况，用社会保障支出总额占国内生产总值比重（SSS）来反映社会保障规模，用社会保险支出占社会保障支出比重（SHBX）、财政医疗卫生支出占社会保障支出比重（FM）、财政教育支出占社会保障支出比重（FE）、财政社会保障与就业支出占社会保障支出比重（FSS）来反映社会保障支出的结构水平。借鉴已有研究成果，控制变量主要包括经济增长、固定资产投资、对外开放程度、城镇化率和市场化程度，分别采用人均实际国内生产总值（GDP）、实际全社会固定资产投资总额（FAI）、进出口总额占GDP比重（IEG）、城镇人口占总人口比重（urban）、不含国有经济的其他类型经济体投资额在内资企业投资总额中所占比重（market）来表示。鉴于就业市场的刚性，本书将上期的就业人数纳入模型当中。

为了消除价格因素的影响，各省份人均国内生产总值、固定资产投资总额已经采用GDP平减指数和固定资产投资价格指数平减为2007年的可比价格。最后，为消除异方差的影响，所有变量均取自然对数。

表5－15中列出了各变量取自然对数后的描述性统计特征。其中当期就业人数取自然对数后的最大值为6.92，最小值为3.17，平均值为5.25，标准差达到了0.89，上年度就业人数取自然对数后的最大值为6.71，最小值为3.10，平均值为5.16，标准差达到了0.89。可见，就业人数的离散程度较大，表明就业情况在省份之间存在较大差异。从中还可以发现，在社会保障支出中社会保险支出和财政社会保障与就业支出所占比重较大，而财政医疗卫生支出和财政教育支出所占比重相对较小。

表5－15　　　　模型变量取自然对数后的描述性统计

变量名称	最小值	最大值	均值	标准差
lngl	3.17	6.92	5.25	0.89
$lngl_{it-1}$	3.10	6.71	5.16	0.89
lnsss	1.66	3.32	2.43	0.33
lnshbx	2.83	4.08	3.52	0.26
lnfss	2.37	3.92	3.08	0.27
lnfm	1.71	2.96	2.47	0.23
lnfe	2.80	3.82	3.40	0.19
lngdp	8.95	11.70	10.32	0.55
lnfai	6.28	9.60	8.27	0.82
lnieg	0.51	4.98	2.88	0.97
lnurban	3.37	4.50	3.94	0.24
lnmarket	3.22	4.48	4.17	0.21

三　实证分析

（一）模型设定假设检验

同上一节情况相同，本书采用2008—2014年30个省份的面板数据，可以省略对变量的平稳性检验和协整分析。同样由于所用样本数据的时期数只有7年，相对较短，而选取的解释变量相对较多，故采用变截距模型，剔除各省份的特殊影响，重点分析金融危机期间社会保障支出对就业的影响。具体是选择固定影响还是随机影响变截距模型，要通过豪斯曼检验进行判定。运用 Stata 11.0 软件进行检验结果如表 5－16 所示。从表中可以看出，2008—2014 年的豪斯曼检验在 1% 的显著性水平上拒绝了原假设。因此，应建立固定影响变截距模型。运用面板数据模型常常遇到横截面的异方差和序列的自相关性难题，此时使用 OLS 估计可能导致结果失真。为了消除影响，考虑到本书的时序个数小于横截面个数，故采用截面加权估计方法 EGLS 进行估计。

表 5－16　　豪斯曼检验结果

原假设	2008—2014 年		
个体影响为随机影响	χ^2 统计值	χ^2 自由度	P 值
	66.24	11	0.0000

（二）模型估计结果

在模型设定的检验基础之上，使用 Stata 11.0 软件估计 2008—2014 年中国社会保障支出结构和规模对就业效应的固定影响变截距模型，结果如表 5－17 和表 5－18 所示。

表 5－17　　社会保障支出规模对就业影响的模型估计结果

解释变量	全国	东部	中部	西部
$lngl_{it-1}$	0.512***	0.269***	0.629***	0.387***
	(0.000)	(0.010)	(0.000)	(0.002)
lnsss	-0.197*	0.145	-0.483**	-0.361
	(0.085)	(0.376)	(0.036)	(0.145)
lngdp	0.449***	-0.236	0.660***	0.268
	(0.001)	(0.294)	(0.007)	(0.394)
lnfai	-0.036	-0.080	-0.398	0.863
	(0.917)	(0.868)	(0.469)	(0.262)
lnieg	-0.054	-0.457***	-0.086	0.017
	(0.175)	(0.000)	(0.295)	(0.766)
lnurban	0.403	2.365***	0.084	1.011
	(0.167)	(0.000)	(0.865)	(0.202)

续表

解释变量	全国	东部	中部	西部
lnmarket	0.036	0.412**	0.130	-0.019
	(0.643)	(0.012)	(0.340)	(0.884)
Constant	-2.838	-2.907	-0.724	-9.035**
	(0.185)	(0.407)	(0.829)	(0.046)
样本	210	84	63	63
R^2	0.856	0.817	0.94	0.872
省份数量	30	12	9	9

注：***、**、*以及括号内数值的含义同表5-13。

1. 中国社会保障支出规模的就业效应

在表5-17中，模型有较大的R^2，说明整体上模型有比较理想的拟合效果。从中可以看到，当年就业情况受上年度就业情况的影响较为显著，但东部、中部、西部各地区上年就业情况的系数存在差异，从大到小依次为中部为0.629、西部为0.387、东部为0.269。这说明我国的就业状况确实存在刚性。核心解释变量社会保障支出规模在全国范围内没有促进就业增长，且在10%的水平上显著。各地区具体表现为：东部地区对就业增长有积极作用，但影响较小（0.145）且不显著；中部地区对就业增长的消极影响最大作用（-0.483）且十分显著；西部地区对就业增长的消极作用也不小（-0.361）且不显著。整体上负相关可能主要是由于以下几点原因：一是经济危机后对社会保障的需求增加，这凸显了各地在供给水平上的差距，即各地在社会保障资源丰裕程度方面的差距。中西部地区超越经济发展阶段过多提供社会保障服务或者限于自身社会保障资源条件提供社会保障产品不足，都会对就业产生不利影响。二是我国的社会保障制度设计不合理，最该受失业风险保护的乡镇和私营企业就业人员、城镇个体劳动者、农民工等群体被长期排除在失业保险以外。而同时吸纳就业的主体却是乡镇和私营企业、个体企业。这种漏洞影响了促进就业效果。

其他控制变量的具体影响如下：

（1）经济增长。从全国层面和中部地区来看促进了就业且在10%的水平上显著，但东部地区和中部地区的影响不显著，东部地区还表现出消极影响。这可能是由于我国的经济产业结构在转型升级，对高素质劳动力的需求在增加，而对低素质劳动力的需求在下降。东部作为我国经济转型的排头兵，最先显示出劳动力需求结构的变化。

（2）全社会固定资产投资。在全国和东中部地区对就业均为消极影响，在西部地区对就业有积极影响，但均不显著。这是因为地方政府在 GDP 考核下往往会选择资本替代劳动，同时固定资产投资倾向资本密集型行业，其吸纳就业的能力本来就偏弱。

（3）对外开放水平。在全国和东中部地区对就业都是消极影响，其中东部地区在 1% 的水平上显著。只在西部地区存在积极作用，但非常微弱且不显著。对外开放水平较高的东部地区受到金融危机的冲击最重，很多外贸型加工企业倒闭，对就业形成了严重冲击。

（4）城镇化率。在全国和各地区对就业都是积极影响，但只有东部地区在 1% 的水平上显著且影响程度最大（2. 365）。这主要是因为我国的城镇化是以农民工进入城市的方式实现的，但只有东部经济发展较好，能够吸收大量的进城务工人员。

（5）市场化程度。在全国和东部地区对就业都是积极影响，但只有东部地区在 1% 的水平上显著且影响程度最大（0. 412）。在中西部地区对就业分别有积极和消极影响，但不显著。因为市场化程度越高越有利于提高资源配置，越有利于促进劳动者自由移动和降低就业成本，从而提高就业率。

2. 中国社会保障支出结构的就业效应

考虑到不同类型社会保障支出之间可能有相互影响的关系，为了避免多重共线性的不利影响，本书将社会保障支出构成的四部分分别纳入模型中加以回归分析。表 5 – 18 列出了全国及各地区的社会保障支出结构的就业效应。

在表 5 – 18 中，模型有较大的 R^2，说明整体上模型有比较理想的拟合效果。从中可以看到：

（1）社会保险支出对就业增长无积极影响。在全国和中西部地区影响均不显著，只有东部地区在 10% 的水平上影响显著，但却是消极影响。我们认为，危机中社会保险支出对就业没有发挥促进作用的原因主要有以下几点：一是社会保险制度建立在工作单位、稳定职业和城市户籍的基础之上，将大量的农民工和城市灵活就业人员排斥在制度之外。在经济危机中，这部分在非正规单位就业的人，由于没有稳定的劳

表 5-18　　社会保障支出结构对就业影响的模型估计结果

社会保险支出的影响					财政社会保障与就业支出的影响				
解释变量	全国	东部	中部	西部	解释变量	全国	东部	中部	西部
$lngl_{it-1}$	0.515***	0.209**	0.544***	0.377***	$lngl_{it-1}$	0.518***	0.262**	0.584***	0.394***
	(0.000)	(0.046)	(0.000)	(0.004)		(0.000)	(0.012)	(0.000)	(0.003)
lnshbx	0.030	-0.405*	0.282	0.039	lnfss	-0.052	-0.076	0.282	-0.123
	(0.823)	(0.061)	(0.290)	(0.863)		(0.625)	(0.684)	(0.236)	(0.436)
lngdp	0.342***	-0.061	0.442	0.111	lngdp	0.337***	-0.216	0.575**	0.086
	(0.007)	(0.784)	(0.100)	(0.741)		(0.006)	(0.354)	(0.020)	(0.784)
lnfai	0.080	-0.220	0.392	1.018	lnfai	0.040	-0.073	0.396	1.013
	(0.818)	(0.647)	(0.481)	(0.204)		(0.906)	(0.881)	(0.468)	(0.194)
lnieg	-0.061	-0.475***	-0.107	-0.002	lnieg	-0.065	-0.485***	-0.100	-0.005
	(0.126)	(0.000)	(0.207)	(0.973)		(0.108)	(0.000)	(0.243)	(0.934)
lnurban	0.427	2.549***	-0.192	1.198	lnurban	0.437	2.535***	-0.320	1.147
	(0.147)	(0.000)	(0.694)	(0.151)		(0.139)	(0.000)	(0.499)	(0.152)
lnmarket	0.019	0.339**	0.074	-0.095	lnmarket	0.012	0.414**	0.052	-0.094
	(0.810)	(0.039)	(0.589)	(0.453)		(0.872)	(0.012)	(0.699)	(0.438)
Constant	-3.285	-1.832	-5.501	-10.10**	Constant	-2.661	-3.207	-6.457	-9.161**
	(0.154)	(0.597)	(0.170)	(0.038)		(0.255)	(0.368)	(0.138)	(0.049)
样本	210	84	63	63	样本	210	84	63	63
R^2	0.854	0.824	0.935	0.866	R^2	0.854	0.815	0.935	0.868
省份数量	30	12	9	9	省份数量	30.000	12.000	9.000	9.000
财政医疗卫生支出的就业效应					财政教育支出的就业效应				
解释变量	全国	东部	中部	西部	解释变量	全国	东部	中部	西部
$lngl_{it-1}$	0.515***	0.172*	0.603***	0.381***	$lngl_{it-1}$	0.516***	0.256**	0.579***	0.400***
	(0.000)	(0.076)	(0.000)	(0.003)		(0.000)	(0.014)	(0.000)	(0.003)
lnfm	0.175**	0.451***	0.151	0.198	lnfe	-0.003	0.077	-0.247	0.115
	(0.047)	(0.000)	(0.302)	(0.291)		(0.974)	(0.619)	(0.141)	(0.515)
lngdp	0.321***	-0.261	0.476*	0.077	lngdp	0.351***	-0.166	0.403	0.156
	(0.007)	(0.193)	(0.066)	(0.804)		(0.004)	(0.450)	(0.126)	(0.613)
lnfai	0.214	0.402	0.331	1.160	lnfai	0.067	-0.151	0.679	0.883
	(0.531)	(0.384)	(0.538)	(0.143)		(0.854)	(0.769)	(0.272)	(0.267)
lnieg	-0.0741*	-0.601***	-0.124	-0.009	lnieg	-0.062	-0.475***	-0.106	-0.001
	(0.063)	(0.000)	(0.143)	(0.882)		(0.120)	(0.000)	(0.206)	(0.980)
lnurban	0.324	2.166***	-0.375	1.152	lnurban	0.422	2.534***	-0.220	1.106
	(0.272)	(0.000)	(0.432)	(0.148)		(0.152)	(0.000)	(0.641)	(0.170)

续表

社会保险支出的影响					财政社会保障与就业支出的影响				
解释变量	全国	东部	中部	西部	解释变量	全国	东部	中部	西部
lnmarket	-0.029 (0.714)	0.357 ** (0.017)	-0.027 (0.856)	-0.141 (0.265)	lnmarket	0.015 (0.849)	0.399 ** (0.018)	0.030 (0.824)	-0.095 (0.435)
解释变量	全国	东部	中部	西部	解释变量	全国	东部	中部	西部
常项	-3.857 * (0.075)	-5.419 * (0.090)	-3.868 (0.252)	-10.86 ** (0.020)	常项	-3.119 (0.159)	-3.490 (0.310)	-5.611 (0.128)	-9.530 ** (0.039)
样本	210	84	63	63	样本	210	84	63	63
R^2	0.857	0.846	0.935	0.869	R^2	0.854	0.815	0.937	0.868
省份数量	30	12	9	9	省份数量	30	12	9	9

注：***、**、*以及括号内数值的含义同上表。

动关系和工作岗位，是就业人员中最脆弱的群体，很容易首先被辞退而陷入失业，引起危机中失业人员剧增。然而，社会保险制度并没有覆盖到这些人群，社会保险支出并没能使用到这些最需要的人群上，因而降低了社会保险基金的使用效用和效率，对促进就业起到了相反的作用。二是过高的社会保险缴费进一步加重了企业在经济危机中遭受的沉重打击。社会保险缴费直接增加了企业的用工成本，增强了资本对劳动的排斥，挤压了投资者的利润，降低了投资者的投资积极性。中国社会保险费率远高于21%的适度水平，高达30%（季盼盼，2010）。这使得在经济增长的同时都会带来就业的下降，在经济危机期间无疑更会加重企业尤其是中小企业的缴费负担，进而降低企业再投资和吸纳劳动力的能力。三是较低层次的社会保险统筹范围影响了对劳动力失业风险的抵抗。社会保险的统筹层次越高越有利于在更大的范围内调剂基金，互助共济，分散风险。但中国社会保险的统筹层次多停留在县市级层面，限制了劳动力的自由流动，也不利于社会保险基金促进就业功能的发挥。

（2）财政社会保障与就业支出对就业增长无积极影响。全国和东中西部地区财政社会保障与就业支出对就业增长的影响均不显著，影响系数分别为 -0.052、-0.076、0.282、0.123。这主要是因为我国社会保障水平还相对偏低，增加社会保障支出也不足以满足居民的需求，使人们继续从事工作。

（3）财政医疗卫生支出对就业增长具有积极影响。全国和东部地区较为显著，影响系数分别为0.175、0.451；中西部地区的影响系数为0.151、0.198，但不显著。这主要是因为近年来新农保和城居保的实施在一定程度上缓解了城乡居民看病贵的问题，使他们能够有健康的身体参与国家经济建设，有更多的可支配收入用于投资教育和培训，提高了人力资本的积累和就业的能力。

（4）财政教育支出对就业增长的影响不显著，从影响的方向和程度来看，分别是全国为-0.003、东部地区0.077、中部地区-0.247和西部地区0.115。我们认为，这主要是因为财政教育支出较少，占财政总支出的比重较低且一直徘徊不前。另外，在结构上，财政教育支出结构不够合理，地区差异、城乡差异、群体差异、不同教育层级间差异均较大。

其他控制变量对就业增长的影响。上年度就业情况对就业有显著促进作用。经济增长水平在全国范围内对就业有显著促进作用，但在各地区有明显差异。人均实际固定资产投资水平对就业影响不明显。对外开放水平对东部地区的就业有明显阻碍作用。城镇化水平和市场化程度对东部地区的就业有积极的促进作用。这说明，在危机后我国传统的扩大投资和提高对外开放已经不能有效促进就业。而加快城市化进程和提高市场化程度是提供更多就业岗位的更好手段。

四　结论与政策建议

（一）结论

本部分采用中国30个省份2008—2014年的面板数据，运用EGLS估计方法考察了社会保障支出规模与结构对就业增长的影响，得到如下结论：

第一，社会保障支出规模对就业增长不存在积极影响。各地区具体表现为：全国范围内和中部地区对就业增长的消极影响显著，西部地区对就业增长的消极作用和东部地区对就业增长的积极作用均不显著。

第二，社会保险支出和财政医疗卫生支出对就业增长存在显著影响，但影响的方向截然相反。从全国层面和中西部来看，社会保险支出对就业增长没有明显影响。但是，东部地区的社会保险支出对就业增长的消极影响非常显著，每增加1%的社会保险支出，就业人数就会下降0.405%。财政医疗卫生支出对就业增长有正面影响，其中东部地区在1%的水平上显著，影响系数也达到0.451，也即每增加1%的社会保险支出，就业人数就会增加0.451%。国家层面在5%的水平上显著促进就业增长，这种促进效应主要来自东部。

第三，财政社会保障与就业支出和财政教育支出对就业增长不存在显著影响。除西部外，全国和中东部地区财政社会保障支出对就业增长有十分弱的负面影响。中部地区的财政教育支出对就业增长有消极影响。

第四，全国和各地区显著促进就业的因素有相同亦有区别。扩大就业的显著因素如下：从全国来看，是上年度就业情况、当期经济增长水平、财政医疗卫生支出；从东部地区来看，是城镇化率、市场化程度、上年度就业情况、财政医疗卫生支出；从中部地区来看，是上年度就业情况、当期经济增长水平；从西部地区来看，是上年度就业情况。可见，稳定就业至关重要，会对就业市场起到深远的影响。

（二）政策建议

在后经济危机时代，中国政府对就业问题更为关注和看重。完善社会保障支出政策有助于扩大就业规模，提高就业质量。基于本小节的研究结论，本书提出以下政策建议：

第一，平衡各地区社会保障供需，发挥其对就业的积极作用。针对中西部地区，中央财政要加大转移支付力度，要在丰富社会保障资源的基础上，提供更多的社会保障产品，尤其是针对就业的职业技能培训。针对东部地区，要提高社会保障支出水平，使之与社会保障能力相一致，同时为就业提供更多更好的服务。

第二，扩大中西部地区社会保险的覆盖率，降低中小企业社会保险的缴费比例。将灵活就业人员等社会弱势群体纳入其社会保险范围，对其进行失业保险或就业能力培训。提高东部地区的人力资本水平，改变社会保险主要受效率假说影响的状况。

第三，完善城乡一体化的社会保障制度，畅通财政社会保障与就业支出的就业促进机制。将支出由重城市向城乡并重转变，将结构由重补贴向重教育培训调整，从而将增加该支出与促进就业协调发展。

第四，增加财政医疗卫生支出，提供全国统一的全国一体化的医疗卫生均等化服务。提高中西部地区的医疗报销水平，加大对其的社会保障转移支付力度和财政医疗卫生补贴。

第五，合理配置各地区间和各教育层次间的教育支出。在全国增加基础教育的财政支出，在各地区增加能够促进当地经济发展和就业的对应层次的教育支出。

第五节　中国社会保障制度应对经济危机能力的综合评价

本节将遵循第三章评价社会保障应对经济危机能力的标准，即自身适应能力、应对经济衰退能力、应对失业能力、促进社会公平能力以及对政府财政负担的影响，对中国社会保障制度应对经济危机的能力作一个综合评价。

一　经济危机下中国社会保障制度自身适应能力

经济危机背景下，中国社会保障制度的波动幅度较大，应对危机的自身适应能力较差。从社会福利水平的波动来看（见表5-19），人均社会保障从2008—2013年的增长率按照口径一、口径二、口径三分别为158.31%、214.01%和217.8%，社会保障水平的增长率按照口径一、口径二、口径三分别为21.25%、47.40%和49.18%，而瑞典、德国、美国、希腊和韩国从2007—2011年的公共社会保障水平增长率分别为4.80%、14.05%、21.84%、3.34%和16.54%。由此可见，我们的增长速度远远超过这些国家。巨大的震荡进一步说明我国原有的社会保障制度还存在诸多问题，需要继续改革加以完善。

改革开放后，中国社会保障制度改革多是“补缺式”制度建设。在社会救助方面，中国政府建立了城市最低生活保障、农村最低生活保障制度、城市廉租住房制度以及城市流浪乞讨人员救助、医疗救助、教育救助、农村五保供养等专项制度；在农村社会保障建设中，中国政府实施了新型农村养老保险制度、新型农村合作医疗保险制度；在社会保险方面，中国政府实施了城乡居民基本养老保险制度和基本医疗保险制度等。通过不断弥补制度的漏洞，中国已经实现了制度的全覆盖，但并未实现人员的全覆盖。目前全国没有参加基本养老保险的人数有1亿多，主要是部分农村居民、农民工、城镇灵活就业人员和部分非公经济组织人员。基本医疗保险也未实现全覆盖，从事高风险职业的农民工甚至很多都没有参加工伤保险，社会救助制度的覆盖面也有限。从总体上看，这种改革缺乏前瞻性，也不够彻底。而全面系统的有机整合的改革已开始得到重视。如国家正在大力实施的统筹城乡、统筹企业职工和机关事业单位职工的社会保障制度融合和厘清国家、企业、社会、个人的责任与权益，充分发挥各主体作用的改革。但这类改革还未显示出成效。

同中国相比，发达国家的社会保障改革明显目标更明确、更深入彻底。瑞典最新的改革中心点已经打破制度刚性，减少财政风险，提升个人的就业能力，并通过强化个人责任的筹资模式改革，推行社保管理地方化，推进市场化，强调"工作义务"的就业改革，成功改变了福利国家的组织模式，增加了福利制度的弹性和活力，使其在金融危机中显示出很强的自适应能力。德国也通过调整社会保障制度的结构和运行机制，减少政府在社会保障中的直接干预，将政府的角色更多地定位于组织者、监督者和协调者，加大个体责任，发展补充层次的私人保险和企业保险，使国家、社会、市场得以相互结合和整合，实现了社会、经济、劳动力市场领域的平衡状态，也帮助德国社保制度在经济危机中有很好的自适应能力。

二　经济危机下中国社会保障制度应对经济衰退能力

经济危机背景下，中国社会保障制度的支出水平有限和筹资公平性较差，导致其应对经济衰退的能力较差。

（一）社会保障支出水平有限

2008 年经济危机发生后，不论以何种口径来衡量，中国政府都较大幅度地增加了社会保障支出，提升了社会保障水平。从表 5－1 中我们可以发现，在绝对量上，社会保障与就业支出从 2007 年的 5447.16 亿元增长到 2013 年的 14490.54 亿元，增长了 166.02%（口径一）。在窄口径的社会保障支出基础上加上不含财政补助的社会保险基金的支出，中等口径的社会保障支出规模同样在快速扩大（口径二），从 2007 年的 11751.82 亿元增长到 2013 年的 38003.70 亿元，增长了 223.39%。如果将国家财政在教育和卫生方面的支出也纳入进来（口径三），可以看出社会保障支出规模进一步扩大，已经相当可观，从 2007 年的 20864.10 亿元增长到 2013 年的 68285.36 亿元，增长了 227.29%。从人均社会保障支出来看，2007 年口径一的支出为 412.26 元，2013 年上升为 1064.92 元，上升了 158.31%；2007 年口径二的支出为889.42元，2013年上升到2792.91元，上升了214.01%；2007年口径三的支出为1579.07元，2013年上升到5018.33元，上升了217.80%。从社会保障水平来看，2007年口径一的支出占GDP的2.03%，2013年上升到2.46%，上升了0.43个百分点；2007年口径二的支出占GDP比重为4.38%，2013年上升到6.46%，上升了2.08个百分点；2007年口径三的支出占GDP比重为7.78%，2013年上升到11.61%，上升了3.83个百分点。

尽管从2008—2013年，中国社会保障支出的绝对值、人均水平、占GDP的比重都出现了较快的增长，但中国的社会保障制度还不完善，支出水平同发达的福利国家相比，仍有一定的差距。截至2013年，从人均水平来看，中国按照口径一、口径二、口径三分别达到1064.92元、2792.91元和5018.33元；但2011年，瑞典、德国、美国、希腊、韩国的人均水平已是11362.9美元、10471美元、9375.3美元、6950.5美元和2611.2美元。从占GDP比重来看，中国按照口径一、口径二、口径三分别为2.46%、6.46%和11.61%，而发达国家通常为20%—35%，北美洲、欧洲、大洋洲、亚洲国家1996年的平均值为6%[①]，2011年瑞典、德国、美国、希腊、韩国的比重已分别达到27.21%、25.55%、18.97%、25.7%、8.99%。按照2015年，杨风寿的测算无论是从社会保障发展系数来看，还是根据社会保障区间的适度性测度，我国社会保障水平均与经济发展水平不适应，均处于落后状态。这种滞后状态使社会保障通过刺激消费、推动投资、培育合格劳动力进而促进经济发展的能力受到了限制。不充足的社会保障支出不能给社会成员安全稳定的预期，影响了其刺激经济增长的能力。

（二）筹资的公平性较差

中国社会保障制度因国家、企业和个人三方在筹资中所负担的份额不合理，企业和个人承担筹资水平偏高，在一定程度上影响了其促进经济增长的能力。从世界范围来看，公共财政支出都为各国社会保障活动提供了重要的财力来源，有的国家甚至是最主要的来源渠道。[②] 通过表

① 国际劳工局：《2000年世界劳动报告》，中国劳动社会保障出版社2001年版。

② 曹春：《社会保障筹资改革国际比较及对我国的启示》，《经济研究参考》2013年第38期。

5－19可以发现，德国和法国的社会保障支出在财政支出中所占比重都超过50%；美国、希腊和OECD的平均比重都在40%—50%；韩国的比重最低，但多数年份在20%以上。相比而言，中国在2002年社会保障支出在财政支出中所占比重最高，但都不到12%。中国对社会保障活动投入的公共财政资金较少，政府在社会保障筹资中承担的责任较小，极大地削弱了社会保障的再分配能力，进而不利于社会收入分配差距的缩小。对于社会弱势群体而言，收入的维持能力和自我发展能力下降。

表5－19　1999—2011年社会保障支出总额占财政支出比重

国家	1999年	2000年	2001年	2002年	2003年	2004年	2005年	2006年	2007年	2008年	2009年	2010年	2011年
瑞典	50.5	51.2	52	52.1	53.4	53.9	53.4	53.4	53.1	52.6	53.5	53.2	52.8
德国	54.5	58.1	55.3	56.2	56.5	56.8	57.5	56.9	57	56.7	57.2	56	56.6
美国	41.6	42	42.6	43.6	43.5	43.2	42.7	43.2	43	42.8	44.1	45.1	45.5
希腊	—	—	—	—	—	—	47.3	46.9	45.2	43.9	45.2	47.1	49.5
韩国	26.1	21.2	21.8	21.5	18.5	23.1	24.3	26.6	26.4	27	28.3	29.8	29.8
OECD	—	45.9	46.1	46.5	46.7	47.3	47.4	46.4	46.4	46.1	47.3	47	47.9
中国	8.67	9.55	10.51	11.95	10.77	10.94	10.9	10.79	10.94	10.87	9.97	10.16	10.17

资料来源：中国数据来自《中国统计年鉴》和《中国财政年鉴》，其他来自OECD数据库。

同时，不合理的筹资结构加重了微观主体企业和个人的筹资负担。表4－16的数据显示，中国微观筹资水平过高。中国企业和个人承担的五项社会保险缴费率大概在40%，其中养老保险的缴费率为28%左右，医疗保险的缴费率为8%左右，失业保险的缴费率为3%左右，工伤保险的缴费率为1%左右，部分省份还要缴纳生育保险费。与其他国家对比来看，同德国的微观筹资水平相当，但也有不同，德国雇主的缴费率低于中国，而雇员的缴费率高于中国；远高于韩国、美国和瑞典。中国这种不合理的筹资结构，增加了经济运行中的扭曲作用，尤其是在经济衰退时期。对于企业，尤其是劳动密集型企业，过高的缴费率会增加企业的用工成本，进一步挤压在经济衰退中的利润空间，因此企业的劳动力需求减少，在投资能力下降。对于个人而言，过高的缴费率会减少当期可支配收入，使个人的消费需求减弱，消费能力降低。

三　经济危机下中国社会保障制度应对失业能力

中国还不完善的劳动力市场政策、不合理的社会保险项目结构、未对教育和卫生项目给予充分重视，弱化了其促进就业的能力。

从积极劳动力市场的发展来看，为了适应市场经济条件下的市场就业体制，邹再华（1997）开始探索中国积极劳动力市场政策，提出要转变对失业人员的救助方式，更加重视预防失业和失业状况下的再就业能力的培养。2002年《关于进一步做好下岗失业人员再就业工作的通知》，制定了一系列积极的就业政策，标志着积极就业政策基本框架的确立。2006年积极劳动力市场政策体系在中国基本形成。但中国目前的积极劳动力市场政策还存在很多不足。主要包括：一是不具有普遍性，主要针对的是国有企业下岗失业人员，未覆盖城镇和农村所有劳动者；二是政策投入不足，下岗失业者中能够得到积极劳动力市场政策中政府提供的职业培训的人员不到10%（吴要武、蔡昉，2009）；三是政府对积极劳动力市场的干预过多，虽建立了再就业工作联席会议制度，但政府是主角，政府、企业和个人三方协商促进就业的机制没有真正建立。相比而言，瑞典最早实施劳动力积极化转型，现在已经形成积极激励和消极激励相结合的高度灵活的劳动力市场；德国通过支持失业者自主创业、建立向失业者提供短期安置服务的专门机构、整合长期失业津贴与社会救济、引入“失业津贴Ⅱ”的“哈兹Ⅳ改革”，已经实现了从完全消极的方式到致力于主动激活失业者的转变。

从社会保险的人均适度水平来看，实际供需就存在一定矛盾。失业保险、医疗保险、生育和工伤保险的适度结构水平高于实际结构水平，而养老保险则相反（郭林、宋凤轩、丁建定，2011）。从财政社会保障支出来看，社会保障补助支出和行政事业单位离退休费是其最重要的支出，尤其是前者，所占比重超过30%；就业补助、城乡低保、抚恤和社会福利救济等支出较少。这种不合理的财政社会保障支出结构甚至对危机中经济的增长起到了消极作用。从宽口径的社会保障支出来看，中国财政教育支出和财政医疗卫生支出较少，占财政总支出比重较低。2008年，中国医疗卫生支出占当年财政总支出的比重仅为4.4%，教育支出占财政支出比重也一直徘徊不前。而根据欧洲福利国家的实践经验，对于改善宏观经济形势和助推经济转型，社会保障措施具有重要作用，因为其中的教育支出和卫生支出能将潜在的医疗卫生需求和教育培训激活，有利于人力资本的积累。

四　经济危机下中国社会保障制度促进社会公平能力

中国的社会保障制度调节分配的作用较差，甚至在一定程度上出现了逆向分配，导致经济危机下中国社会保障制度促进社会公平能力较差。我国社会保障制度调节分配能力较差，主要体现在：

（1）从覆盖率和保障水平来说，不如瑞典和德国高，比较有限的社会保障覆盖面和低水平保障，使中国社保制度能调节的财富分配格局受到较大制约。因此，分配性远不如瑞典和德国。

（2）从制度的公平化来看，社会保障制度同希腊一样呈现碎片化，充斥着特权利益。不同的城乡、行业、群体之间有不同的制度配置，而配置的水平是失衡的，使得社会保障调节分配的资源不能得到有效运用。

（3）从统筹层次来说，远不像德国，社会保障的统筹层次高，基本上由中央政府进行管理，可以在全国范围内对社会保障基金进行统筹安排，缩小贫富差距。和美国社会救助项目实行州一级统筹，因此削弱了制度调节贫困的力度类似，中国的社会保障统筹层次较低。以发展最为成熟的城镇基本职工的养老、医疗保险为例，目前基本上还是以市（县）级统筹为主，造成地区间的再分配调节难以实现。

（4）从制度的机制设计来看，更接近美国轻横向再分配，重纵向再分配。在美国，大约一半的社会保障收入来自雇主和个人的工薪收入的缴款，对贫困的缓解力度较小。在中国，社会统筹和个人账户相结合的制度安排，过多强调多缴多得的效益原则，弱化了社会成员之间互助共济的原则，使个体之间的再分配调节机制缺乏。

中国的基尼系数长期居于高位，超过世界公认的警戒线水平，也从反面说明了中国社会保障制度没有很好地发挥调节分配的作用，甚至加剧了收入分配格局的恶化。

五　经济危机下政府管理的强制性社会保障制度加重了企业负担

中国单一支柱的社会保障体系应对经济危机的作用较弱。这主要是由于中国多层次的社会保障体系还很不完善，人们过多地依赖法定的第一层次的基础的社会保障，未有效调动市场资源和社会资源来充实社会保障物质基础，将原本在第二层次和第三层次中的责任转嫁给了政府，放大了政府运行的责任，导致政府的运行负担过重，政府又不愿自己出资，所以把筹资的重要责任又转移给了企业，造成企业负担过重。实际上，社会保障体系的多层次化是完整意义上的，而并非业界和学界多指的多层次化的养老保险体系①。这里我们以养老保险为例，来说明第二层次和第三层次的社会保障在我国既没有得到有力的政策支持，也没有得到社会保障体系中应有的位置，发挥应有的作用。虽然近年来城镇企业职工基本养老金替代率持续下降（见表5－20），但这并不是由于补充的第二层次企业年金和自我储蓄的第三层次个税递延型养老金的替代率上升，也即养老保险体系的结构调整引起的，而是因为在岗职工平均工资比养老金的上涨速度更快。

表5－20　　2001—2013年城镇企业职工基本养老金替代率　　单位:%

年份	替代率	年份	替代率
2001	73.30	2008	55.90
2002	72.50	2009	52.40
2003	65.10	2010	51.10
2004	60.80	2011	50.30
2005	57.70	2012	49.20
2006	57.50	2013	48.30
2007	57.30		

资料来源：曾海军：《基本养老金替代率为何连年下降?》，《中国保险报》2014年6月4日。

截至2014年年底，全国建立企业年金的企业只有7.33万户，参保人数仅为2293万人，占参加职工基本养老保险人数的比重只有6.7%，企业年金的覆盖人群十分有限。而经合组织国家大部分都依靠三支柱养老金体系，以便在国家、企业和个人之间合理分担养老责任。到2012年年底，第二支柱和第三支柱的养老金占OECD成员国GDP的加权平均比重已达到77%，远远超过我国这两个支柱养老金占GDP的5.1%。② 但希腊在OECD国家中是个例外。从表5－21也可以看出，希腊的养老金占GDP比重远高于OECD平均水平。这和养老金制度严重失衡密切相关。

① 郑功成：《建立多层次社会保障体系中国保险报》，《中国保险报》2016年3月17日第2版。

② 数据来源于中国养老金融50人论坛2016年2月27日发布的《重构我国养老金体系的战略思考》报告。

事实上，希腊 2002 年才刚刚建立第二支柱自愿型的职业保险基金，到 2007 年，仅仅覆盖了 492 万劳动人口的 0.2%，只有 1.18 万人，资产也只有 2460 万欧元，在当年 GDP 中只占 0.01%。所以，希腊的养老重担都压在了第一层次，企业因此不堪重负无法运行，国家只得进行财政补贴，结果又陷入债务危机。我国过分依赖第一支柱的情况与希腊有些类似，企业目前虽还能运行，但明显已经超出负荷。因此，从一定程度上讲，由于第二、第三支柱的缺失，加重了中国政府社保制度的运行负担，政府通过它管理的强制性社保制度将筹资重任转嫁给了企业，加重了企业负担。为减轻企业负担，构建真正的多支柱的社会保障体系尤其是养老体系迫在眉睫。

表 5-21　2000—2011 年典型国家公共养老支出占 GDP 比重　单位：%

年份	2000	2001	2002	2003	2004	2005	2006	2007	2008	2009	2010	2011
瑞典	9.083	9.1	9.234	9.793	9.613	9.437	9.106	8.951	9.239	10.168	9.594	9.402
德国	8.648	8.784	8.986	9.173	9.126	9.139	8.861	8.548	8.562	9.166	8.886	8.562
美国	4.885	4.95	5.086	5.111	5.074	5.04	5.035	5.116	5.286	5.815	5.93	6.041
希腊	10.191	10.915	10.63	10.415	10.514	11.095	9.999	10.124	10.398	10.949	11.521	12.324
韩国	1.255	1.031	1.017	1.145	1.359	1.462	1.56	1.647	1.93	2.061	2.078	2.102
OECD	6.376	6.387	6.493	6.491	6.468	6.511	6.409	6.388	6.618	7.315	7.317	7.397

资料来源：OECD 数据库。

可见，遵循自身适应能力、应对经济衰退能力、应对失业能力、促进社会公平能力以及对政府财政负担的影响的评价标准，中国社会保障制度应对经济危机的能力还较弱。这与中国的社会保障改革还不够彻底深入、社会保障水平较低、筹资的公平性较差、调节收入的能力较差、制度结构不合理以及多层次的社会保障体系还未建立有关。因此，中国为提升社会保障制度应对危机的能力应该从以上方面着重努力。

第六章　结论和政策建议

第一节　研究的重要结论

2008 年的经济危机再次向人们证明，在危机来临之前就建立起良好的社会保障制度，才能更有效地应对危机，才能为所有受经济危机影响的群体提供可靠的保障。在后危机时代，社会保障制度既是社会政策，更是经济政策，乃至是一个重要的生产要素。它既关系到社会的公平和稳定，也关系到就业促进和经济的可持续发展，是实现经济和社会良性互动和协调发展的重要工具。在中国不断融入经济全球化进程的背景下，本书通过规范分析、比较研究、实证分析等方法深入系统探讨了社会保障制度应对经济危机的功能演变、作用路径、政策着力点、政策作用方式以及能力差异性，并对中国社会保障制度对经济增长和就业的效应进行了实证检验，对其应对经济危机的能力进行了综合分析和评估。本书研究的重要结论如下：

一　社会保障应对经济危机的主要功能经历了社会稳定器→经济调节器→国家财政的减负器→促进经济增长的生产要素的演变

这主要基于不同经济发展阶段社会保障制度应对经济危机的理论基础和定位不同。在自由主义经济阶段，社会保障仅仅是经济危机的应急制度；在干预主义经济阶段，社会保障成为社会经济发展的国家长期战略，实现了社会保障与经济发展的良性互动，也因此避免了全球性经济危机；在新自由主义经济阶段，社会保障为应对经济危机开始市场化和私有化改革；在新自由主义危机与反思阶段，社会保障开始作为生产要素应对经济危机。因此，不同历史阶段社会保障应对经济危机的主要功能发生演变。在社会保障形成阶段，应对经济危机发挥的主要是社会稳定器功能；在社会保障发展阶段，应对经济危机发挥的主要是经济调节器功能；在第二次世界大战后社会保障制度全面发展阶段，发挥了经济社会发展的助推器功能；在社会保障制度改革前期，应对经济危机发挥的主要是国家财政的减负器功能；在社会保障制度改革后期，应对经济危机发挥的主要是促进经济增长的生产要素功能。

二　社会保障制度可以通过恢复经济增长、促进社会成员就业、增强弱势群体应对风险能力三条路径有效应对经济危机

其一，恢复经济增长的作用路径。社会保障通过刺激社会有效需求和促进产业结构调整增加经济发展能力，发挥恢复经济增长的作用。借助社会保障制度对社会成员的收入维持，对边际需求的提高，对政府需求的扩大，对人们预期心理的稳定，刺激消费需求，增加投资需求，扩大社会总需求。借助社会保障制度降低由于技术进步与产业升级带来的不安全感，顺畅劳动力的更新过程，引导和鼓励企业创新，助推产业结构的调整和经济增长模式的转变，增加经济发展能力。此外，社会保障投资人力资本对于促进经济增长的作用非常显著。

其二，促进社会成员就业的作用路径。社会保障通过采取和企业共渡难关的措施和增加人力资本投入，发挥其促进社会成员就业的作用。通过加强与企业的对话与协商，实施更加积极性的就业政策，提供就业服务，促进就业。通过增加社会保障支出中的人力资本投入，分担再就业的技能培训成本，增强低收入群体抵抗失业风险的能力，提升就业能力。而且，企业认可花费部分利润支持社会保险发展的做法，认为此举可以弥补劳动力技能培养的市场失灵，可以帮助企业更好地应对经济危机。

其三，增强弱势群体应对风险能力的作用路径。社会保障通过调节收入分配，弥补收入不足，降低犯罪率，增强自我发展能力，发挥增强弱势群体应对风险能力的作用。通过筹资机制影响和改变初次分配格局，提高劳动者报酬；通过筹集机制、待遇给付机制和财政转移支付机制，调节社会各阶层间的收入分配差距，实现收入分配合理化和均等化。通过增加社会保障支出，提高从事犯罪的隐性成本，有效控制犯罪率，加大对弱势群体的医疗和教育支出，帮助他们学习新技能，提高就业创业的能力，实现弱者自强和自我的发展。

三 传统分类的福利模式应对经济危机的能力从强到弱依次为：斯堪的纳维亚模式、欧洲大陆模式、盎格鲁—撒克逊模式、东亚模式、中东欧模式、地中海模式

在具备上述特点的同时，同一福利模式的不同国家应对经济危机的能力也存在巨大差异。斯堪的纳维亚模式中的挪威、瑞士、瑞典是应对危机能力最强的三个国家，而丹麦和芬兰的表现则一般；欧洲大陆模式中德国、卢森堡、奥地利、荷兰的危机应对能力仅次于最强的三个国家，但法国和比利时应对能力的排名却居于第13位和第17位；盎格鲁—撒克逊模式中澳大利亚、加拿大和新西兰三国的应对能力明显高于平均水平，强于英国和美国；在东亚模式中，韩国应对经济危机的能力要强于日本；在中东欧模式中，捷克和波兰的表现较为出众，大大强于其他的国家；地中海模式的内部差异相对较小，意大利和葡萄牙略好于西班牙、爱尔兰和希腊。

四 应对经济危机能力较强的社会保障模式具有以下特征：公私合作的多层次社会保障体系、较高的社会保障水平且与经济发展水平相适应、合理的费用筹资水平和筹资责任分担机制、优化的倾向于积极福利的社会保障结构

根据应对经济危机能力的强弱，运用聚类分析方法将社会保障模式分为六个类别：权力下放的社会服务型、与经济充分配合的社会保险型、市场驱动型、政府主导—市场调节型、市场主导—政府调节型和扭曲型。其中，权力下放的社会服务型、与经济充分配合的社会保险型应对经济危机的能力最好。这两类模式表现出一些共同的特征：公私合作的多层次社会保障体系、较高的社会保障水平且与经济发展水平相适应、合理的费用筹资水平和筹资责任分担机制、优化的倾向于积极福利的社会保障结构。而其他类别的社会保障模式，由于在一方面或几方面的不足，应对经济危机的能力减弱。市场驱动型的社会保障水平一般；政府主导—市场调节型的经济发展和社会保障的关系很不协调，社会保障水平高低不齐；市场主导—政府调节型的社会保障制度调节收入再分配的功能较差；扭曲型的社会保障体系单一，且保障水平远超经济发展水平，政府责任过重，实施的积极福利有限。

五　典型国家应对经济危机能力的分析启示中国：及时系统地改革社会保障制度，增强制度的自适应能力；完善社会保障支出和筹资政策，促进经济恢复与增长；建立“友好”特征的新型社会保障制度，更好地促进就业；加大社会保障的分配力度，增强社会公平及弱势群体的风险应对能力；健全多层次的社会保障体系，减轻政府的财政压力

研究中选取了瑞典、德国、美国、希腊以及韩国作为不同社会保障制度的典型国家，在对这五个国家在经济危机中的福利保障、经济发展、劳动力市场、社会公平、财政负担进行比较分析后从五个方面进行了深层次分析，发现：

其一，不同的社会保障改革带来差异化的应对经济危机的自适应能力。改革越及时、彻底、全面的制度应对经济危机的自适应能力越强。

其二，社会保障支出水平、支出结构、筹资模式的差异带来不同的刺激经济增长的效应。社保水平越高，社会保障实物支出占 GDP 比重越高，社保实物支出大体平衡于或超过现金支出，社会保障筹资在国家和企业以及个人之间分配越合理的国家，促进经济恢复与增长的能力越强。

其三，劳动力市场政策积极转型的时间和深度以及平衡家庭与工作关系的家庭政策的差异带来不同的劳动力市场状况。劳动力市场政策发生积极化转型的时间越早，改革的程度越深入，失业率越低；儿童照料服务体系和生育保障制度越健全，就业率越高。

其四，社会保障制度调节分配能力的差异带来促进社会公平能力的高低。较强的社会保障调节分配能力，有利于国家促进社会公平。

其五，公私社会保障的不同构成和国家对社会保障水平与经济发展水平相互关系的不同处理造成不同的财政影响。社会保障体系越科学合理，社会保障水平与经济发展水平协调得越好的国家，财政负担能力越好。

六　中国社会保障支出规模对经济增长的影响存在滞后效应，对就业增长的影响不存在积极性。中国不同类型社会保障支出对经济和就业增长的影响不同：财政医疗卫生支出表现为积极影响，社会保险支出表现为消极影响，财政社会保障与就业支出和财政教育支出则表现为无显著影响

采用中国 30 个省份 2008—2014 年的面板数据，运用 EGLS 估计方法考察了社会保障支出规模对经济增长和就业增长的影响，发现：当期的社会保障支出规模整体上与经济增长负相关且在1%的水平上显著，影响系数为-0.0383。上一年度的社会保障支出规模与经济增长正相关且十分显著，具体表现为：全国、东部和中部地区在1%的水平上显著，西部在5%的水平下显著，影响系数分别为0.109、0.171、0.110和0.0598。社会保障支出规模在全国范围内没有促进就业增长，且在10%的水平上显著。同时，考察了社会保障支出结构对经济增长和就业增长的影响，发现：社会保险支出对经济增长的影响在全国来看在5%的水平上显著阻碍，但阻碍的程度较小，仅仅为-0.0383；社会保险支出对就业增长无积极影响，仅有东部地区在10%的水平上影响显著，但却是消极影响。财政医疗卫生支出对经济增长有促进作用，但作用力度不大，其在全国和各地区的影响系数分别为0.0215、0.011、0.042、0.015；财政医疗卫生支出的就业增长效应比经济增长效应要大，其在全国和各地区的影响系数分别为0.175、0.451、0.151、0.198。财政社会保障与就业支出、财政教育支出对经济和就业增长的影响微弱且不显著。

第二节　政策建议与研究展望

一　政策建议

在对社会保障制度应对经济危机能力进行比较研究的基础上，结合中国社会保障制度的现状及其在应对经济危机能力方面的不足，有针对性地提出了系列具体政策建议。

（一）坚持公私合作健全多层次社会保障体系，减轻政府所承担的第一层次社会保障制度运行的压力

目前中国的社会保障体系中，第一层次的公共社会保障制度占据着主导地位，市场化的第二层次和第三层次的保障制度建设还非常薄弱。以养老保险的第二层次企业年金为例，截至2014年年底，全国建立企业年金的企业只有7.33万户，参保人数仅为2293万人，占参加职工基本养老保险人数的比重只有6.7%。在这种情况下，国民把化解风险的保障压力过多地放在政府所承担的第一层次的公共保障制度上，加重了政府在社会保障制度运行中的压力，使其不堪重负，也引起社会公众的

诸多不满。因此，中国政府必须坚持健全公私合作的多层次的社会保障体系，重点推动第二层次和第三层次市场化的保障体系建设。为此，我们首先需要坚持第一层次公共社会保障“保基本”的定位，给第二层次和第三层次预留发展的空间。其次，作为多层次社会保障体系的重要构成，第二层次和第三层次都具有一定的社会公益性，但目前在中国发展基础薄弱。因此，需要政府给予一定的财政支持和税收优惠，创造低成本的政策环境，激励企业和员工参加。最后，要坚持需求和供给双侧发力。在通过宣传教育、政策激励引导企业和个人增加对企业年金、职业年金、商业保险需求的基础上，需要提高银行、保险公司、基金公司等相关机构的信誉和公信力，从而提高公民对其的认可度。此外，培育公民现代的风险意识、保险意识、风险管理意识也有助于多层次社会保障体系的实施和推进。

（二）重视农民工及弱势群体在经济危机时期的基本生活保障，充分发挥社会保障应对经济危机的功能

在对不同社会保障制度应对经济危机能力的比较研究中，我们发现，收入较低的、接受教育程度较低的社会弱势群体更易遭受经济危机的冲击，更易陷入生存困境，是最急需社会保障制度加以保护的群体。结合我国的实际情况也是如此。在经济危机中大量的农民工群体及其他弱势群体最先受到失业和贫穷的影响。但我国针对农民工和其他弱势群体的社会保障制度还不健全，还有很多人被排除在制度之外，无法享受应有的社会保护。因此，我国要重视这些群体在经济危机时期的基本生活保障，这样，一方面可以保护这些群体的基本生存权利，维护社会稳定；另一方面可以通过提高边际消费倾向，增加社会有效需求，促进经济增长。具体来说，我国首先需要扩大最低生活保障制度和失业保险制度的覆盖面，将被排斥的弱势群体覆盖到社会安全网中，确保他们享有基本保障的权利；其次需要政府的财政投入向弱势群体倾斜，通过转移支付手段加大社会保障调节收入分配的力度，进而增加弱势群体的收入并保障其基本生活；最后，需要政府积极出台帮助弱势群体减少失业、稳定就业、鼓励创业的专门性政策措施，比如开展针对农民工等弱势群体的就业和再就业服务，允许企业建立弹性用工制以稳定危机期间的就业岗位等。此外，政府应加强精算技术方面的研究，做到精准扶贫，将有限的社会保障资源发挥最大的效能，更好地应对经济危机。

（三）适度提高低收入群体的社会保障水平，并使社会保障总体水平与经济发展水平相互协调、相互促进

社会保障制度应对经济危机能力的比较研究给我们的一个重要启示是合适的社会保障水平有助于刺激消费、拉动内需、推动经济发展方式的转型。目前，中国社会保障制度碎片化较严重，不同群体的社会保障水平差距较大。从城乡对比来看，农村居民的养老和医疗制度虽实现了从无到有的跨越，但新型农村养老保险和医疗保险的待遇水平远远低于城市居民享有的水平；从城市内部的分化来看，城镇居民、城镇企业职工、城镇机关事业单位工作人员分别被不同的制度所覆盖，待遇水平差别很大，其中待遇水平最低的是城镇居民，最高的是机关事业单位工作人员。进一步研究，我们发现，由于收入较低的农民和城镇居民群体享受的社会保障水平也较低，这使社会保障拉大了这些低收入群体与其他群体的收入差距，也使这部分低收入群体通过社会保障制度增加的可支配收入比较有限，制约了其消费能力。加之这部分群体对未来没有良好的心理预期，更加弱化了他们消费的动力，从而不利于刺激危机中的消费需求，制约了社会保障对经济增长的促进作用。因此，我国应适度提高低收入群体的社会保障水平，并以此为突破口，扩大内需，减少经济发展对外部的依赖，拉动经济增长并推动经济发展方式转型。

此外，我国应使社会保障总体水平与经济发展水平相互协调、相互促进。目前，中国总体社会保障水平落后于经济发展水平，占 GDP 比重不足 10%，而福利发达国家的比重都在 20% 以上。不足的社会保障支出水平在一定程度上影响了其促进经济增长、恢复就业的功能。所以，中国应随着经济发展水平的提高逐步完善社会保障制度，提高社会保障水平，发挥其刺激消费和投资，推动经济增长的作用。但社会保障水平不能超越经济发展水平，不然就会加重经济发展的负担，阻碍经济发展。为此，中国需要将政府与市场在社会保障发展中的角色关系定位于相互促进、相互补充。在不同的经济发展水平下，政府机制和市场机制的优劣对比具有差异性，应选择不同的“政府 + 市场”组合，使两者的优势得以充分发挥。目前，市场机制在中国社会保障中的作用还未充分发挥，我们应借助顶层设计，坚持 PPP 模式导向，通过市场机制满足高收入群体的保障需要，通过政府机制向弱势群体提供基本保障，建立政府、市场、社会、个人多元共担的社会保障体系，使社会保障与经

济发展相协调。

（四）改善社会保障筹资结构，强化国家财政和国有资本对社会保障的筹资责任，建立合理的责任分担机制，为微观经济主体减负，刺激其经济活力，促进经济增长

目前，中国社会保障筹资结构中微观缴费率过高，宏观缴费率过低，筹资公平性较差，对经济发展产生了很多负面影响。造成这一结果的原因较多，其中非常重要的一个原因是国家财政和国有资本承担的责任过少、投入有限并且其筹资责任并没有通过法律强制手段固定化和制度化。因此，为改善社会保障筹资结构，促进筹资公平性，首先要强化国家财政和国有资本对社会保障的筹资责任，并且通过法律形式将其筹资责任固定化和制度化，调整财政支出结构，适当增加政府对社会保障的投入力度，加快划拨国有资本以补充社会保障筹资收入。在此基础之上，建立合理的责任分担机制，在国家、企业和个人之间合理分担筹资责任。一方面，要逐步提高财政社会保障投入；另一方面，要适度下调社会保障缴费率，将缴费率维持在合理空间。为此，要完善以下筹资基础：夯实税基并提高征缴率；健全覆盖城乡居民的社会保障体系，真正扩大筹资范围；提高统筹层次，尤其要加快实现职工基本养老金的中央统筹，制定统一的缴费标准，均衡地区间的缴费负担；延迟领取退休金等。其次要转变筹资渠道，开征社会保障税，让社会保障税代替社会保障费成为主要的资金来源渠道。完善社会保障法律，指定税务部门对社会保障税进行统一征收，将其纳入国家预算执行系统，进行统一的监督、收支和管理，从而降低筹资成本，节约管理费用。

（五）优化社会保障的项目支出结构，建立积极型和服务型社会保障制度，促进积极就业

目前，中国的社会保障项目支出结构还不够合理，积极型和服务型的社会保障项目所占比重偏低。以劳动力市场政策为例，以最低生活保障、失业救济和再就业中心为内容的消极劳动力政策占有很大比重，而积极劳动力政策所占份额却比较有限。但我们在研究中发现，积极型的政策远比消极型的政策作用效果好。因此，我们要通过建立完善积极型的社会保障制度，更好地促进就业。这要求中国政府在后危机时代和经济新常态下加大积极福利项目投入，充分发挥社会保障作为重要的生产要素的作用。为此，中国应增加三个项目的投入：一是增加教育方面的

保障投入，投资于儿童早期教育和照护、公共教育、职业培训等人力资本开发，畅通社会保障促进人力资本形成的渠道，促进社会创新和经济发展；二是强化医疗保险尤其是大病保险的保障，提高居民尤其是低收入居民健康水平，增加他们可用于教育和培训的可支配收入，增加他们的就业竞争力和成功率；三是加大对积极的劳动力市场政策的支持，尤其是加大对就业服务的投入。围绕大学毕业生、灵活就业人员、失地农民等就业弱势人员开展就业服务，提供有针对性的职业介绍、就业培训、就业指导和劳动保险事务代理等公共服务，提高就业困难人员的就业和再就业能力，帮助他们更快地实现就业和再就业。此外，我们在研究中发现，服务型保障项目比现金给付项目更有效率、更有灵活性。因此，我们建议加强服务型社会保障制度建设，更好地促进就业。目前，我国社会保障给付主要是现金给付，所以建议从弱化社会保障给付结构中的现金给付，加强社会服务供给开始，建立更加灵活的“社会服务＋现金给付”的社会保障给付框架；建议学习欧盟的社会投资理念，将更多的资源投入到激活劳动力、照料儿童、支持家庭、照顾特殊群体等社会服务领域中，减少社会成员对现金给付的依赖，从而提高社会保障制度的效率和应对危机的能力。

二 研究展望

经过对国内外文献资料的参阅、梳理和总结以及国内外相关数据的收集、整理和分析，本书对社会保障制度应对经济危机的作用路径、政策着力点、政策作用方式、应对能力进行了比较全面、系统的研究。然而，由于研究主题涵盖内容较多，范围较广，本书只能解决部分问题。要对社会保障制度应对经济危机问题研究得更加明白和透彻，还需要进一步的分析和探讨。

第一，强化经济危机中中国社会保障制度对促进社会公平的实证研究。囿于时间篇幅所限和各地区基尼系数数据的不可获得性，本书更多涉及的是经济危机中中国社会保障制度对全国及东中西部地区的经济增长效应和就业效应的实证研究，而较少涉及对全国及东中西部地区的社会公平效应的研究。因此，未来有必要强化对经济危机中中国社会保障制度是否促进了全国及各地区社会公平进行研究，以丰富中国社会保障制度应对经济危机的研究内容。

第二，强化中国社会保障制度对不同社会群体应对经济危机能力的影响分析。本书对社会保障制度应对经济危机能力的分析更多的是集中于宏观方面。实际上，应对危机能力和效果如何，不单单体现在社会公平与稳定状况、经济恢复速度、失业和就业情况等一些宏观指标的增减变化上，同时也体现在不同社会群体尤其是弱势群体应对危机的能力上。因此，未来有必要基于不同群体（如农民、农民工、城镇居民、城镇职工），详细分析社会保障应对经济危机的能力，从而有助于政府实施更加有针对性、更加公平的社会保障政策，以保护所有公民在危机中的生存权与发展权。

参考文献

一　中文部分

（一）书籍

《列宁全集》第2卷，人民出版社1984年版。

《马克思恩格斯选集》第1卷，人民出版社1972年版。

埃斯平·安德森：《福利资本主义的三个世界》，郑秉文译，法律出版社2003年版。

彼得·古勒维奇：《艰难时世下的政治——五国应对世界经济危机的政策比较》，袁明旭、朱天飚译，吉林出版集团有限责任公司2009年版。

仇雨临：《加拿大社会保障制度的选择及其对中国的启示》，经济管理出版社2003年版。

邓大松：《社会保险》，中国劳动社会保障出版社2002年版。

邓广良、颜文雄：《中国社会保障改革评估：发展型社会福利理论的视角》，载张秀兰、徐月宾、梅志里《中国发展型社会政策论纲》，中国劳动社会保障出版社2007年版。

丁建定：《西方国家社会保障制度史》，高等教育出版社2010年版。

董拥军：《我国社会保障支出对效率和公平影响的实证分析》，西南财经大学出版社2012年版。《发达国家保险事业的发展研讨会论文集》，1994年。

弗雷德里希·奥古斯特·冯·哈耶克：《自由秩序原理》（下），生活·读书·新知三联书店1997年版。

葛寿昌：《社会保障经济学》，复旦大学出版社1990年版。

国家经济体制改革委员会编：《社会保障体制改革》，改革出版社1995年版。

国际劳工组织：《2000年世界劳动报告》，中国劳动社会保障出版社

2001 年版。
国际劳工组织编:《社会保障基础》，吉林大学出版社 1989 年版。
凯恩斯:《就业、利息和货币通论》，商务印书馆 1983 年版。
理查德·蒂特马斯:《社会政策十讲》，江绍康译，商务印书馆 1991 年版。
龚森、葛延风等:《福利体制和社会政策的国际比较》，中国发展出版社 2012 年版。
卡特琳·米尔丝:《社会保障经济学》，郑秉文译，法律出版社 2003 年版。
李绍光:《深化社会保障改革的经济学分析》，中国人民大学出版社 2006 年版。
林治芬:《社会保障统计国际比较与中国建构》，经济科学出版社 2012 年版。
刘树成:《现代经济辞典》，凤凰出版社、江苏人民出版社 2005 年版。
孟醒:《统筹城乡社会保障》，经济科学出版社 2005 年版。
米尔顿·弗里德曼:《资本主义》，商务印书馆 2004 年版。
穆怀中:《社会保障国际比较》，中国劳动社会保障出版社 2002 年版。
潘莉:《社会保障的经济分析》，经济管理出版社 2006 年版。
彭华民等:《西方社会福利理论前沿：论国家、社会、体制与政策》，中国社会出版社 2009 年版。
乔纳森·休斯:《美国经济史》，王珏等译，上海人民出版社 2013 年版。
时寒冰:《欧债真相警示中国》，机械工业出版社 2012 年版。
宋则行、樊亢:《世界经济史》（上卷），经济科学出版社 1994 年版。
隋东、朱棱:《社会保障纲要》，改革出版社 1995 年版。
孙光德、董克用:《社会保障概论》，中国人民大学出版社 2000 年版。
孙光德等:《社会保障概论》，中国人民大学出版社 2008 年版。
唐钧:《市场经济与社会保障》，黑龙江人民出版社 1995 年版。
吴亦明:《中国社会保障制度》，南京师范大学出版社 2002 年版。
馨芳、国太、劲民编译:《世界各国的社会保障制度》，中国物资出版社 1994 年版。
周佩:《社会福利体系研究》，中国劳动社会保障出版社 2007 年版。

郑功成：《社会保障学——理念、制度、实践与思辨》，商务印书馆2000年版。

郑功成：《社会保障学》，商务印书馆2000年版。

郑秉文、和春雷：《社会保障分析导论》，法律出版社2001年版。

左大培、裴小革：《现代市场经济的不同类型——结合历史与文化的全方位探讨》，经济科学出版社1996年版。

（二）期刊

阿部诚、李莲花：《经济危机下日本的劳动和社会保障》，《中国人民大学学报》2010年第1期。

财政部新闻办公室谢旭人部长：《详解积极财政政策与民生支出重点》，《农村财政与财务》2009年第5期。

曹春：《社会保障筹资改革国际比较及对我国的启示》，《经济研究参考》2013年第38期。

曾学文：《我国转型期财政和货币政策开发就业潜力的效果分析》，《财贸经济》2007年第2期。

丁建定、杨斌：《瑞典现代和谐社会的建立与发展——兼论瑞典福利国家为何受经济危机影响较小》，《当代世界与社会主义》2012年第5期。

丁纯、陈飞：《主权债务危机中欧洲社会保障制度的表现、成因与改革——聚焦北欧、莱茵、盎格鲁—撒克逊和地中海模式》，《欧洲研究》2012年第6期。

大卫·科茨：《目前金融和经济危机：新自由主义的资本主义的体制危机》，《河北经济贸易大学学报》2010年第1期。

董锋、谭清美、周德群：《多指标面板数据下的企业R&D能力因子分析》，《研究与发展管理》2009年第3期。

范前进、孙培源、唐元虎：《公共基础设施投资对区域经济影响的一般均衡分析》，《世界经济》2004年第5期。

封进、张馨月、张涛：《经济全球化是否会导致社会保险水平的下降：基于中国省际差异的分析》，《世界经济》2010年第11期。

高兆明：《金融危机："支付能力"的正义之维》，《马克思主义与现实》2010年第4期。

顾昕：《社会政策变革与中国经济发展模式转型》，《国家行政学院学报》2013 年第 6 期。

侯铁建:《经济危机、社会政策和经济发展:俄罗斯的经验》,《俄罗斯研究》2010 年第 2 期。

侯明喜:《防范社会保障体制对收入分配的逆向转移》,《经济体制改革》2007 年第 4 期。

郝宇彪:《社会政策是摆脱经济危机的良策——国际金融危机再反思》,《经济学家》2013 年第 3 期。

黄茂兴、叶琪:《近代以来世界性经济危机爆发的主要特点及成因分析》,《当代经济研究》2010 年第 3 期。

霍兵:《经济危机与经济学的危机》,《东岳论丛》2015 年第 6 期。

吉列诺·博诺里:《欧洲社会政策的积极化转型》,《浙江大学学报》(人文社会科学版)2012 年第 3 期。

金教诚:《韩国国家福利水平的诊断与评价》,《社会保障研究》2008 年第 1 期。

李磊:《世界主要国家工会应对经济危机的政策主张及启示》,《中国劳动关系学院学报》2014 年第 6 期。

李珍、王雯:《金融危机、债务危机背景下分配政策的思考》,《武汉大学学报》(哲学社会科学版)2013 年第 1 期。

李宪堂、陈宇学:《从商品的属性看生产与消费的关系及外贸的两面性——以福利价值论揭示全球性金融危机的秘密》,《现代经济探讨》2010 年第 7 期。

鲁全、石琤、邢连斌:《债务危机与福利制度:基于福利生产模型的分析》,《山东社会科学》2012 年第 8 期。

鲁全、钟华:《经济危机和社会保障关系研究述评》,《经济学动态》2012 年第 7 期。

林义、陈家旭:《福利制度对欧盟国家债务危机的影响及启示》,《保险研究》2013 年第 2 期。

刘军强:《增长、就业与社会支出——关于社会政策的"常识"与"反常识"》,《社会学研究》2012 年第 2 期。

刘强:《瑞典、芬兰居民收入分配状况及调节政策考察报告》,《经济研究参考》2006 年第 32 期。

刘儒、孟书敏、杜娟汀:《国际金融危机背景下经济理论的第三次危机》,《西安交通大学学报》(社会科学版)2014 年第 7 期。
刘玮:《社会保障的存在逻辑》,《天府新论》2010 年第 2 期。
刘新、刘星:《地方财政社会保障支出对就业的影响效应——基于 1999—2008 年的面板数据经验》,《经济与管理研究》2010 年第 10 期。
刘旭东:《从西方福利模式转换看金融危机》,《当代经济研究》2009 年第 4 期。
娄洪:《长期经济增长中的公共投资政策》,《经济研究》2004 年第 3 期。
卢亮:《1998—2002 年我国积极财政政策就业效应的实证分析》,《西北人口》2005 年第 1 期。
马莉、郑真真:《韩国妇女的生育后再就业及其对中国的启示》,《劳动经济研究》2015 年第 2 期。
潘屹:《社会政策全球性回归》,《中国社会保障》2009 年第 8 期。
纳伦·普拉萨德、梅甘·格雷克:《危机时刻的社会保障支出》,《经济社会体制比较》2012 年第 1 期。
宁光杰:《经济危机背景下的失业与就业》,《社会科学辑刊》2010 年第 4 期。
琼·罗宾逊:《经济理论的第二次危机》,《国外社会科学》1978 年第 5 期。
邱兆林、马磊:《经济新常态下政府财政支出的就业效应——基于中国省级面板数据的系统 GMM 分析》,《中央财经大学学报》2015 年第 12 期。
任保平:《当代西方社会保障经济理论的演变及其评析》,《陕西师范大学学报》(哲学社会科学版)2001 年第 6 期。
申曙光、谢林:《构建和谐社会与发展社会保障事业》,《社会保障研究》2005 年第 1 期。
盛亦男、杨文庄:《西方发达国家的家庭政策及对我国的启示》,《人口研究》2012 年第 4 期。
孙锐、高仰杨:《金融危机期间地方财政支出对经济增长的影响——基于省际面板数据的比较分析》,《经济与管理》2013 年第 10 期。
孙文基:《大危机后西方学者关于财政赤字对经济影响的理论》,《国外社会科学》2009 年第 4 期。

孙祁祥、锁凌燕、郑伟：《社会保障中的政府与市场——兼论中国 PPP 导向的改革》，《北京大学学报》（哲学社会科学版）2015 年第 5 期。

陶继坤：《中国与澳大利亚应对国际金融危机采取的社会保障措施比较研究》，《经济纵横》2012 年第 11 期。

王立军、马文秀：《全球金融危机下的中国经济增长竞争力——基于地区层面的分析》，《当代财经》2010 年第 3 期。

王文甫：《政府支出—技术进步与劳动就业的效应分析》，《经济科学》2008 年第 3 期。

王秀兰、张士辉：《我国社会保障支出、居民消费与 GDP 的关系研究》，《西南交通大学学报》（社会科学版）2015 年第 6 期。

许修超：《经济危机的出路：完善社会保障——基于调节学派经济理论》，《西部金融》2010 年第 6 期。

徐旭川：《公共投资就业效应的一个解释——基于生产函数的分析及其检验》，《数量经济技术经济研究》2006 年第 11 期。

杨立雄：《“不情愿的福利国家”与金融危机——美国福利模式解析》，《当代世界与社会主义》2012 年第 5 期。

杨团：《社会政策的理论与思索》，《社会学研究》2000 年第 4 期。

尹阳娜：《社会保障、消费与内需》，《消费经济》2006 年第 8 期。

尹音频：《财政政策结构的就业效应分析与思考》，《西南民族大学学报》2004 年第 2 期。

余昌淼、李红、孙宇：《国际金融危机下的中国农民工问题及对策——访国务院农民工工作联席会议办公室主任、人力资源和社会保障部副部长杨志明》，《中国党政干部论坛》2009 年第 5 期。

曾学文：《我国转型期财政和货币政策开发就业潜力的效果分析》，《财贸经济》2007 年第 2 期。

曾煜：《金融危机下社会保障制度建设中的三种责任》，《广东社会科学》2010 年第 2 期。

赵一阳、寇业富：《社会保障水平与经济增长的灰色关联分析》，《税务与经济》2015 年第 2 期。

张奇林、陈卫民：《经济危机与社会保障的变奏及其启示》，《武汉大学学报》（哲学社会科学版）2010 年第 5 期。

张彦丽：《后工业时代从福利国家到社会投资转型及启示》，《现代经济探讨》2014 年第 8 期。

张婷：《欧债危机新论：政府主导下增长连续性丧失》，《国家行政学院学报》2014 年第 6 期。

朱火云、丁煜：《社会保障对收入分配的影响：基于欧盟的实证分析》，《当代经济管理》2015 年第 4 期。

（三）学位论文

李霞：《经济危机变异与政治嬗变研究》，博士学位论文，中共中央党校，2010 年。

刘志英：《社会保障与贫富差距研究——典型国家的实践与中国的政策主张》，博士学位论文，武汉大学，2004 年。

罗阳：《经济危机、社会动员与政治稳定》，博士学位论文，中共中央党校，2011 年。

二　英文部分

Esping - Andersen, G., *Three World of Welfare Capitalism*, Cambrige: Polity Press, 1990.

E. Huber and J. Stephens, *Development and Crisis of the Welfare State—Parties and Policies in Global Markets*, Chicago: University of Chicago Press, 2001.

G. Grossman and E. Helpman, *Innovation and Growth in the Global Economy*, Cambridge: MIT Press, 1991.

Glennerster, Howard, *British Social Policy Since* 1945, Blackwell Publishers, 2000.

J. Clasen, *Reforming European Welfare States: Germany and the United Kingdom Compared*, Oxford: Oxford University Press, 2007.

Michael Katz, *In the Shadow of the Poor House: A Social History of Welfare in America*, New York : Basic Books, 1986.

OECD, *Economic Report*, Greece, Paris: OECD, 2001.

V. timonen, *New Risks—are They Still New for the Nordic Welfare States? New Risks, New Welfare*, Oxford: Oxford University Press, 2004.

U. S. Department of Health and A. Welfare, Utilization of Social Work Staff with Different Levels of Education for Family Services in Public Welfare and Selected Illustrative Job Specifications for Local Agency Personnel. U. S. Department of Health, Education, and Welfare, 1965.

Aschauer, David Alan, "Is public expenditure productive?", *Journal of Monetary Economics*, Vol. 23, No. 2, 1989, pp. 77 – 200.

Aurel Croissant, "Changing Welfare Regimes in East and Southeast Asia: Crisis, Change and Challenge", *Social Policy & Administration*, Vol. 38, No. 5, 2004, pp. 504 – 524.

Barbara Vis, Kees van Kersbergen, Tom Hylands, "To What Extent Did the Financial Crisis Intensify the Pressure to Reform the Welfare State?" *Social Policy & Administration*, Vol. 45, No. 4, 2011, pp. 338 – 353.

Bellettini, Giorgio and C. B. Ceroni, "Is Social Security Really Bad for Growth?", *Review of Economic Dynamics*, Vol. 2, No. 4, 1995, pp. 796 – 819.

Boucekkine, Raouf, D. D. L. Croix and O. Licandro, "Vintage Human Capital, Demographic Trends, and Endogenous Growth", *Journal of Economic Theory*, Vol. 104, No. 2, 2000, pp. 340 – 375.

Christoph Hermann, "Structural Adjustment and Neoliberal Convergence in Labor Markets and Welfare: The Impact of the Crisis and Austerity Measures on European Economic and Social Models", *Competition and Change*, Vol. 18, No. 2, 2014, pp. 111 – 130.

Dimitri A. Sotiropoulos, "The Social Effects of the Economic Crisis in the Western Balkans", *Southeastern Europe*, No. 38, 2014, pp. 250 – 265.

Echevarría, Cruz A. and A. Iza, "Life Expectancy, Human Capital, Social Security and Growth", *Journal of Public Economics*, Vol. 90, No. 12, 2005, pp. 2323 – 2349.

Etsruo, Shiohji, "Public Capital and Economic Growth: Aconver Gence Approach", *Journal of Economic Growth*, Vol. 6, No. 3, 2001, pp. 205 – 227.

Frank Hansen, Chris Jensen – Butler, "Economic Crisis and the Regional and Local Economic Effects of the Welfare State: The Case of Denmark", *Regional Studies*, Vol. 30, No. 2, 1996, pp. 167 – 187.

Guido Sandleris, "The Costs of Financial Crises Resource Misallocation, Productivity, and Welfare in the 2001 Argentine Crisis", *The Scandinavian Journal of Economics*, Vol. 116, No. 1, 2013, pp. 87 – 127.

Glomm, Gerhard and M. Kaganovich, "Social security, Public Education and the Growth – inequality Relationship", *European Economic Review*, Vol. 52, No. 6, 2008, pp. 1009 – 1034.

Heidi M. Berggre, "US family – leave Policy: The Legacy of 'Separate Spheres'", *International Journal of Social Welfare*, Vol. 17, No. 4, 2008, pp. 312 – 323.

Huck – ju Kwon, "Advocacy Coalitions and the Politics of Welfare in Korea after the Economic Crisis", *Policy & Politics*, Vol. 31, No. 1, 2002, pp. 69 – 83.

Jason He Yes, "Flexi curity employment protection and jobs crisis", *Work, Employment and Society*, Vol. 25, No. 4, 2011, pp. 642 – 657.

J. Clasen, J. Kvlst and W. Vanoorschot, "On Condition of work: Increasing work requlrement in unemployment compensation schemes", In M. Kautto, J. Frltzell and B. H. VInden et al. (eds.), *Nordic Welfare States in the European Context*, London: Routledge, 2001, pp. 161 – 184.

Kamerman, Sheila B. and A. J. Kah, "Child and Family Policies in the United States at the Opening of the Twenty – first Century", *Social Policy & Administration*, Vol. 35, No. 35, 2001, pp. 69 – 84.

Kwok Kin Fung, "Financial crisis and the developmental states: A case study of Hong Kong", *International Journal of Social Welfare*, No. 23, 2014, pp. 321 – 332.

Ian Holliday, "East Asian social policy in the wake of the financial crisis: Fare well to product ivism?" *Policy & Politics*, Vol. 33, No. 1, 2005, pp. 145 – 162.

Manos Mats Aganis, "The welfare state and the crisis: The case of Greece", *Journal of European Social Policy*, Vol. 21, No. 5, 2011, pp. 501 – 512.

Mark Hallerberg, "Challenges for The German Welfare State Before and After

The Gloral Financial Grisis", *Cato Journal*, Vol. 33, No. 2, 2013, pp. 263 – 267.

Manfred G. Schmidt, "The Welfare State and the Economy in Periods of Economic Crisis: A Comparative Study of Twenty – three OECD Nations", *European Journal of Political Research*, No. 11, 1983, pp. 1 – 26.

Peter Starke, Alexandra Kaasch and Franca Vanhooren, "Political Parties and Social Policy Responses to Global Economic Crises: Constrained Partisanship in Mature Welfare States", *Journal of Social Policy*, Vol. 43, No. 2, 2014, pp. 225 – 246.

Patrick Diamond, Guy Lodge, "Dynamic Social Security after the crisis: Towards a new welfare state?" *International Social Security Review*, No. 67, 2014, pp. 3 – 4.

Peter Starke, "Antipodean Social Policy Responses to Economic Crises", *Social Policy & Administration*, Vol. 47, No. 6, 2013, pp. 647 – 667.

Romer, Paul M., "Increasing Returns and Long – Run Growth", *Journal of Political Economy*, Vol. 94, No. 5, 1986, pp. 1002 – 1037.

Shioji, Etsuro, "Public Capital and Economic Growth: A Convergence Approach", *Journal of Economic Growth*, Vol. 6, No. 3, 2001, pp. 205 – 227.

Soon man Kwon, Ian Hollid, "The Korean welfare state: A paradox of expansion in an era of globali sation and economic crisis", *Int J Soc Welfare*, No. 3, 2007, pp. 242 – 248.

Stryker, Robin, E. Huber and J. D. Stephens, "Development and Crisis of the Welfare State: Parties and Policies in Global Markets", *Contemporary Sociology*, Vol. 31, No. 3, 2002, p. 335.

Stefano Sacchi, Federico Pancaldi and Claudia Arisi, "The Economic Crisis as a Trigger of Convergence? Short – time Work in Italy, Germany and Austriaspol", *Social Policy & Administration*, Vol. 45, No. 4, 2011, pp. 465 – 487.

Thévenon, Olivier, "Family Policies in OECD Countries: A Comparative Analysis", *Population and Development Review*, Vol. 37, No. 1, 2011, pp. 57 – 87.

Tuire Sihvo, Hannu Uusitalo, "Economic Crises and Support for the Welfare States in Finland 1975 - 1993", *Acta Sociologica*, No. 38, 1995, pp. 251 - 262.

Wisensale, Steven K., "Family Policy Matters: How Policymaking Affects Families and What Professionals Can Do", *Family Relations*, Vol. 53, No. 3, 2004, p. 338.

Zhang, Jie, "Social security and endogenous growth", *Journal of Public Economics*, Vol. 58, No. 2, 1995, pp. 185 - 213.

后 记

本书是在我的博士学位论文基础上修改完成的。虽已尽力完善，但限于自身能力和时间约束，拙作仍有很多不足之处，盼各位读者批评斧正，不吝赐教。我也会在将来进一步进行研究和深化。

本书能够成行，是因为在近三年的博士求学生涯中和 2016 年入职后的工作中受到许多老师、领导、同学、朋友、家人的关心与帮助，在此向他们致以最真诚的感谢。

首先，特别感谢恩师丁少群教授。感谢老师给予机会让我能够来到西南财经大学保险学院继续学习深造，感谢老师提供各种平台让我能够参与课题、助教、助研等各项理论与实践活动，感谢老师精心教导让我在论文撰写和课题申报上收获良多。毕业论文的选题、研究结构、开题答辩、初稿、修改、定稿这一系列环节，都是在老师的指导、督促和帮助下才得以完成，凝结着老师大量的关爱、心血与智慧。每每遇到生活和学习中的困难，向老师求教之时，老师也总是耐心地安慰、引导我走出困境。老师善良正直的人品、严谨务实的治学态度、刻苦勤勉的工作作风、平和乐观的生活态度更是对我影响深远，终生难忘。

其次，感谢保险学院的各位老师。感谢林义教授、卓志教授、陈滔教授、胡秋明教授、孙蓉教授、彭雪梅教授，感谢他们不辞辛劳地为我授业解惑答疑；也感谢各位老师在论文的开题、预答辩以及答辩中给予我的指导与帮助；感谢保险学院各位行政办公室的老师一直以来对我的关心和帮助。

再次，感谢河北经贸大学京津冀一体化发展协同创新中心的冯文丽教授和田学斌主任在本书出版过程中给予我的关心与支持。感谢河北经贸大学公共管理学院蔺丰奇院长和赵建强副院长在本书出版过程中给予我的指导和帮助。

此外，感谢我的众多同学和朋友。感谢朋友们对我的关心、鼓励和安慰，感谢同学们和我相依相伴、相互启发与扶持。正是有了你们，才让我坚韧勇敢地坚持到了现在。

最后，感谢我的家人。感谢我最爱的父亲母亲。父亲母亲虽不富贵，但他们淳朴善良、勤劳坚韧、热情好客、与人为善的高贵品质时时刻刻影响着我，是我人生的最大财富。父亲母亲生我养我教导我至今，给予了我无与伦比的包容、宠爱、理解与支持。父亲母亲永远是我克服困难、笑对人生、努力向前的动力源泉。感谢我的弟弟、弟妹、小侄女和小侄子在我远离家乡的日子里，给予父亲母亲的陪伴与照顾，是你们让我得以安心地在外求学。

纸短情长难以表达我内心深深的感恩之情，唯有继续努力前行！最后，再次向这些老师、领导、同学、朋友和家人致以最诚挚的感谢！

冯海芳

2017 年 6 月